国外"一带一路"研究译丛

中国"一带一路"倡议与国际私法

[泰]陈博文（Poomintr Sooksripaisarnkit）
[印]塞·拉曼尼·加利梅拉（Sai Ramani Garimella）◎主编

万光荣　何梦丽◎译

湖南人民出版社·长沙

《国外"一带一路"研究译丛》

主　编　蒋洪新　尹飞舟
副主编　邓颖玲　余承法

总　序

"'一带一路'源自中国，但属于世界。"习近平主席这句话启示我们，"一带一路"建设需要中国智慧，也需要世界智慧。"一带一路"与世界智慧的关系是什么？在《国外"一带一路"研究译丛》出版之际，这个问题引起我们的深思。

一、"一带一路"倡议吸纳了世界智慧

丝绸之路是中国开凿出来的古代商路，其形成汇聚了沿线各国人民的智慧，是历史留给人类的财富。西汉时期，张骞两次出使西域，开通了丝绸之路，《史记》称之为"凿空"之旅。东汉时期，班超出使西域，使丝绸之路复通，《后汉书》记载，班超派遣的"甘英使大秦，抵条支。临大海欲度……"魏晋南北朝时期，北魏献文帝遣使通西域，《魏书》记载："朝廷遣使者韩羊皮使波斯，波斯王遣使献驯象及珍物。"唐宋时期，贸易顺畅，陆上丝绸之路的发展达到鼎盛，海上丝绸之路也十分繁华，据韩愈《送郑尚书序》描述，"蛮胡贾人，舶交海中……外国之

货日至，珠香象犀玳瑁奇物溢于中国，不可胜用"。元朝时期，意大利旅行家马可·波罗根据他经行地中海、欧亚大陆和游历中国的经历，写下了著名的《马可·波罗游记》，向欧洲展示了神秘的东方。明朝时期，著名航海家郑和7次远洋航行，到达亚洲、非洲的30多个国家和地区。"驼队和善意""宝船和友谊"架起了东西方交流的桥梁，打开了各国友好交往的大门。

丝绸之路是贸易之路，将中国的丝绸、铁器、瓷器等带到西方，将胡椒、亚麻、葡萄等带回中国。丝绸之路是文明交流之路，沿线的古埃及文明、古巴比伦文明、古印度文明和中华文明长期交流互鉴，佛教、基督教和伊斯兰教交流共融。中国古代的四大发明经阿拉伯人传到欧洲，佛教、伊斯兰教以及基督教的分支沿着丝绸之路进入中国，丰富了中国的文化。文明因开放而发展，民族因包容而共存，丝绸之路留下了丰富的文化遗产。

鸦片战争以后，联结东西方的丝绸之路日渐式微，几乎被历史尘封。1868年至1872年，德国地理学家费迪南德·冯·李希霍芬（Ferdinand von Richthofen，1833—1905）在中国先后作了7次旅行，调查地质、矿藏等。在1877年出版的《中国：我的亲身旅行及其研究成果》第一卷中，他首次提出了"丝绸之路"的概念。1910年，德国历史学家阿尔伯特·赫尔曼（Albert Herrmann，1886—1945）在其著作《中国与叙利亚之间的古代丝绸之路》中引申了李希霍芬的观点。1913年，法国汉学家埃玛纽埃尔-爱德华·沙畹（Émmanuel-Édouard Chavannes，1865—1918）提出了"海上丝绸之路"的概念。1936年，李希霍芬的学生斯文·赫定（Sven Hedin，1865—1952）推出《丝绸之路》

一书。从此，以中国为起点的海上丝绸之路和陆上丝绸之路，拂去了历史的尘烟，重新回到了人们的视线。

20世纪后期，国际社会开始出现一些复兴丝绸之路的提法。1988年，联合国教科文组织宣布启动为期10年的"综合研究丝绸之路——对话之路"项目，旨在加强东西方文化交流，密切欧亚大陆各国人民的关系。2008年，联合国开发计划署与中国和中亚四国政府联合发起"丝绸之路复兴计划"，该计划包括俄罗斯、伊朗、土耳其、中国等19个国家，于2008—2014年实施了230个项目，投入430亿美元，在公路、铁路、港口、通关等方面着力，构建运输走廊。2004年，日本提出将中亚五国及外高加索三国定为"丝绸之路地区"，实施"丝绸之路外交"战略，抢占能源。2005年，美国约翰斯·霍普金斯大学中亚高加索研究院院长弗雷德里克·斯塔尔（Frederick Starr）提出"新丝绸之路"的想法，强调建设连接南亚、中亚、西亚的交通运输和经济发展网络。2011年，美国提出"新丝绸之路"计划，以阿富汗为中心，将中亚、南亚连起来，构建区域性地缘政治、经济体系，意在围堵和遏制中国、俄罗斯和伊朗。同年，伊朗启动"铁路丝绸之路"计划，旨在连通阿富汗、塔吉克斯坦、吉尔吉斯斯坦和中国的铁路线。2012年，哈萨克斯坦宣布实施"新丝绸之路"项目，计划充分利用区位优势，将该国打造为中亚地区最大的过境中心。多年来，俄罗斯将"中欧运输走廊"称为"新丝绸之路"，强调俄罗斯应该在"新丝绸之路"上发挥决定性作用。这条走廊从中国、中亚、俄罗斯到德国，联通铁路网和港口。上述这些提法不同程度地体现了"丝绸之路"蕴藏的智慧,在国家与国家的关系中找到了符合自身利益的发展空间和路径,但是它们的价值观存在局限,囿于局部利益和短期效应,没有宽广的全球视野和历史纵深感,因而缺乏可接受性、可持续性和开创性。

2013年秋,习近平主席分别在哈萨克斯坦和印度尼西亚提出了共建"丝绸之路经济带"和"21世纪海上丝绸之路"的倡议,标志着古代丝绸之路的复兴进入了一个新的历史时期。习近平主席融历史眼光和全球视野于一体,深邃地思考丝绸之路的历史与未来。他对丝路精神进行了高度的概括:"古丝绸之路绵亘万里,延续千年,积淀了以和平合作、开放包容、互学互鉴、互利共赢为核心的丝路精神。这是人类文明的宝贵遗产。"他针对全球发展中存在的问题,从构建人类命运共同体的高度,提出了一个促进各国人民共同繁荣发展的方案。习近平主席提出的"一带一路"倡议是贡献给世界的中国智慧,之所以能够得到国际社会积极而广泛的响应,正是因为该倡议具有历史眼光和全球视野,吸纳了世界智慧。正如世界银行前行长金墉所说:"'一带一路'倡议植根于古代丝绸之路的历史土壤,点亮的是未来世界发展的星空。它将推动跨境乃至跨大洲的融通,惠及世界大多数人口。"

二、共建"一带一路"需要联通世界智慧

共建"一带一路"的核心是区域联通、世界联通,而世界联通的根本是世界的智慧相通。从时间维度来看,"一带一路"

倡议贯通古今。丝绸之路从西汉时期开拓凿通到鸦片战争后日渐衰落，再到今天在国际社会共商共建中将重现昔日的辉煌，2000多年的漫长历史中虽然历经盛衰，却赓续绵延，其中有多少故事值得回味，有多少智慧值得汲取。2014年6月，中国、哈萨克斯坦、吉尔吉斯斯坦跨国联合申报的丝绸之路项目被列入《世界遗产名录》，这标志着中国与"一带一路"沿线国家共同继承丝绸之路历史遗产的开始。从空间维度来看，"一带一路"倡议联通全球。丝绸之路以中国为起点，连接亚洲、欧洲和非洲，以开阔的胸襟、开放的态度接纳越来越多的国家和地区，以开放的态度容纳世界。根据"一带一路"倡议和国际合作的需要，结合古代陆海丝绸之路的走向，丝绸之路经济带有三大走向：一是从中国西北、东北经中亚、俄罗斯至欧洲、波罗的海；二是从中国西北经中亚、西亚至波斯湾、地中海；三是从中国西南经中南半岛至印度洋。21世纪海上丝绸之路有两大走向：一是从中国沿海港口过南海，经马六甲海峡到印度洋，延伸至欧洲；二是从中国沿海港口过南海，向南太平洋延伸。在如此广阔的地域空间建设人类利益共享的联合体，在历史上还未曾有过。联通古今，历史和文化聚同；联通全球，视野和利益求同。"一带一路"的共建就是古今中外的智慧联通。

"共建'一带一路'以政策沟通、设施联通、贸易畅通、资金融通、民心相通为主要内容。""五通"是"一带一路"建设的基本路径，也是中国智慧和世界智慧联通的具体路径。"一带一路"与俄罗斯提出的欧亚经济联盟、东盟提出的互联互通总体规划、哈萨克斯坦提出的"光明之路"、土耳其提出的"中间走廊"、蒙古国提出的"发展之路"、波兰提出的"琥珀之路"等协同共进,是政策沟通的结果,也是智慧碰撞的成效。中国与印尼、老挝合作,加速推进雅万高铁、中老铁路等项目;中国与巴基斯坦、希腊合作,加紧建设瓜达尔港、比雷埃夫斯港。这种设施联通的背后是双方智慧的对接和融合。贸易畅通需要理念的统一、规则的共识,每打通一个环节,都是双方智慧的提升。资金融通汇聚和流动的是货币,挑战的是融资瓶颈,无论是投资还是融资,都得依靠双方的沟通、交流。民心相通直面文化和精神领域,促进各国的人文交流,促进各国人民的相互了解,这是"五通"中最为重要的,因为民心相通使各国人民心意和智慧相通,直接铸就"一带一路"的民意基础和社会基础。

"共建'一带一路'为实现人类命运共同体提供了新的助力。""一带一路"的包容性和开放性,体现出构建人类命运共同体的理念。经济全球化给世界带来了美好,也带来了困惑。"面对经济全球化带来的机遇和挑战,正确的选择是,充分利用一切机遇,合作应对一切挑战,引导好经济全球化走向。"中国智慧倡导"和为贵""协和万邦",强调"己欲立而立人,己欲达而达人"。"一带一路"倡议引领包容性全球化,为经济全球化的发展提供富有中国智慧的解决方案。包容性全球化强调共商共建共享,追求普惠和均衡,激发世界各国人民的智慧,让世界各国人民因为合作共赢实现更加美好的生活,让世界各国因为责任共同体、利益共同体而走向命运共同体。

三、为共建"一带一路"汇聚更多的世界智慧

要进一步吸纳世界智慧，进而联通世界智慧，最佳路径就是从域外视角来观察和思考问题，域外视角是学习世界智慧的好方法。"一带一路"的核心是对接各国的发展战略，促进区域的基础设施建设和互联互通，实现共同繁荣。因此，参与共建的各国不能只考虑本国的利益，还要考虑他国利益和区域利益；不能固守本国的理念，还要理解和尊重他国的理念。对于中国来说，就要把中国的愿景与"一带一路"沿线国家共同的愿景相结合，把中国的利益与"一带一路"沿线国家共同的利益相结合。共建"一带一路"要求我们不能局限于中国的视角来看问题，要学会从域外视角、从人类命运共同体的理念来看问题。其他国家对"一带一路"的认识是域外视角，其他国家的政府、商界、学界、民众关于"一带一路"的理解与认识也是域外视角，还有一些国际组织、区域组织对"一带一路"的看法都是我们加深认识"一带一路"的域外视角。通过这些域外视角了解国际社会复杂的观点和诉求，是深入研究"一带一路"必走的一步，深入理解其中蕴含的智慧更是共建"一带一路"所不可或缺的。

2017年5月，在"一带一路"倡议提出将近4年之际，首届"一带一路"国际合作高峰论坛在北京举行，包括了圆桌峰会和6个分论坛，29位外国元首、政府首脑及联合国秘书长出席，来自130多个国家和70多个国际组织的1500多名各界代表参会。与会领导人和代表充分交流，分享政策实践和合作体会，

产生了 270 多项合作成果。2019 年 4 月，第二届"一带一路"国际合作高峰论坛再次在北京召开，圆桌峰会以外，分论坛增加到 12 场，另外还举办了一场企业家大会。这届论坛有 38 个国家的元首或政府首脑以及联合国秘书长、国际货币基金组织总裁共 40 位领导人出席，来自 150 个国家、92 个国际组织的 6000 余名外宾参会。会议进一步扩大了共识，产生了 283 项合作成果。这两届高峰论坛都在充分交流的基础上发表了联合公报，凝聚了共建"一带一路"的国际共识。

"一带一路"国际合作高峰论坛提供了倾听各国政府声音的场所，要更深入地了解国际社会对"一带一路"的认识，还需要倾听来自民间的声音。这就需要了解各国智库的观点，需要了解各国学界、商界、民众的心声，需要了解一些区域组织和国际组织的看法，还需要了解相关区域和国家的经济、文化、教育、科技等方面的现状及其对接"一带一路"的路径。

"一带一路"倡议提出以来，国内学术界从政治、经济、文化和历史等领域展开了"一带一路"的研究，推出了一大批"一带一路"的研究著作，反映了国内研究"一带一路"的热情。但是，国内学术界对国外"一带一路"研究成果的了解不够，国外相关研究成果仅散见于论文、著作中，缺乏系统的反映。事实上，"一带一路"倡议一经提出便引起了各国智库的重视，相关成果已经比较丰富。美国的卡内基国际和平基金会、兰德公司、布鲁金斯学会、外交关系协会等智库机构对"一带一路"合作倡议极为关注，它们透过美国亚太再平衡战略的多棱镜，从不同视角对中国与"一带一路"相关国家的关系进行探讨。尽管美国至今仍置身于"一带一路"之外，而且对"一带一路"的评价常常不怀好意，但是美国对"一带一路"一直保持着很高的关注度。俄罗斯的智库战略和科技分析中心发表了一系列"一带一路"研究报告，态度比较平和务实。印度有多家智库机构如全球关系委员会、和平与冲突研究所、国家海事基金会、南亚分析集团等也都在密切关注"一带一路"，尤其关注中印关系以及两国与南亚的关系发展问题。英国国际战略研究所、德国基尔世界经济研究所、荷兰国际关系研究所、瑞典安全和发展政策研究所、比利时布鲁盖尔研究所、土耳其国际战略研究机构、以色列国家安全研究院、巴基斯坦伊斯兰堡政策研究中心、加拿大地缘政治监控中心、澳大利亚洛伊国际政策研究所、新加坡李光耀公共政策学院、哈萨克斯坦战略研究所等数十家国外智库机构也都着眼于"一带一路"倡议背景下的世界战略、安全、经济前景研究。同时，各国大学中致力于中国研究的学者也活跃于"一带一路"研究领域，纷纷撰文著书，表达他们关于"一带一路"的观点。随着共建"一带一路"的推进，国外"一带一路"研究成果也越来越丰富。

基于"为国内研究'一带一路'提供域外视角，为建设'一带一路'提供域外智慧"的宗旨，我们编译出版《国外"一带一路"研究译丛》。该译丛选取国外研究"一带一路"的最新著作、论文和研究报告，内容包括国外对"一带一路"的认识和看法、国外对"一带一路"建设的研究、国外对"一带一路"沿线国家和地区的研究等。《国外"一带一路"研究译丛》的出版，将拓展国内"一带一路"研究的视野，为国内"一带一路"

的研究提供"他山之石",为推进"一带一路"建设提供智力支持,助力中国话语体系的构建和国际话语权的提升。

"一带一路"倡议自 2013 年提出以来,越来越被国际社会所接受。根据中国一带一路网(www.yidaiyilu.gov.cn)提供的数据,2016 年底,有 39 个国家和国际组织与中国签署了共建"一带一路"合作协议;到 2019 年 10 月,与中国签署协议的国家和国际组织迅猛增加到 167 个,其中有发展中国家,也有发达国家。6 年来,中国与"一带一路"沿线国家在港口、铁路、公路、航空、电力、通信等领域开展了大量合作,迅速提升了相关国家的基础设施水平,成果超出预期。中国与"一带一路"沿线国家的贸易和投资保持了强势增长,超出了中国对外贸易和投资的平均水平。截至 2019 年 7 月,亚投行成员已经达到 100 个,其中 60%以上来自"一带一路"沿线国家和地区。到 2018 年 4 月,中国与 61 个"一带一路"国家共建立了 1023 对友好城市,占中国对外友好城市总数的 40.18%。

"大道之行,天下为公。"共建"一带一路",是当今国际社会构建人类命运共同体的伟大实践。"一带一路"建设之所以能够得到沿线各国的共同参与,并取得如此迅速的发展,是因为它是汇聚了世界智慧的中国方案。随着越来越多的国家和人民的热情参与,联结世界、和平兴盛的丝绸之路必将重现人间。

蒋洪新　尹飞舟
2019 年 10 月于长沙

译者前言

2013年，国家主席习近平提出共建"丝绸之路经济带"和"21世纪海上丝绸之路"倡议，简称"一带一路"倡议。共建"一带一路"正在成为我国参与全球开放合作、完善全球经济治理体系、促进全球共同发展繁荣、推动构建人类命运共同体的中国方案。然而，"一带一路"沿线各国的法律制度和体系各不相同，跨国贸易的增加必然带来国际私法问题。这些问题处理不当，可能会削弱"一带一路"倡议的核心要义和建设目标。

国际私法的主要目的是解决国际范围内不同法律体系间的民商事法律冲突问题，主要涉及管辖权、法律选择、外国法院判决的效力等方面。国际私法对推动和促进"一带一路"区域中不同国家和地区之间的民商事交往，维护正常的经济社会秩序起着十分重要的作用。

由陈博文和塞·拉曼尼·加利梅拉主编的《中国"一带一路"倡议与国际私法》关注和探讨"一带一路"背景下常见的法律冲突问题，共六篇十二章。第一篇分析《海牙国际商事合同法律选择原则》中的当事人意思自治及其例外情况，认为该原则不是协调"一带一路"沿线国家当事人意思自治的理想选择。第二篇讨论国内外域外电子送达的立法与实践，建议从国际合作和制度设计两个层面，推进"一带一路"沿线区域域外电子送达制度的构建。第三篇探讨新加坡国际商事法庭及海牙《选择法院协议公约》框架下的管辖权规则，建议积极运用新的规则解决"一带一路"沿线经济争端。第四篇包含两章，第四章介绍印度的国际私法规则，参照中国最高人民法院关于国际私法的指导意见，呼吁印度加入统一的国际法规则；第五章考察欧盟的竞争法和数据保护法两大领域的法律规范制度，建议非欧盟国家的公司关注欧盟法律的发展动态，并据此调整自己的商业战略。第五篇为外国法解释和实质性法律协调，其中第六章探讨中国法院对域外法的查明问题，第七章讨论合同法的统一进程问题，第八章聚焦东盟国家的贸易便利化，第九章从民商事角度探讨"一带一路"建设中的反腐败问题。第六篇为外国法院判决和仲裁判决的承认，其中第十章关注中国香港及其国际私法规则在解决"一带一路"国际民商事争端中的地位和作用，第十一章关注中东和海湾阿拉伯国家对外国判决的承认与执行，第十二章探讨土耳其对国际运输合同中外国法院判决和仲裁裁决的承认与执行。

该论文集围绕国际私法的基本问题，结合大量典型司法案例，深入系统地阐述了"一带一路"背景下的国际私法前沿问题，逻辑清晰，内容丰富，学术性强。从内容上看，涵盖国际私法的调整对象和范围、冲突规范、法律适用、公共秩序、互惠原则、属人管辖权等理论问题。从应用领域看，涉及竞争法、运输法、销售法、消费者保护法等方方面面，立体多维。从国别上看，涉及东盟国家、中东国家、欧盟国家等，紧跟区域发展动态，揭示不为外界熟知的区域法律现状。本论文集的译介为推进"一带一路"沿线国际私法问题研究提供了新视角、新方法，有助于洞悉和比较沿线国家私法规则，为各国法律改革和司法实践提供参考。

本论文集在翻译过程中遵循忠实性、规范性、统一性原则，以直译为主，意译为辅，尽量保持原作严谨的措辞，力争清晰准确地表达原作的观点和内容。对法律知识把关是翻译难点之一，本论文集涉及大量理论分析、法律条文和诉讼案件，译者花费了大量时间和精力查阅相关文献，核实背景知识，查找平行文本，力争保持内容准确、行文通畅、逻辑连贯。案件名翻译主要采用直译和音译的方法。鉴于中英文思维和表达差异，对案例分析的翻译进行了适当的长句拆分和语序调整。另一个翻译难点是大量的法律术语，译者按照"约定俗成""名从主人"的原则进行处理，采用学术界公认的翻译名称，做到全书一词一义一译。此外，译者对原作中的知识性差错进行了更正。

在此，特别感谢湖南师范大学法学院欧福永教授对专业问题进行答疑解惑，感谢湖南师范大学外国语学院余承法教授拨冗审读译文，感谢湖南师范大学研究生王琪、李紫涵协助查找资料、打磨译文，感谢研究生戴思参与讨论。

限于译者水平，书中谬误之处在所难免，敬请广大读者批评指正。

万光荣　何梦丽
2023 年 2 月于长沙

编者介绍

陈博文,博士,塔斯马尼亚大学澳大利亚海事学院海事法讲师,英国有效争议解决中心和香港调解资历评审协会有限公司认可的一般调解员、英国皇家特许仲裁员协会会员、英国伦敦国际仲裁院专家、伦敦海事仲裁员协会支持会员、澳大利亚和新西兰海事法协会会员、澳大利亚保险法委员会联系会员。曾任香港城市大学法学院助理教授,兼香港海事及运输法研究中心副主任,香港海商法协会执行理事,香港保险法律协会有限公司执行委员会委员。先后获法学学士(泰国国立法政大学)、法学硕士(莱斯特大学国际商法)和法学博士(莱斯特大学),研究领域包括保险法(海上保险和非海上保险)、海事法和海商法(不包括海洋法)、海上货物运输、国际海运销售、国际私法(商事冲突法)以及与冲突法有关的国际仲裁。近期出版的研究成果包括《〈海牙选择法院协议公约〉——是否应当跟随欧盟脚步?》一文,收录于塞·拉曼尼·加利梅拉与斯泰丽娜·乔利主编的文集《国际私法:南亚国家的实践》(施普林格·自然集团,2017),《提单》《海上保险》《管辖权和适用法律》等文,收录于鲍晏明法官和玛丽·汤姆森法官主编的《香港海商法与实践》(斯威特和马克斯韦尔出版社,2015),正在撰写著作《海上保险:比较普通法视角》(与施普林格·自然集团签订合同)。

塞·拉曼尼·加利梅拉,博士,印度新德里南亚大学法律系副教授、《法律和冲突解决杂志》编委会成员、印度教育部支持的大学拨款委员会——国家教育计划"国际私法电子讲座数据库"专家。研究领域包括法律理论、私法(国际私法)、国际商事仲裁、国际争端解决和比较宪法。曾在国际商会举办的国际商事仲裁暑期班访学,编写印度高校本科教材《国际私法》(中央法律出版社,2014),研究论文发表于《亚非法学国际法期刊》(亚非法律协商组织主办)、《印度法律研究所杂志》等刊物。近期合编论文集《国际私法:南亚国家的实践》(施普林格·自然集团,2017),在《青年仲裁评论》发表关于印度司法管辖地仲裁的研究文章,在本文集中负责撰写关于印度国际仲裁法的研究报告。

作者介绍

巴努·博兹库尔特，阿卡德尼兹大学助理教授，教授和研究海商法、保险法和航空法。土耳其海事法协会成员、巴黎国际仲裁院仲裁员。出生于德国，在土耳其长大。毕业于加拉塔萨雷大学（一所法语/土耳其语双语大学）法学院，在伊兹密尔经济大学获得欧盟法硕士学位。在叶迪特佩大学获得航空法与海事法方向博士学位，学位论文题为《土耳其法和国际法规定下航空运输公司对旅客人身伤亡应负的法律责任》。参加的国际会议包括第十九届国际海事仲裁员大会（中国香港）、第二十届国际海事仲裁员大会（哥本哈根）、2015年国际海事委员会大会（伊斯坦布尔）、《欧洲运输法》杂志成立50周年暨《海事法》签署50周年研讨会等。在海上货物和旅客运输、航空货物和旅客运输、海事法、航空法、保险法等领域发表和出版大量著述。

吉提瓦·春切姆赛，泰国国立法政大学法学院助理教授。他以二等荣誉的优异成绩毕业于国立法政大学法学院，获法学学士学位，而后通过泰国律师考试，取得律师资格。在泰国国立法政大学法学院获得国际贸易法法学硕士学位，并在伦敦政治经济学院获得国际经济法法学硕士学位。2012年，参加海牙国际法学院举办的国际私法暑期课程。2015年在英国杜伦大学获得博士学位。教学和研究兴趣包括国际私法（冲突法）、国际商业和国际贸易法、国际金融法、法律行为和合同以及欧洲法。

贝利·艾尔巴蒂，大阪大学法学研究科副教授，教授日本法、比较法、国际私法等课程。在突尼斯获得普通法研究法学硕士学位。2008年起，定居日本，在国际私法领域继续深造，2011年再次获得法律研究硕士学位，2014年获得京都大学法学研究科法学博士学位，学位论文题目为《承认和执行外国判决的自由化》。撰写了大量研究论文和案例说明，特别关注国际私法领域中的国际管辖权、外国判决承认和执行、法律选择等；擅长以广泛的比较研究为基础，侧重国家层面，特别是亚洲和阿拉伯国家国际私法的发展；部分研究聚焦突尼斯等阿拉伯国家的国际私法问题，为外国律师和学者提供了宝贵的研究资料。

付鹏远，暨南大学法学院/知识产权学院讲师，主要研究方向为国际私法、网络法等。2012年毕业于武汉大学法学院，获法学学士学位和经济学学士学位，2013年毕业于美国加州大学洛杉矶分校法学院，获法学硕士学位，2019年毕业于武汉大学法学院，获法学博士学位。2014年4月至2015年9月在金杜律师事务所的银行与融资团队工作。曾担任《中国国际私法与比较法年刊（2016·第19

卷）》编辑。

里希·古拉蒂，澳大利亚维多利亚州出庭律师协会出庭律师，主要从事国际公法和国际私法方面的业务，代表客户出席各类国际论坛。国际公务员协会联合会法律顾问小组成员、国际刑法学协会联系会员、牛津国际组织法律文献数据库报告员，新南威尔士大学桂冠教授，从事国家安全法研究和国际公法教学。曾任澳大利亚联邦法院法官助理、澳大利亚检察总署国际律师（2011—2014 年），此外还有多项社会兼职。2008 年获澳大利亚国立大学法学荣誉学士学位。2010 年获莱顿大学国际公法高级研究法律硕士学位。2017 至 2018 年，担任伦敦大学国王学院国际公法访问学者及潘迪生法学院访问学者。在国际组织法、国籍法、公民法、国际恐怖主义、国际私法等领域发表大量论文。目前主持在研有关国际法公平审判权的重大项目和国际机构法的项目。

郭玉军，武汉大学国际法研究所教授、博士生导师，武汉大学艺术法研究中心主任，中国国际私法学会副会长兼秘书长，武汉大学韩德培法学基金会秘书长，中国文物学会法律专业委员会专家委员，国际法协会会员，国际比较法学会联系会员，湖北省人民代表大会常务委员会副秘书长，湖北省第十二届人民代表大会城乡建设与环境资料保护委员会副主任委员。2010 年荣获"湖北省优秀中青年法学家"称号。长期从事法律冲突、国际民事诉讼与商事仲裁、艺术与文化遗产保护法以及文化产业法的研究与教学，在中国和海外出版和发表了许多专著和论文。代表性著作有《国际贷款法》，主

003

要论文有《把握 21 世纪国际私法的发展趋势》《回顾中国国际私法之历程，展望中国国际私法之前景》《近年中国有关外国法查明与适用的理论与实践》《中国国际私法改革中的身份权研究》《论国际投资条约仲裁的正当性缺失及其矫正》《圆明园鼠兔两兽首所有权争议问题研究》等。1993 年毕业于武汉大学法学院，获法学博士学位，后赴日本北海道大学法学部留学。海牙国际私法会议《国际商事合同法律选择原则》项目工作组的中国成员，曾在美国哈佛燕京学社、德国奥斯纳布吕克大学、德国马克斯·普朗克比较法和国际私法研究所等机构进行访学和学术交流。

霍政欣，1976 年 11 月 5 日出生于安徽，2005 年 6 月毕业于武汉大学法学院，获法学博士学位，现为中国政法大学国际法学院教授、博士生导师，兼任联合国教科文组织观察员、国际比较法学会联系会员、中国国际私法学会理事、英国阿伯丁大学国际私法中心研究员，是一名执业律师。主要教学和研究领域包括国际私法、比较法和国际文化遗产法，取得丰硕研究成果，出版专著两部，发表中文论文和评论文章 50 多篇。近期英文论文主要发表于《国际法和比较法季刊》《美国比较法杂志》《香港法律学刊》《亚太法律与政策杂志》《东亚与国际法杂志》《国际文化政策杂志》等国际知名期刊，荣获多项科研和教学奖项。2004 年参加海牙国际法学院国际私法暑期课程学习，2007 年担任美国明尼苏达大学法学院访问学者，2009 年至 2010 年赴韩国首尔国立大学法学院做访问学者。

托马斯·约翰，2014 年加入海牙国际私法会议常设事务局，担任首席法律干事，主要从事国际诉讼和商事领域相关工作，涉及《选择法院协议公约》《国际商事合同法律选择原则》和会议的判决项目。他拥有澳大利亚/德国双重国籍，在私人执业、公共服务和学术界拥有丰富的工作经验和专业的职业背景，研究兴趣包括国际私法、国际程序法、商业仲裁、银行和金融法以及辩护，对宪法也有浓厚的兴趣，特别关注联邦制度。拥有普通法和大陆法司法管辖区的本科和研究生学历背景，擅长运用比较方法开展工作。加入海牙国际私法会议常设事务局之前，曾担任澳大利亚总检察署国际私法科科长，该科是澳大利亚指定参加海牙国际私法会议的国家机关，也是处理海牙送达、取证和认证公约的中央机构。在该部门工作期间，他负责这三项公约的执行和海牙会议若干关键项目的运行，是包括判决项目和法律选择原则在内的多领域的专家，利用工作经验，发起并监管若干重大的国际私法和商法改革项目。曾担任澳大利亚政府、澳大利亚联邦议会和昆士兰州政府的顾问律师，以及一家德国银行的内部法律顾问，并在昆士兰大学和新英格兰大学担任教学职位。是澳大利亚高等法院、联邦法院以及昆士兰州的出庭律师，英国皇家特许仲裁员协会成员。出版著作多部，代表性合著有《澳大利亚联邦制的未来：比较与跨学科视角》（剑桥大学出版社）、《澳大利亚宪法：评论与材料》（牛津大学出版社）等，其他出版物包括文集论文、期刊论文、研究报告、对澳大利亚联邦议会立法提案的评论等，同样涉及国际私法。

伊万娜·昆达，里耶卡大学法学院国际与欧洲私法系副教授兼系主任，法学院博士生项目负责人。先后获得里耶卡大学欧盟法法学硕士学位和萨格勒布大学法学博士学位,且多次荣获各类奖学金和奖项,包括 2010 年富布赖特研究学者奖学金(哥伦比亚大学),2007 年、2008 年和 2014 年知识产权奖学金(马克斯·普朗克创新与竞争研究所),2002 年德国国际法学基金会奖学金(汉堡大学和马克斯·普朗克比较法和国际私法研究所),2008 年里耶卡大学基金会奖等。作为研究员,她参加了各项国内和欧盟科学项目,从知识型公司的重组和跨境金融交易到欧盟家庭法、外国判决的执行、欧盟工商业与人权背景下的司法救助等,并应邀到德国、意大利、西班牙、芬兰、立陶宛、罗马尼亚、克罗地亚等国就欧盟法律专题开展法官和法律从业人员培训。她用英文撰写了一本关于绝对优先强制性规则的专著,并在克罗地亚国内外发表诸多期刊论文和文集论文。2017 年发表的两篇论文分别收录于哈特出版社出版的《互联网服务提供商的次要责任》和施普林格出版社出版的《欧洲的跨境诉讼》中。此外,她主编了数本有关欧盟法律专题的著作,如 2017 年施普林格出版社出版的《欧盟竞争法和国家援助规则:公共执行与私人执行》。2010 年,应邀在纳瓦拉大学教授欧洲国际私法研究生课程,并担任一个学期的客座教授。2012 年以来,一直在密歇根州立大学知识产权暑期学院的研究生课程中教授欧洲私法和知识产权法课程。她当选为克罗地亚科学艺术院国家行政、司法和法治科学委员会委员,《桑坦德艺术与文化法律评论》(知识产权和互联网法)编辑委员会成员。自英国阿伯丁大学国际私法中心成立以来,一直担任该中心的联系成员。她还是国际法协会会员(现为国际知识产权与国际私法委员会成员)和国际促进知识产权教学与研究学会成员,以及克罗地亚比较法协会副主席。

曾劲峰，香港中文大学法学院副教授。主要研究领域为比较国际私法和公司法，在多个重要国际期刊发表论文，包括《国际私法杂志》《德克萨斯国际法杂志》《哥伦比亚亚洲法杂志》等。他曾在两家国际领先律师事务所担任企业融资律师，在其纽约、伦敦、香港、北京和上海办事处工作，并获准在纽约州、英格兰和威尔士以及中国香港执业。他在香港大学取得法学学士学位及法律专业证书，并拥有乔治城大学法学博士学位，哥伦比亚大学法学硕士、博士学位和伦敦大学学院法学硕士学位。

叶曼，新加坡管理大学法学教授、杨邦孝法学院副院长。曾在新加坡王律师事务所担任纠纷调解律师，主要从事国际商事仲裁领域的业务。研究包括衡平法、合同、赔偿、补救、国际私法等。她在《国际比较法季刊》《剑桥法律杂志》《法律研究》《劳合社海商法杂志》《财产转让代理人和财产律师》《衡平法杂志》《商法杂志》《赔偿法评论》《新加坡法律研究杂志》《新加坡法学院学报》等国际领先的同行评议期刊上发表大量论文，并得到新加坡最高法院上诉庭和高庭、英格兰及威尔士高等法院以及私法各领域论文的广泛引用。曾在一宗国际商事仲裁案中担任新加坡商法和国际私法方面的专家证人。2016年，荣获张治华基金会奖学金，以表彰她对亚洲商法研究作出的贡献。

布鲁诺·泽勒，法学博士，西澳大利亚大学跨国商法教授。主要从事国际贸易法、冲突法、国际仲裁、海事法等领域的教学和研究。其研究有力地推动了学界对联合国主持制定的统一国际法（特别是《联合国国际货物销售合同公约》）的认知。他还出版了有关非诉讼解决方式和自由贸易协定的著作。此外，他也是莫道克大学、墨尔本维多利亚大学泽尔曼·考恩爵士中心的兼职教授，墨尔本乐卓博大学、柏林洪堡大学的客座教授，并担任澳大利亚国际商事仲裁中心研究员、澳大利亚和新西兰海事法协会仲裁员。

序言

"一带一路"倡议是一项伟大的工程,它通过陆路与海路将亚洲、非洲和欧洲的150多个国家和地区联系起来,以促进地区贸易和投资的增长。有人质疑这一倡议过于模糊,但"一带一路"理念独具开创性、规模十分宏大,势必需要较长时间才能准确理解和把握其内涵、组成和具体实施方案。现在正是就如何最好实现"一带一路"倡议的目标开展热烈讨论的时机。

由陈博文和塞·拉曼尼·加利梅拉合编的《中国"一带一路"倡议与国际私法》一书正是这一讨论的重要组成部分。该著作通过研究"一带一路"沿线国家之间商贸往来的增长可能带来的国际私法问题,就"一带一路"如何实现"中国承诺"提出了独到的见解。每本每一章由一位专家撰写,试图为"一带一路"背景下常见的法律冲突问题提供可能的答案。主要问题包括:(1)相关国家的法院将如何解决冲突的管辖权主张?(2)在法院主张管辖权的情况下,法院是否会在跨境争端中适用外国法律?如果会,将适用哪国法律,以及如何证明外国法的内容?(3)某"一带一路"国家法院的判决是否会在另一沿线国家得到承认和执行？该著作不仅涉及这些常见的问题，还将探讨沿线国家的商法和争端解决方式可以在多大程度上实现协调和统一，以在区域范围内提高法律确定性，提升争端解决效率。几大主题贯穿全书，只需指出其中两个便可窥探发展新趋势。第一个主题是海牙国际私法会议和联合国国际贸易法委员会工作的重要性。一方面体现在，海牙会议通过的法律合作公约（特别是1961年的《取消外国公文认证要求的公约》、1965年的《关于向国外送达民事或商事司法文书和司法外文书公约》、1970年的《关于从国外调取民事或商事证据的公约》、2005年的《选择法院协议公约》）及其设立的亚太区域办事处，另一方面体现在，联合国国际贸易法委员会通过的1958年的《承认及执行外国仲裁裁决公约》（简称《纽约公约》）、各类示范法及其亚洲及太平洋区域中心，两者共同在"一带一路"沿线商事法律协调和争端解决实践中发挥着重要的作用。第二个主题是国际商事法院的兴起，特别是（亚太地区的）新加坡国际商事法庭。在国际法院提起争议诉讼将提供国际商事仲裁和调解以外的另一个跨境争端解决方式，并有望帮助降低"一带一路"沿线争端解决的成本。

  因此可以预见，在不久的将来，会有许多振奋人心的新变化值得期待。该书正是对这些变化的预言和展望。

新加坡国际商事法庭法官安塞尔莫·雷耶斯
2018年1月1日

编者前言

2013年，国家主席习近平提出"一带一路"倡议，在国际社会引起了广泛关注。中国和海外各国多次举行会议，就这一理念的不同方面展开讨论。这一倡议规模宏大、抱负非凡，但同时也存在模糊性和不确定性。2016年，香港律师会成立了"一带一路"委员会，并呼吁法律从业者为"一带一路"相关的法律冲突问题提供咨询。这一事实表明，在"一带一路"背景下，国际私法确实是一个令人担忧的问题。到目前为止，倡议的重点仍是沿线国家的基础设施建设和发展。但充足完善的基础设施只是"一带一路"建设的第一步，其最终目标是建立中国与世界其他地区（如东欧和非洲）之间的无缝贸易体系。顺畅的贸易体系必须以协调一致的法律基础设施为基石。然而，读者在阅读本书的不同章节后会发现，这种统一的法律机制并不存在。真正协调国际商法和争端解决仍需时日。我们希望，本书中发人深省的各个章节将激发进一步讨论，至少实现"一带一路"国家之间法律的协调统一。

作为主编，我们要感谢支持本论文集出版提案的匿名审稿人。

同时也感谢所有在百忙之中抽出时间接受我们撰稿邀请的投稿人，感谢他们在不断的电子邮件搅扰下仍宽容以待，高质量出稿。特别感谢安塞尔莫·雷耶斯教授拨冗为本书作序，颇具价值。我们还要感谢劳特利奇出版社的出版团队的高效工作，没有他们的支持，这本书就没有机会面世。最后，感谢我们的工作团队，特别是布丽安娜·阿舍尔、玛丽·德尔·柏拉图、西奥汉·普尔和尼古拉·夏普，感谢他们的热情投入和悉心指导，共同见证项目完成。

陈博文

塞·拉曼尼·加利梅拉

2018 年 1 月 18 日

Contents 目录

引言　001

第一篇　当事人意思自治

第一章　《国际商事合同法律选择原则》能否成为协调"一带一路"国家贸易合同法律选择的规范？　020

第二篇　诉讼文书的送达

第二章　"一带一路"倡议下域外电子送达制度构建　042

第三篇　管辖权

第三章　跨境商业诉讼制度创新下新加坡的国际私法原则　062

第四篇　冲突法

第四章　"一带一路"倡议与印度融合的国际私法规则：印度加入统一法律制度的好时机　084

第五章 欧盟法律：在欧盟境外能走多远？　109

第五篇　外国法解释和实质性法律协调

第六章 "一带一路"倡议背景下的域外法查明问题　146

第七章 "一带一路"：一法可行吗？　169

第八章 泰国冲突法规范、中国"一带一路"倡议与东盟贸易便利化：协调差异、走向共赢　194

第九章 "一带一路"倡议下国际私法打击跨国腐败与提高反腐标准的重要性　216

第六篇　外国法院判决和仲裁裁决的承认

第十章 中国香港在"一带一路"民商事争端解决中的特殊作用　234

第十一章 承认外国判决、促进经济融合：以中东和海湾阿拉伯国家为例　256

第十二章 外国仲裁裁决、外国法院判决与国际运输合同的承认和执行　276

后记　297

缩略语　301

译名对照表　308

引言

陈博文　塞·拉曼尼·加利梅拉

一、引子

有人会问，为何国际私法在中国"一带一路"倡议中备受关注？事实上，国际私法应是这一倡议取得成功的关键，也是本书的主题。到目前为止，学术界对这一关键法律分支的探讨仍十分有限。在此背景下，本章将首先对"一带一路"倡议进行解释，然后介绍国际私法（又称"冲突法"）的主要内容及其对于"一带一路"倡议取得成功起到的至关重要的作用，最后总结本书各章的主要观点，呼吁中国政府、其他国家政府以及参与"一带一路"建设的其他各方对此领域给予更多的关注。

二、何为"一带一路"倡议？

"一带一路"倡议被视为"一项雄心勃勃、抱负非凡的经济和外交倡议"，也是中国国家主席习近平"执政期间一项重大的外交政策举措"。① 2013年，习近平主席在出访中亚和东南亚期间先后提出共同建设"丝绸之路经济带"和"21世纪海上丝绸之路"的重大倡议，② 即"一带一路"倡议。有学者认为，建设"一带一路"的想法最早可以追溯到2012年4月，在华沙举行首次中国-中东欧国家领导人会晤期间，时任中国国务院总理温家宝透露，中国自2010年以来一直就如何发展旧丝绸之路沿线国家之间的经济联系与学术界保持磋商。③ 丝绸之路始于公元前138年，张骞受汉武帝派遣，前往现在的塔吉克斯坦，想联合当地人民对抗匈奴。匈奴是当时统治中国北部和西北部地区的一个部落，时常入侵汉境，对汉王朝构成威胁。④ 随后，公元前119年，张骞再次奉命远征。据记载，当他到达位于如今乌兹别克斯坦东南部伊塞克库尔湖南部的乌孙后，派部下发展与大月氏、康居、大宛、大夏等国家的关系，与这些国家的交往促进了汉朝和它们之间的贸易。⑤ 在这期间，丝绸之路沿线地区从长安（即现今西安）延伸到伊斯坦布尔。古代丝

---

① LIM T W. Introduction[M]//LIM T W, et al. *China's One Belt One Road Initiative*. London: Imperial College Press, 2016: 3.

② 中华人民共和国国家发展和改革委员会、外交部、商务部经国务院授权联合发布《推动共建丝绸之路经济带和21世纪海上丝绸之路的愿景与行动》[EB/OL]. (2015-03-28)[2017-08-26]. https://www.yidaiyilu.gov.cn/wcm.files/upload/CMSydyl-gw/201702/201702070519013.pdf.

③ CHAN H H L. The One Belt One Road Initiative—who's going to pay for it? [A]// LIM T W, et al. *China's One Belt One Road Initiative*[C]. London: Imperial College Press, 2016: 169-170.

④ TAN T S. Introduction of the overland Silk Road and Maritime Silk Road[A]// LIM T W, et al. *China's One Belt One Road Initiative*[C]. London: Imperial College Press, 2016: 21-22.

⑤ TAN T S. Introduction of the Overland Silk Road and Maritime Silk Road[A]// LIM T W, et al. *China's One Belt One Road Initiative*[C]. London: Imperial College Press, 2016: 22.

绸之路由三个主要部分组成：（1）从长安开始，沿着塔克拉玛干沙漠的北部边界一直延伸到帕米尔山脉；（2）穿过帕米尔高原和中亚撒马尔罕地区的中亚段；（3）穿过波斯到达地中海的西段。① 古代海上丝绸之路是在公元3世纪后期发展起来的，到唐朝（618—907），中国的海上贸易进一步扩大，起始于广州和泉州，经马来群岛，直到波斯湾。②

中国国家发展和改革委员会解释道：

丝绸之路经济带重点畅通中国经中亚、俄罗斯至欧洲（波罗的海）；中国经中亚、西亚至波斯湾、地中海；中国至东南亚、南亚、印度洋。21世纪海上丝绸之路的重点方向是从中国沿海港口过南海到印度洋，延伸至欧洲；从中国沿海港口过南海到南太平洋。③

为了促进"一带一路"建设的成功，中国已建立六大国际经济走廊：新亚欧大陆桥、中蒙俄经济走廊、中国-中亚-西亚经济走廊、中国-中南半岛经济走廊、中巴经济走廊以及孟中印缅经济走廊。④ 分别介绍如下：

---

① TAN T S. Introduction of the Overland Silk Road and Maritime Silk Road[A]// LIM T W, et al. *China's One Belt One Road Initiative*[C]. London：Imperial College Press, 2016：22.

② TAN T S. Introduction of the Overland Silk Road and Maritime Silk Road[A]// LIM T W, et al. *China's One Belt One Road Initiative*[C]. London：Imperial College Press, 2016：27.

③ 新华社.推动共建丝绸之路经济带和21世纪海上丝绸之路的愿景与行动[N/OL].（2015-03-28）[2017-08-27].news.xinhuanet.com/English/china/2015-03/28/c_13410858_2.htm.

④ 香港贸易发展局."一带一路"倡议[EB/OL].[2017-08-28].http://beltandroad.hktdc.com/sites/default/files/imported/beltandroadbasics/hktdc_1X0K715S_en.pdf.

1. 新亚欧大陆桥

新亚欧大陆桥又名"第二亚欧大陆桥",是从江苏省连云港市到荷兰鹿特丹港的国际化铁路交通干线,途经位于新疆的阿拉山口。大陆桥的中国段包括兰州—连云港铁路和兰新铁路,贯穿中国东部、中部和西部。出国境后,途经哈萨克斯坦、俄罗斯、白俄罗斯和波兰,到达欧洲沿海港口。利用新亚欧大陆桥,中国开通了重庆至德国杜伊斯堡的国际货运铁路线路,武汉至捷克梅林克帕尔杜比采的直达货运专列,成都至波兰罗兹市的货运铁路线路,以及郑州至德国汉堡的货运铁路线路。所有这些新路线都提供铁路货运服务,并为所运输的货物提供"一次申报、一次查验、一次放行"的"三个一"模式。

2. 中蒙俄经济走廊

中国、蒙古国、俄罗斯长期以来通过边境贸易和跨境合作建立了不同的经济关系和合作。2014年9月,三国元首在上海合作组织杜尚别峰会上首次会晤,在中俄、中蒙、俄蒙双边关系基础上达成三方合作协议。本次会议确定了三边合作的原则、方向和关键领域。三国元首还同意将中国丝绸之路经济带建设、俄罗斯欧亚大陆桥改造和蒙古草原公路开发计划相结合。这一承诺将加强铁路和公路的连接和建设,促进清关和运输便利,推进跨国交通合作,帮助建立中俄蒙经济走廊。2015年7月,三国领导人在俄罗斯乌法举行了第二次会议。第二次峰会正式通过了《中华人民共和国、俄罗斯联邦、蒙古国发展三方合作中期路线图》。

3. 中国-中亚-西亚经济走廊

中国-中亚-西亚经济走廊从新疆出发,经阿拉山口出境,连接中亚和西亚的铁路网，最后到达地中海沿岸和阿拉伯半岛。该走廊主要覆盖中亚五国（哈萨克斯坦、吉尔吉斯斯坦、塔吉克斯坦、乌兹别克斯坦和土库曼斯坦）以及西亚的伊朗和土耳其。

2015 年 6 月，在山东举行的第三届中国-中亚合作论坛上，"共建丝绸之路经济带"的承诺被纳入中国和中亚五国签署的联合宣言中。在此之前，中国与塔吉克斯坦、哈萨克斯坦和吉尔吉斯斯坦签署了建设丝绸之路经济带的双边协议。中国与乌兹别克斯坦签订了关于建设丝绸之路经济带的合作文件，旨在进一步深化和扩大在贸易、投资、金融、交通和交流等领域的互利合作。中亚五国的国家发展战略——包括哈萨克斯坦的"光明之路"计划，塔吉克斯坦关于能源、交通和粮食的国家发展战略（三管齐下的国家振兴战略）和土库曼斯坦的"强盛幸福时代"发展战略——都与丝绸之路经济带的建设有共同之处。

4. 中国-中南半岛经济走廊

2014 年 12 月，在曼谷举行的大湄公河次区域经济合作第五次领导人会议上，时任国务院总理李克强就深化中国同中南半岛五国关系提出三点建议：一是共同规划建设全方位交通运输网络和产业合作项目；二是打造融资合作的新模式；三是促进经济社会可持续和协调发展。目前，大湄公河沿岸国家正在建设 9 条连接东西、贯穿南北的跨国公路。其中一些建设项目已经完成。例如，广西已经完成了通往友谊关和中越边境东兴口岸的高速公路的建设。该省还开通了一条从南宁到河内的国际铁路路线，并引入了通往东南亚几个主要城市的航线。

5. 中巴经济走廊

"中巴经济走廊"的概念是原国务院总理李克强 2013 年 5 月访

问巴基斯坦时首次提出的。当时的目标是建设一条北起新疆喀什、南至巴基斯坦瓜达尔港的经济走廊。目前，两国政府已经制定了一项阶段性长期计划，建设从喀什到瓜达尔港的公路、铁路、石油和天然气管道以及光纤网络。根据中巴2015年4月在伊斯兰堡发表的联合声明，两国将积极推进重点合作项目，包括喀喇昆仑公路二期（赫韦利扬—塔科特段）项目、瓜达尔港东湾快速路、新国际机场、卡拉奇至拉合尔高速公路（苏库尔至穆尔坦段）、拉合尔轨道交通橙线、海尔—鲁巴经济区和中巴跨国光纤网络。

6. 孟中印缅经济走廊

2013年5月，时任国务院总理李克强访问印度期间，中印两国举行了一系列会晤，共同倡议建设孟中印缅经济走廊。2013年12月，孟中印缅经济走廊联合工作小组在昆明召开首次会议。来自四国的官方代表就经济走廊的发展前景、优先合作领域和合作机制进行了深入讨论。双方还就交通基础设施、投资商贸流通、民心相通等领域的合作达成广泛共识。四方签署了会议纪要并同意孟中印缅经济走廊联合研究计划，建立了促进四国政府合作的机制。①

宏伟的"一带一路"倡议背后有三个政策驱动因素。第一，中国面临国内产品供过于求的局面。② 其中一些产品是海外需要的，特别是用于支持"一带一路"倡议的基础设施建设，包括建筑基础设施材料和铁路网设备。③ 第二，该项目将提升中国在世界其他地

---

① 香港贸易发展局."一带一路"倡议[EB/OL].[2017-08-28].http://beltandroad.hktdc.com/sites/default/files/imported/beltandroadbasics/hktdc_1X0K715S_en.pdf.
② LIM, 2016: 3.
③ CHAN, 2016: 173.

区的影响力。① 为了应对 1997 年亚洲金融危机，中国在建设绿色节约型基础设施方面积累了专业知识和经验。中国建设低成本基础设施的能力以及提供必要资金的能力，符合许多参与"一带一路"倡议的发展中国家的需求，因为其中不少国家"没有主权信用评级，或信用评级低于投资级"②。第三，"一带一路"为中国带来展示金融实力的机会，并提供替代性融资来源。③

为了鼓励沿线发展中国家开展基础设施建设以支持"一带一路"倡议，中国通过不同渠道提供资金。第一个资金来源是 2016 年 1 月 16 日开始运作的亚洲基础设施投资银行（亚投行）。④ 根据协议条款第 4 条，该银行拥有 1000 亿美元的法定股本。⑤ 截至 2023 年 4 月，亚投行现有 106 个成员，包括 92 个正式成员和 14 个意向成员。成员国需认缴股本，据此获得相应的投票权。亚投行为能源和电力、交通和电信、农村基础设施和农业发展、供水和卫生、环境保护、城市发展及物流等重点领域的可持续项目提供资金支持。⑥ 亚投行已批准投资的项目包括印度古吉拉特邦农村公路、孟加拉国天然气基础设施建设、阿曼铁路系统建设、阿曼杜库姆港口商业码

---

① LIM, 2016: 3.
② CHAN, 2016: 172.
③ LIM, 2016: 3.
④ Asian Infrastructure Investment Bank. Introduction[EB/OL]. [2017-08-27]. www.aiib.org/en/about-aiib/index.html.
⑤ Asian Infrastructure Investment Bank. Articles of Agreement[EB/OL]. [2017-08-27]. www.aiib.org/en/about-aiib/basic-documents/_download/articles-of-agreement/basic_document_english-bank_articles_of_agreement.pdf.
⑥ Asian Infrastructure Investment Bank. Introduction[EB/OL]. [2017-08-27]. www.aiib.org/en/about-aiib/who-we-are/our-work/index.html.

头和运营区开发项目以及巴基斯坦 M4 国家高速公路等。[①] 新加坡国立大学教授陈兴利指出：

> 亚投行未来将面临一条陡峭的学习之路。在成为一家领先的多边开发银行之前，亚投行需要多长时间才能克服困难，这是对中国软实力的严峻考验。从某种意义上说，亚投行的成败也将决定"一带一路"的命运。[②]

根据陈兴利的说法，第二个资金来源是新开发银行，即金砖国家开发银行，由巴西、俄罗斯、印度、中国和南非 5 个金砖国家共同设立。[③] 5 个国家各占 20%的份额。该银行拥有 1000 亿美元的法定资本，[④] 于 2016 年全面投入运营。其既定目标是为金砖国家和其他新兴经济体、发展中国家的基础设施和可持续发展项目调动资源，补充多边和区域金融机构为全球增长和发展所作的努力。到目前为止，已经为印度、中国、南非、巴西和俄罗斯的可再生能源相关项目提供资金，并资助了印度主要地区道路的升级项目。但新开发银行自身也面临着挑战：

> 新开发银行面临的一个直接挑战是能否从国际评级机构获得信用评级。根据穆迪信用评级，中国的主权评级是 AA3，印度是 BAA3（最低投资等级）。巴西也是 BAA3，但其正面临审查，降级的可能性非常大，任何降级都会使巴西跌入投机级。南非目前的评级是 BAA2，俄罗斯是 BA1，均为投机级……新开发银行的初始评

---

① Asian Infrastructure Investment Bank. Approved projects[EB/OL].[2017-08-27]. www.aiib.org/en/projects/approved/index.html.
② CHAN, 2016：184.
③ CHAN, 2016：184.
④ New Development Bank. NDB factsheet[EB/OL].[2017-08-27]. www.ndb.int/wp-content/uploads/2017/05/factsheet-1.jpg.

级相对较低，不能像亚投行那样放弃国际债券市场而转向国内市场寻求资金。①

新开发银行在国际信用评级上得到了标准普尔和其他评级机构的好评，信用级别是 AA+。

另一个"一带一路"项目资金来源是丝路基金，总规模 400 亿美元，②由中国外汇储备（65%）、中国进出口银行（15%）、中国投资有限责任公司（15%）和国家开发银行（5%）共同出资。③2017 年 5 月，中国政府宣布将向丝路基金新增资金 145 亿美元，以提供更多资金支持。④该基金为"巴基斯坦卡洛特水电站项目投资 16.5 亿美元"⑤，该水电站已于 2022 年投入运营，"每年发电量达 32.13 亿千瓦时"⑥。另有报道称，丝路基金将与俄罗斯金融机构就电力和能源发展项目进行合作。该基金与俄罗斯一家天然气公司签署协议，购买"位于俄罗斯亚马尔半岛东北部萨贝塔的液化天然气项目——亚马尔天然气一体化项目"⑦ 9.9%的股权。丝路基金还一

---

① CHAN, 2016：185-186.
② CHAN, 2016：186.
③ CHAN, 2016：186.
④ Xinhuanet. China boosts Silk Road Fund's capital to meet enormous funding demand：official[N/OL].（2017-05-14）[2017-08-28]. http：//news. xinhuanet. com/english/2017-05/14/c_136282392.htm.
⑤ Xinhuanet. Commentary：Silk Road Fund's 1st investment makes China's words into practice[N/OL].（2017-04-21）[2017-08-28]. http：//news. xinhuanet. com/english/2015-04/21/c_134170737.htm.
⑥ Xinhuanet. Silk Road Fund to invest in hydropower project in Pakistan[N/OL].（2015-04-21）[2017-08-28]. http：//news. xinhuanet. com/english/2015-04/21/c_134167500.htm.
⑦ China Daily. China's $40b Silk Road Fund signs MoU with Russian firms[N/OL].（2015-09-03）[2015-08-28]. www. chinadaily. cn/china/2015-09/03/content_21785297.htm.

直寻求与欧洲投资银行下属机构——欧洲投资基金合作。[①] 丝路基金相关负责人透露，已签约 15 个项目，投资额累计约 60 亿美元，并出资 20 亿美元支持与哈萨克斯坦之间的合作。[②]

中国进出口银行发起中国-中东欧合作基金，最终封闭规模 4.35 亿美元，资助波兰的两个能源项目。[③] 中国工商银行在拉脱维亚设立了中国-中东欧金融控股公司，负责处理在中东欧国家的投资资金，"这一基金的规模将达 100 亿欧元，计划并调动 500 亿英镑的银行贷款"[④]。除上述资金来源以外，还有来自中国主要商业银行和国有企业的剩余资金。[⑤] 中方承认，目前的资金还远远不够，建议"一带一路"沿线国家"与资本市场合作，建立自己的专门金融机构，尝试使用当地货币，也可使用人民币"[⑥]。

到目前为止，"一带一路"项目的重点是基础设施建设。良好的基础设施将支持跨境贸易，促进货物有效流动。丝绸之路经济带

[①] South China Morning Post. China's Silk Road Fund "seeking investment projects in Europe" [N/OL]. (2017-03-22) [2017-08-28]. www.scmp.com/news/china/diplomacy-defence/article/2081067/chinas-silk-road-fund-seeking-investment-projects.

[②] South China Morning Post. Who will pay for China's New Silk Road? [N/OL]. (2017-05-11) [2017-08-28]. www.scmp.com/news/china/diplomacy-defence/article/2093672/who-will-pay-chinas-new-silk-road.

[③] South China Morning Post. Who will pay for China's New Silk Road? [N/OL]. (2017-05-11) [2017-08-28]. www.scmp.com/news/china/diplomacy-defence/article/2093672/who-will-pay-chinas-new-silk-road.

[④] South China Morning Post. Who will pay for China's New Silk Road? [N/OL]. (2017-05-11) [2017-08-28]. www.scmp.com/news/china/diplomacy-defence/article/2093672/who-will-pay-chinas-new-silk-road.

[⑤] CHAN, 2016：188-190.

[⑥] South China Morning Post. Who will pay for China's New Silk Road? [N/OL]. (2017-05-11) [2017-08-28]. www.scmp.com/news/china/diplomacy-defence/article/2093672/who-will-pay-chinas-new-silk-road.

的理念以铁路网络为重点,因为铁路运输比海路运输更快,"通过铁路运输高附加值货物……和高时效性货物……如智能手机,经济效益取决于产品的附加值而不是数量"①。跨境贸易的增加将刺激企业、跨国公司等个体之间的商贸活动。随着这些公司之间商业关系的加强,国际私法发挥着重要作用。

三、何为国际私法?其重要性何在?

就其名称而言,"国际私法"的确容易引起误解。因为国际公法是"独立于各国法律体系和立法机构之外的超国家法",而国际私法是"各国(或国家内的法律区域,如联邦制国家的各州)的国内法,可由各国立法机构单方面修改"。② 因此,国际公法基本相同,而国际私法"因国而异"③。国际私法属于国家法律体系的"私法"范畴。④ 在国内法体系下,私法用于"协调普通公民或组织之间的关系"⑤。国际私法也协调这些关系,但增加了"涉外因素"⑥。涉外因素指"与法院地法(即审理案件的法院所在地的法律)以外的法律体系相关的因素"⑦。例如,同在中国香港特别行

---

① LIM, 2016: 5.
② DAVIES M, et al. *Nygh's Conflict of Laws in Australia*[M]. 9th ed. LexisNexis Butterworths, 2014: para 1.4.
③ MCCLEAN D, BEEVERS K. *The Conflict of Laws*[M]. 6th ed. London: Sweet & Maxwell, 2009: para 1-002.
④ MCCLEAN D, BEEVERS K. *The Conflict of Laws*[M]. 6th ed. London: Sweet & Maxwell, 2009: para 1-002.
⑤ TURNER C, TRONE J. *Australian Commercial Law*[M]. 30th ed. Sydney: Lawbook Co., 2015: para 1.720.
⑥ MCCLEAN, BEEVERS, 2009: para 1-002.
⑦ MCCLEAN, BEEVERS, 2009: para 1-002.

政区注册的 A 公司向 B 公司出售钢卷，该交易为本地交易，受中国香港《货品售卖条例》（第 26 章）约束。在中国香港注册的 A 公司向在印度新德里注册的 B 公司出售钢卷，则涉及涉外因素。假设钢卷在送达新德里的 B 公司时受到损坏，问题随之而来：两公司之间的纠纷应由哪国法院裁决？中国香港的法院还是印度的法院？如果两公司未事先就法律选择达成一致，该交易应适用中国香港的法律还是印度法律？在这个紧要时刻，不同的选择会导致更多问题产生。如果案件提交中国香港的法院审理，香港法院可参照中国香港特别行政区的国际私法规则确定印度法律适用本合同；相反，若本案提交印度法院审理，印度法院可援引印度国际私法规则确定中国香港的法律适用本合同。进一步假设，B 公司在印度注册，同时在泰国开设工厂。假设 A 公司在印度法庭获得对自身有利的判决，是否能在泰国执行这一判决？这些问题都属于国际私法的范畴。

  国际私法并不只处理涉及不同国家的民商事案件。在实行联邦制度的国家，如澳大利亚和美国，各州或各省的法律都可能不同，因此也存在法律冲突的问题。又如，香港和澳门作为中华人民共和国的特别行政区，拥有不同于中国大陆的法律体系。根据中国香港的冲突法，"在中国香港的法院申请直接适用中国大陆法律，往往很难得到香港法官的认可，因为他们的教育与从业经历均来自与大陆法官差异巨大的另一种法律传统"[①]。澳门也是如此。香港法官并不了解大陆或澳门的法律，想要适用这些法律就必须在法庭上进行

---

① JOHNSTON G. *The Conflict of Laws in Hong Kong*[M]. 2nd ed. London: Sweet & Maxwell, 2012: para 2.086.

辩护和证明。① 同样，在英国冲突法中，"在大多数时候，苏格兰和北爱尔兰也和法德两国一样被认为具有非常不同的法律体系"②。

与合同法或侵权法不同，国际私法"不是一个单独的法律分支……而是渗透于整个法律体系之中"③。国际私法主要涉及三个问题：

管辖权：当地法院是否有权审理和裁决案件，或案件与另一州或国家的联系是否限制或约束当地法院裁决该案的权力或意愿。

外国判决的承认与执行：案件在另一州或国家审判，其判决能否得到承认和执行。

法律选择：法院行使管辖权判决案件时，依据法院所在地的法律（法院地法）还是另一州或国家的法律作出判决，也即确定法院地法或外国法作为处理案件的准据法的问题。法院依据两国法律产生的判决结果可能不同，由此产生了冲突法。④

鉴于其性质，国际私法也渗透于"一带一路"建设的诸多场景。例如，中国的商业银行向"一带一路"沿线国家的公司贷款，或中国公司与东欧公司进行销售与购买交易，都有可能产生国际私法问题。

为了减少法律冲突，各方都在努力协调各国私法，力求使其更

---

① JOHNSTON G. *The Conflict of Laws in Hong Kong*[M]. 2nd ed. London: Sweet & Maxwell, 2012: para2.060.

② COLLINS L. et al. *Dicey, Morris and Collins on the Conflict of Laws* (volume 1)[M]. 14th ed. London: Sweet & Maxwell, 2006: para 1-001.

③ FAWCETT J, CARRUTHERS J M. *Cheshire, North & Fawcett Private International Law*[M]. 14th ed. Oxford: Oxford University Press, 2008: 7.

④ MORTENSEN R, et al. *Private International Law in Australia*[M]. 3rd ed. LexisNexis Butterworths, 2015: 3.

加和谐一致。国际组织,如国际统一私法协会、联合国国际贸易法委员会和海牙国际私法会议,都为此作出了努力。其中最成功的或许要数由联合国国际贸易法委员会促成签订的《承认及执行外国仲裁裁决公约》(纽约,1958年,简称《纽约公约》),该公约得到全球157个国家的认可。[①] 当然,完全意义上的一致尚未达成。值得重视的是,如果无法实现各国国际私法的全面协调,那么作为"一带一路"倡议核心的商业活动将很难实现无缝衔接。

四、"一带一路"倡议背景下的国际私法问题

为了更好地应对"一带一路"倡议背景下备受关注的国际私法问题,本书邀请来自"一带一路"沿线不同国家的学者,以引入不同国家的视角。各章按照常见的司法程序排序,从当事人意思自治开始,以承认和执行外国法院的判决结束。

陈博文在第一章考察和比较了"一带一路"沿线国家法律选择中当事人意思自治的不同适用。作者指出,《海牙国际商事合同法律选择原则》存在措辞失当、模棱两可等问题,不具有普遍约束力,不能成为协调"一带一路"沿线国家当事人意思自治的理想选择。建议由中国牵头,召集所有参与"一带一路"建设的国家达成一项国际公约。

在国际民商事诉讼活动中,域外电子服务至关重要。郭玉军和付鹏远在第二章探讨了不同司法管辖区内电子诉讼服务的新趋势,

---

① United Nations Commission on International Trade Law. Status:Convention on the Recognition and Enforcement of Foreign Arbitral Awards (New York 1958)[EB/OL].[2017-08-30]. www.uncitral.org/uncitral/en/uncitral_texts/arbitration/NYConvention_status.html.

即借助社交媒体进行电子诉讼是可行的。在中国,电子诉讼服务在民事案件和商业案件中越来越得到认可。作者建议在"一带一路"沿线国家之间构建和推广区域性的域外电子送达系统,鉴于各司法管辖区之间技术水平和网络普及存在差异,可逐步推广,循序渐进。

第三章主要探讨管辖权问题。叶曼以新加坡为例,分析了该国国际商事法庭的成立、司法发展现状,以及新成立的司法机关可能对与"一带一路"倡议相关的商业案件和"一带一路"沿线国家的当事方产生的影响。作者以新加坡签订《选择法院协议公约》为背景,探讨了新加坡国际商事法庭的管辖权规则。尽管复杂的管辖权规则可能给"一带一路"沿线的经济争端解决带来挑战,但随着新加坡国际商事法庭对该公约的采用不断增加,人们会逐步熟悉其法律框架。此外,作者建议起草一份详尽的管辖权条款。

第四章涉及与"一带一路"交易有关的法律冲突问题,塞·拉曼尼·加利梅拉以中国最高人民法院关于国际私法的指导意见为参照,采取比较研究法考察印度的国际私法原则。作者注意到印度参与"一带一路"倡议的不确定性,在比较研究之前对该国影响跨国商业和销售合同的法律制度进行了说明。最后得出结论:尽管印度参与"一带一路"倡议存在政治上的不确定性,但加入统一协调的法律平台有助于明确跨国合同案件中的相关问题。

昆达在第五章以欧盟为背景,讨论了区域法在预定地域之外的适用情况,并列举若干欧盟法律文书加以说明。这些法律文书的适用范围使欧盟的区域界限变得模糊。作者试图找出解释这种规范性结构背后的潜在政策。通过对竞争法和《通用数据保护条例》两大领域的法律规范制度进行考察，作者建议，非欧盟国家的公司如果想要进入国际市场或保持其在全球市场的份额，可以通过调整业务战略以满足现行的监管要求从中受益，否则可能面临承担行政处罚和民事责任的风险。

在第六章，霍政欣从中国法院的角度出发研究外国法的查明问题。通过实证研究，他指出"一带一路"沿线国家的法院在接受外国法的规范上存在差异。中国应建立专门针对"一带一路"建设的司法援助制度，制定清晰明确的法律与规则以执行《中国最高人民法院为"一带一路"建设提供司法服务和保障的若干意见》的指导思想。

泽勒在第七章指出，实现"一带一路"倡议的经济前景需要解决诸多实际问题。本章以供应链各环节涉及的法律体系及其相互作用的多样性为出发点，分析法律交易成本引起的附加问题。如果跨国法律得不到相互承认，得不到各国商界的支持，"一带一路"倡议将很难实现美好的经济愿景。只有"一带一路"沿线各国加入现有的法律协调机制，如《联合国国际货物销售合同公约》，才能实现"一带一路"倡议的经济价值。

贸易便利化从各国国际私法制度与政策的结合中汲取了诸多力量。春切姆赛在第八章以泰国和东盟其他九个成员国为背景，讨论了贸易便利化问题。这十个国家都是"一带一路"倡议至关重要的参与者，在制定冲突法政策时，应坚持整体主义的公共决策机制。这一努力将为"一带一路"倡议的成功作出重大贡献。

在"一带一路"倡议背景下，诸多大型贸易和投资合作都跨越了不同的法律体系。因此，各方对项目管理的透明度和问责制产生了担忧。使用公共资金必须加强审查、建立有效的法律制度，避免腐败问题。古拉蒂在第九章强调，应建立制约与平衡机制防止资金滥用，采取有效的监管制度应对跨境腐败案件。尽管很多亚洲国家都已签署《联合国反腐败公约》，但各国尚未制定一个可以解决民事腐败案件管辖权、适用法律以及外国判决的承认与执行等相关问题的综合框架。作者提出，重视大型国际贸易与投资合作中的腐败问题，并采用国际合作的视角予以解决，有助于"一带一路"倡议的全球发展。

曾劲峰在第十章探讨了中国香港特别行政区在解决"一带一路"国际民商事争端中的特殊地位与作用。作者通过分析有关内地与香港互惠司法安排的法律文件，提出香港可以凭借其国际私法规则的诸多优势，在与"一带一路"沿线国家相关的民商事争端解决中发挥协调者的重要作用。

艾尔巴蒂在第十一章讨论了外国判决的承认与执行对成功实施"一带一路"倡议的重要作用。他将目光聚焦于波斯湾和中东地区，该地区各国对外国判决的承认各不相同。作者建议进行法律改革，使各国对外国判决的承认与国际公认的标准保持一致，同时通过建立和/或遵守多边法律文件进一步加强区域合作，确保外国判决在这些国家间实行自由流动。

博兹库尔特在最后一章探讨了各参与国的法律差异给实施"一带一路"倡议造成的困难，尤其是与国际贸易的关键要素——运输合同及其执行有关的各种问题。作者以土耳其的法律为例，提出应从涉及合同法、海商法、货物运输法以及争端解决法等领域的实体法和程序法着手，进行法律改革。

法律冲突在大型国际贸易中不可避免，因此本书后记部分进一步强调解决潜在法律冲突问题的重要性。通过研究分析各国的国际私法问题，呼吁各方加强对"一带一路"倡议背景下国际私法问题的认识与重视，提出解决方案，促进国际私法协调。希望读者在阅读时，能够走进"一带一路"倡议背景下国际私法的奇妙天地，见证一个日益多元和谐的世界。

第一篇
当事人意思自治

第一章 《国际商事合同法律选择原则》能否成为协调"一带一路"国家贸易合同法律选择的规范?

陈博文

一、引言

2013 年,中华人民共和国主席习近平提出"一带一路"重大倡议,包括共建"丝绸之路经济带"和"21 世纪海上丝绸之路"的倡议。其首要目标是促进亚非欧各国开展深入交流与合作,在基础设施互联互通前提下加强跨境贸易。这一美好构想的实现,需要"一带一路"沿线国家建立统一的法律体系,采用统一的法律法规。由于不同国家和地区之间法律法规迥异,建立无缝连接区域经济的愿景还未实现。海牙国际私法会议于 2015 年 3 月 19 日通过了《国际商事合同法律选择原则》(《海牙原则》)。[①] 虽然该原则不具备国际普遍约束力,但如其序言所说,"可当作国家、区域、跨国家

---

① The Hague Conference on Private International Law. Principles on Choice of Law in International Commercial Contracts[EB/OL].[2017-06-30]. https://assets.hcch.net/docs/5da3ed47-f54d-4c43-aaef-5eafc7clf2a1.pdf.

或国际文书的范本使用"①，也可为法院或仲裁庭的裁决提供参考。② 受国内冲突法约束，各国法院会在多大程度上参考该原则，还有待考证。与《罗马条例Ⅰ》③ 在欧盟地区协调国际商事合同中的法律选择规则不同，《海牙原则》的重点在于维护和加强"当事人意思自治"④。

"当事人意思自治"⑤ 这一概念已被载入当代法律和国际公约之中，但未得到普遍接受。各国法律对当事人意思自治的例外性规定或限制也各不相同。⑥《海牙原则》被寄予希望，发挥作用，弥合分歧，但其能在多大程度上实现目标，仍是一个很大的问题。本文认为，海牙国际私法会议达成的共识可能适用有限，恐难以成功。《海牙原则》的起草缘由已在其后所附《解释》中详细说明，此处不再赘述。受客观条件限制，我们不能对所有12项条款一一阐释，尽管其中存在不少问题。本文将重点分析部分具有争议性的

---

① The Hague Conference on Private International Law. Principles on Choice of Law in International Commercial Contracts[EB/OL].[2017-06-30].https://assets.hcch.net/docs/5da3ed47-f54d-4c43-aaef-5eafc7clf2a1.pdf.

② The Hague Conference on Private International Law. Principles on Choice of Law in International Commercial Contracts[EB/OL].[2017-06-30].https://assets.hcch.net/docs/5da3ed47-f54d-4c43-aaef-5eafc7clf2a1.pdf.

③ 2008年6月17日，欧洲议会和欧盟理事会关于合同义务适用法律的第593/2008号（欧共体）条例。

④ The Hague Conference on Private International Law. Commentary on the Principles on Choice of Law in International Commercial Contracts[EB/OL]. [2017-06-30]. https://assets.hcch.net/docs/5da3ed47-f5fd-4c43-aaef-5eafc7c1f2a1.pdf.《国际商事合同法律选择原则解释》简称《解释》，特别参照其中第1.4和1.5条。

⑤ BASEDOW J. *The Law of Open Societies: Private Ordering and Public Regulation in the Conflict of Laws*[M]. Leiden: Brill Nijhoff, 2015: paras 187-191.

⑥ SYMEONIDES S C. *Codifying Choice of Law around the World: an International Comparative Analysis* [M]. Oxford: Oxford University Press, 2014: 115-116.

条款，以表明作者观点，这些条款或在解读上存在分歧，或不能反映"一带一路"沿线国家司法管辖区的操作惯例。当然，作者也无法全面考察"一带一路"沿线150多个国家和地区的所有冲突法规则，本文将选取代表性国家的冲突法规则进行比较。本章共两个部分。第一部分主要解释"当事人意思自治"，重点讨论具有争议的第4项条款，该条款允许当事人选择非国家法以强化当事人意思自治；这一部分还将对第5项条款"默示法律选择"作简要说明。第二部分讨论当事人意思自治的例外情况，即第11项条款中的绝对优先强制性规则和公共政策。

二、《海牙原则》中的当事人意思自治

首先需要说明的是，《海牙原则》只适用于商事合同，"每一当事人进行其行业或职业事务时（就国际合同作出的法律选择）"①，不适用于消费者合同或雇佣合同。② 其他不适用的情况包括：第1条第3款所排除的"在是否将其定性为合同问题或是否将其置于当事人意思自治方面缺乏共识"③ 等。适用于本原则的商业合同必须具有国际性。该原则未对"国际性"进行定义，而对不具备国际性的合同予以了界定，即"每一当事人的营业所在同一国家，并且当事人的关系以及其他所有相关要素不论所选择的法律均

---

① 《海牙原则》第1条第1款。
② 《海牙原则》第1条第1款。
③ 《解释》第1条"《海牙原则》适用范围"的第1.24条。

只与该国有关"①。

《海牙原则》第 2 条第 1 款规定，当事人意思自治指"合同由当事人所选择的法律管辖"。这与普通法系国家的法律界定相同。在维他食品公司诉乌纳斯航运公司案②中，赖特勋爵判定，"当事人明确选择了合同适用法律，只要该法律是善意和合法的，他们的法律选择就是有效的"③。这一判定在新加坡④、印度⑤等国家和地区的类似案件审判中得到借鉴。赖特勋爵称，当事人意思自治的含义非常广泛。在这起从纽芬兰运送鲱鱼至纽约的诉讼案中，货运提单规定合同受英国法律管辖，⑥ 英国法成为支配合同效力的准据法。赖特勋爵认为：

合同当事人选择的英国法与合同之间的客观联系并不重要。若仲裁合同（如销售合同）条款明确将英国法作为交易的管辖法律，即使当事方不是英国人且交易未在英国境内进行，合同仍将英国法作为交易的管辖法。熟悉国际业务的人都知道，这样的条款很常见。⑦

---

① 《海牙原则》第 1 条第 2 款。此外，第 12 条作了进一步解释："当事人有不止一个营业所的，就本原则而言，相关的营业所是订立合同时与合同关系最密切的营业所。"
② 维他食品公司诉乌纳斯航运公司案[1939] AC 277。
③ 维他食品公司诉乌纳斯航运公司案[1939] AC 290。
④ 白德贵诉巴伐利亚州银行案[2000] 1 SLR 148；[1999] SGCA 79，[12]（新加坡上诉法院）。
⑤ 印度国家火力发电公司诉辛格公司案[1992]（3）SCC 551（印度最高法院）。
⑥ 维他食品公司诉乌纳斯航运公司案，284-286。
⑦ 维他食品公司诉乌纳斯航运公司案，290。

如果此案发生在印度，赖特勋爵的判决能否生效，就不一定了。①《海牙原则》明确指出，不要求所选择的法律与当事人或其交易之间有关联。②印度法官是否会据此审理案件，尚不明确。在中国③、日本④、泰国⑤等国家，国际私法规则相当重视当事人意思自治。

相比之下，被纳入"一带一路"倡议的一些中东国家并不认可。巴瑟多引用1935年《伊朗民法典》第968条："合同产生的义务受合同订立地法律的约束，除非合同双方是外国人，且明示或默示合同受其他法律约束。"⑥沙特阿拉伯同样"不遵循法律选择协议"⑦。也门、约旦、伊拉克等国法律包含与1948年《埃及民法典》相似的规定，其中第19条规定：

适用的法律包括：（1）缔约双方共同住所所在地的法律；（2）合同订立地的法律；（3）与不动产有关的合同受不动产所在地的法

---

① NEELS J L. The role of the Hague Principles on Choice of Law in International Commercial Contracts in Indian and South African private international law[J]. *Uniform Law Review*, 2017, 22(2): 443, 445.

② 《海牙原则》第2条第4款。

③ 《中华人民共和国涉外民事关系法律适用法》（由第十一届全国人民代表大会常务委员会第十七次会议于2010年10月28日通过）第41条规定："当事人可以协议选择合同适用的法律。"英译见世界知识产权组织译本 Law of the People's Republic of China on the Laws Applicable to Foreign-Related Civil Relations（非官方译文），www.wipo.int/edocs/lexdocs/laws/en/cn/cn173en.pdf。

④ 日本《法律适用通则法》（2006年6月21日第七十八号法律）第7条，英译见 www.japaneselawtranslation.go.jp/law/detail/? id=1970&re=02。

⑤ 泰国佛历2481年《国际私法》第13章规定：合同的适用法律由当事人意向决定。国务委员会办公室，泰国佛历2481年《国际私法》，http://web.krisdika.go.th/data/outsidedata/outside21/file/Act_on_Conflict_of_Law_ B.E. _2481.pdf。

⑥ BASEDOW, 2015: para190.

⑦ BASEDOW, 2015: para191.

律管辖。①

在上述国家，当事人在特定情况下签署不动产相关合同或合同双方当事人在其他国家有住所，同样允许选择法律，但法律有效性尚不明确。②正是针对这些国家，《海牙原则》的起草者希望促使其立法者按照该原则的规定采纳当事人意思自治。但是，法律修订不是一蹴而就的，即使将来启动修订，也可能在细节上与"一带一路"沿线其他司法管辖区国际私法中的法律选择规则存在差异。

《海牙原则》第3条不仅阐述了"当事人意思自治"的概念，而且在服从法院地法的前提下，将当事人意思自治扩展到对"非国家法"的选择，即"当事人所选择的法律可以是国际、跨国家或区域范围内作为一套中性、平衡规则被普遍接受的法律规则"。从普通法系司法管辖区的角度来看，这种扩展可能是徒劳的，选择非国家法不可能实现。上议院在阿明·拉希德航运公司诉科威特保险公司案③中的判决常被用来证明这一事实。迪普洛克勋爵判定：

> 适用的英国冲突法可用来确定合同的"准据法"……将某一特定法律体系确定为合同当事人意图解释合同所依据的法律体系，那么该法律体系即被确定为合同的"准据法"。原因很简单，订立合同的目的是在合同当事人之间建立法律权利和义务……如不参照一定的法律体系解释合同的法律后果，便无法确定合同当事人相互的权利义务关系。④

在普通法系中，"非国家法"发挥作用的唯一途径是纳入，即

---

① BASEDOW, 2015: para191.
② BASEDOW, 2015: para191.
③ [1984] 1 AC 50.
④ [1984] 1 AC 60.

当事人在合同中纳入某国法律或公约或国际惯例规则作为合同条款，这种纳入在本质上与指定某法律为合同管辖法不同。纳入只是使法律规则成为合同术语，而合同必须在国家法或客观确立的适用法下进行解读。[①] 与选择国家法作为合同管辖法律不同，非国家法在纳入的条件下，即使经过后续变更或修订也不影响合同的内容和执行。[②] 可纳入合同的非国家法的范围比《海牙原则》允许选择的法律范围更广。根据《海牙原则》第3条，选择的非国家法必须：(1)"在国际、超国家或跨国家或区域范围内被接受"；(2)"中性和平衡"。这两项条件本身就容易出现解释上的问题。《解释》举两例对非国家法选择进行了说明。一是合同双方可指定《联合国国际货物销售合同公约》（维也纳，1980）管辖合同，而不是指定某国的适用法律具有效力；[③] 二是可选择《国际统一私法协会国际商事合同通则2010》。[④] 曼考斯基指出，以《联合国国际货物销售合同公约》举例说服力不强，一些国家对此有所保留，国际销售交易的各方也常签订该公约之外的合同。[⑤] 更根本的问题是，"该原则第3条和《解释》都未说明由谁来判断非国家法是否达到被接受的程度，或者根据什么标准和方法来进行判断"[⑥]。《海牙原则》第3条

[①] COLLINS L, et al. *Dicey, Morris & Collins: the Conflict of Laws* (volume 2) [M]. 14th ed. London: Sweet & Maxwell, 2006: para 32-088.

[②] COLLINS L, et al. *Dicey, Morris & Collins: the Conflict of Laws* (volume 2) [M]. 14th ed. London: Sweet & Maxwell, 2006: para 32-090.

[③] 《解释》第3.5条。

[④] 《解释》第3.6条。

[⑤] MANKOWSKI P. Article 3 of the Hague Principles: the final breakthrough for the choice of non-state law? [J]. *Uniform Law Review*, 2017, 22(2): 369, 379.

[⑥] MANKOWSKI P. Article 3 of the Hague Principles: the final breakthrough for the choice of non-state law? [J]. *Uniform Law Review*, 2017, 22(2): 373.

第一章 《国际商事合同法律选择原则》能否成为协调"一带一路"国家贸易合同法律选择的规范?

的适用性仍不明晰,对于那些国际私法规则不确定是否可以支持选择非国家法的国家,其不可能成为法律规则选择的规范。比如在中国,这一点就不明确。[①] 有评论家提出,根据中国的国际私法,当事人可以选择未经中国批准生效的国际公约。[②] 澳门大学法学院副教授涂广建对此予以反驳,"这个建议太过牵强,可能导致私法主体'强迫'中国接受其不愿批准的条约"[③]。与中国类似,日本国际私法在这一点上的立场也不确定,有学者认为选择非国家法是不可行的。[④] 泰国对此同样没有明确的态度。[⑤] 正是因为这种不明确性,《海牙原则》的运用可能引起混乱。

《海牙原则》进一步规定,可以通过默示的方式选择准据法。默示选择指"对法律的选择可以从合同规定或者相关情形清楚地看出"[⑥],选择法院合同或仲裁条款本身不等同于法律选择。[⑦] 在中国国际私法规则下,默示选择不被承认。[⑧] 但从中国法院实践惯例看,如果诉讼一方当事人提请适用某国法律,而另一方未提出异议,或

---

① TANG Z S, et al. *Conflict of Laws in the People's Republic of China*[M]. Cheltenham: Edward Elgar Publishing, 2016: para 8.20.

② TANG Z S, et al. *Conflict of Laws in the People's Republic of China*[M]. Cheltenham: Edward Elgar Publishing, 2016: para 8.22.

③ TU G J. *Private International Law in China*[M]. Berlin: Springer, 2016: para 140.

④ NISHITANI Y. Party autonomy and its restrictions by mandatory rules in Japanese private international law: contractual conflict rules[A]//BASEDOW J, et al. *Japanese Private International Law in Comparative Perspective*[C]. Heidelberg: Mohr Siebeck, 2008: 87.

⑤ SIRIJAROENSUK S. A comparative study of Rome I and Thai private international law: focus on the applicable law rules in contract [J]. *Court of Justice Law Journal*, 2011, 3(3): 41, 64.

⑥ 《海牙原则》第4条。

⑦ 《海牙原则》第4条。

⑧ TU, 2016: para 142。另见《中华人民共和国涉外民事关系法律适用法》第3条:"当事人可以依照法律规定可以明示选择涉外民事关系适用的法律。"

双方提请适用同一个国家法律，法院将认定选择该国法律。[①] 除这种情况外，默示选择在未来一段时间还不太可能被中国法律接受。[②] 同样地，日本国际私法对默示选择的态度也不明晰。日本国际私法法规第 7 条规定，"司法行为的形成和效力应受当事人行为发生所在地的法律管辖"；第 8 条规定，"若当事人未选择合同的法律适用，司法行为的形成和效力应受最密切联系地法律管辖，该地点成为特征性履行方的惯常居住地"。西谷裕子认为，默示选择在日本国际私法中没有一席之地，除非有强有力的证据表明当事人的意图。证据可从"法院选择协议、仲裁协议、单一履行地选择或提请国家特定法律机构的行为"[③] 等信息中获得。这些观点与《海牙原则》建议的做法相悖。西里亚罗恩苏克也指出，泰国最高法院在其第 1645/2538 号判决指定英国仲裁员的仲裁条款中发现了对英国法律的默示选择。[④] 从英国普通法的角度看，法院更倾向于从管辖权选择条款或仲裁条款中发现默示选择。学者指出，在司法实践中，如果当事人统一在某一特定国家进行诉讼或仲裁，法院很可能会得出结论，合同受该国法律管辖。[⑤] 英国上诉法院对"科姆尼诺"号案[⑥]的判决就是一个很好的例证。本案中，原告的货物钢线圈在希

---

① TU, 2016: para 142。 另见《中华人民共和国涉外民事关系法律适用法》第 3 条："当事人依照法律规定可以明示选择涉外民事关系使用的法律。"

② TU, 2016: para 142。 另见《中华人民共和国涉外民事关系法律适用法》第 3 条："当事人可以依照本法的规定明确选择涉外民事关系的适用法律。"

③ NISHITANI, 2008: 86.

④ SIRIJAREONSUK, 2011, 3(3): 63.

⑤ CLSRKSON C M V, HILL J. *The Conflict of Laws*[M]. 4th ed. Oxford: Oxford University Press, 2011: 211.

⑥ 希腊钢铁公司等诉斯沃拉玛航运有限公司等案（"科姆尼诺"号案）[1991] 1 Lloyd's Rep. 370。

腊塞萨洛尼基装于被告的船舶"科姆尼诺"号运往意大利拉文纳，途中货物受损。① 王座法庭上，赖格特法官在确定运输合同的适用法律时，考虑了以下相关因素：②

适用英国法的理由	适用希腊法的理由
提单第24条规定：所有争议将提交不列颠法院解决。	运输合同在希腊签订。
提单第8条提及不可抗力。	船舶经营人和托运人均为希腊国籍。
提单第17条规定：在伦敦用英镑进行清算。	货物系从希腊运往意大利的钢线圈。
提单第20、21条规定：某些情况下，赔偿责任限额以英镑为单位。	订舱单规定运费以希腊现行汇率用希腊货币支付。

赖格特法官在一审判决中指出，提单第24条所指"英国法院"模棱两可，可能指苏格兰、北爱尔兰、当时受殖民统治的香港，甚至直布罗陀、福克兰群岛等地的法院③。另外，对英语术语的其他引用可能受到英语作为商业语言的影响。④ 因此，希腊法为合同应适用的法律。⑤

上诉法院二审判决，本汉模法官对"英国法院"的提法模棱两可这一观点表示否认：

众所周知，商事法庭和海事法庭均为高等法院的组成部分，处

---

① "科姆尼诺"号案[1990] 1 Lloyd's Rep. 541。
② "科姆尼诺"号案[1990] 1 Lloyd's Rep. 544。
③ "科姆尼诺"号案[1990] 1 Lloyd's Rep. 373。
④ "科姆尼诺"号案[1990] 1 Lloyd's Rep. 373。
⑤ "科姆尼诺"号案[1990] 1 Lloyd's Rep. 373。

理日常大量的国际海事案件,许多是通过协议提交英国法律或法院管辖,受历史和地理因素影响,毫无疑问,没有其他联合王国法院能够管辖此类案件。①

本案与上议院对法国船舶公司诉突尼斯航运公司案②的判决结果不同。本案中,本汉模法官未偏离总体判决理由,他解释道,推断当事人对法律的默示选择和在没有明示和默示选择的情况下确定"最密切联系"有相似之处,即必须考虑整体情况。但两者在目的上存在差异。为推断默示选择,整体情况与"确定当事人的合同意图有关(即他们的实际意图,而非推断意图:如果当时就此提问,他们会如何回答)"③。另一方面,当事人没有明确表示法律选择时,为判断"最密切联系"而考虑整体情况,"涉及法律规则的适用,而不涉及合同的制定过程"④。本汉模法官认为在这个案件中,当事人意图可以从提请法院的第 24 条中推断出来。他补充道:

如果没有第 24 条,那么……不可能推出有关当事人意图的任何论断……如此才可认为希腊法是与交易有最密切、最真实联系的法律。⑤

在法国船舶公司诉讼案中,上议院对看似类似的事件下了不同的结论。一家突尼斯航运公司通过巴黎的船舶经纪人租用一家法国船东的船舶,在北非突尼斯两个港口间运输石油。⑥ 双方约定,船

---

① "科姆尼诺"号案[1990] 1 Lloyd's Rep. 374。
② 法国船舶公司诉讼案[1971] AC 572。
③ "科姆尼诺"号案,374。
④ "科姆尼诺"号案,374。
⑤ "科姆尼诺"号案,376。
⑥ 法国船舶公司诉讼案[1971] AC 582。

东提供的船舶不一定由船东所有,可以由其控制或租用。[1]

租船合同约定,"以旗帜国法律作为合同的适用法"[2],但合同未对船舶细节作出约定。该合同还包含一个仲裁条款:"在执行本租船合同期间产生的任何争议应在伦敦解决,船东和租家各指定一名仲裁员——由商人或经纪人担任。"[3] 与上一案件处理途径略微不同,本案所有法官一致认为该合同受法国法管辖。[4] 正如本汉模法官在"科姆尼诺"号案中所指出的,[5] 法官把重点放在管辖权条款和仲裁条款在确定默示选择的权重上,以此作为判决理由。例如,威尔伯福斯勋爵声称,"必须视仲裁条款为一种指示,而且是强烈指示,将其与合同其他条款以及事实结合"[6]。同样,迪普洛克勋爵指出,"仲裁条款通常规定当事人对合同准据法和法院法的选择,除非有令人信服的相反意思,否则应予以解释"[7]。因此,尽管《海牙原则》第4条的措辞正确反映了不同司法管辖区所采取的法律立场,但在一定程度上淡化了对合同中的仲裁条款和管辖权条款的重视,也没有反映不同国家的司法惯例。本文建议,第4条最后部分的措辞应改为:当事方之间将管辖权授予法院或仲裁庭以裁定合同项下争议的协议本身就提供了一个关于法律选择的可反驳推定,除非存在相反的重大关联因素。

---

[1] 法国船舶公司诉讼案[1971] AC 582。
[2] 法国船舶公司诉讼案[1971] AC 591。
[3] 法国船舶公司诉讼案[1971] AC 591。
[4] 法国船舶公司诉讼案[1971] AC 584(里德勋爵),590-591(莫里斯勋爵),593(迪尔霍恩子爵),593(威尔伯福斯勋爵),609(迪普洛克勋爵)。
[5] "科姆尼诺"号案,375-376。
[6] 法国船舶公司诉讼案[1971] AC 600。
[7] 法国船舶公司诉讼案[1971] AC 609。

三、《海牙原则》中当事人意思自治的例外情况

《海牙原则》第 11 条规定了当事人意思自治的两种例外情况和限制——法院地法的绝对优先强制性规则和公共政策（公共秩序）。首先可以观察到，《海牙原则》不适用恶意限制，赖特勋爵对这一条件进行了详尽说明。普通法管辖区没有任何案例解释恶意限制。事实上，赖特勋爵在枢密院发表司法声明之前，这一条件尚未得到承认。[①] 其后，澳大利亚和新加坡开始对这一限制开展权威讨论。

昌盛地产有限公司诉昆士兰房地产控股有限公司案[②]涉及土地出售佣金支付问题，[③] 双方当事人签署的协议包含以下条款："就本协议产生的所有目的而言，本协议应被视为在香港订立。"[④] 这项协议被判定为违反了昆士兰当地法规，因为案件中的索赔人不是注册房地产经纪人（不具备昆士兰法律所要求的充当不动产代理人的许可证），且商定的佣金金额超过了昆士兰法律所允许的最高限度。[⑤] 尽管有观点认为，当事人选择香港法是因为其有意图"在远东寻找土地购买者，且一些买家实际上是香港居民"，但霍雷法官认为，索赔人一定知道若由昆士兰法律管辖合同，判决将对自身不利，[⑥] 由此认定当事人选择香港法的意图不是善意的。但他的后续解释并

[①] Tan Y L. Good faith choice of a law to govern a contract[J]. *Singapore Journal of Legal Studies*, 2014: 307, 310.

[②] (1969) Qd. R. 378.

[③] (1969) Qd. R. 383.

[④] (1969) Qd. R. 383.

[⑤] (1969) Qd. R. 383.

[⑥] (1969) Qd. R. 384.

第一章 《国际商事合同法律选择原则》能否成为协调"一带一路"国家贸易合同法律选择的规范?

不清楚:

昆士兰立法机构认为有必要颁布立法,对当地房地产经纪人的运营进行严格管理……可以看出,如果通过简单手段来规避整个法规的运行,即允许其他法律适用于本应受当地法规管辖的合同,定会违背公众利益……一般来说,当适用法律为昆士兰法律,而合同当事人为了逃避其中的某些条款而选择其他法律,使得立法意图受阻,将被判定为违反公共政策。①

可见,霍雷法官将善意意图这一条件归入了公共政策。但赖特勋爵将两者看成相互独立的概念。

霍雷法官对善意意图这一条件的论述却得到新加坡上诉法院的赞成。② 在其审理的一个案件中,一家德国银行的新加坡分行与一位马来西亚居民之间签订了贷款融资协议。该银行发布了包含协议条款和条件的文件。其中,标准条款条件第 20 条规定,"本协议应根据新加坡法律进行解释并在所有方面具有效力"③。该居民则认为,签署协议时,银行还没有发布标准条款条件,因此他并不知道法律选择条款。④ 此外,该贷款协议确实违反了马来西亚法律,银行明知这一点,却采取漠视的态度以确保贷款协议合规。随着案件审理的推进,该银行一直保持无视的态度,这一行为"等同于鲁莽地无视马来西亚法律,其表现缺乏善意和遵守马来西亚法律的意图"⑤。考虑到国家间礼让是一项公共政策,新加坡法院不应让一方

---

① (1969) Qd. R. 384—385.
② 白德贵诉讼案,[17]。
③ 白德贵诉讼案,[2]—[4]。
④ 白德贵诉讼案,[15]。
⑤ 白德贵诉讼案,[15]。

选择的新加坡法律生效，以此回避马来西亚强制法规的适用。① 上诉法院将签名视为商定法律选择的确凿证据：

唯一的附加条件是，如果选择新加坡法律的唯一目的是为了逃避马来西亚法律的实施，法院很有可能根据前面的证据认为法律选择不是善意的。②

然而，根据相关事实（如银行在新加坡经营，相关账户在新加坡开设，银行在新加坡缴纳了与融资协议相关的税款），各方有理由同意采用新加坡法律。③ 实际上，新加坡上诉法院在原则上肯定了霍雷法官的做法，即恶意意图包括逃避特定国家的强制性法律的意图。本案论证失败是由于未能证实这种逃避的意图。这起案件与昌盛地产有限公司诉讼案的区别在于，前者法院需要考虑的是外国强制性法规的意图。作者认为，上诉法院在判决中把重点放在确定案件的客观法律选择是新加坡法律，而未对其可能违反马来西亚强制性法规的情况予以足够的重视或提供详细分析。再者，没有划清恶意逃避强制性法律的意图和公共政策例外情况之间的界限。

如果霍雷法官的方法正确解释了赖特勋爵提出的善意限制，那么这个条件没有什么意义，是多余的。大多数规避国家强制性法律的情况都涵盖在公共政策条件中，但分析并不像这样简单。

《海牙原则》第11条概述了绝对优先强制性规则和公共政策的例外情况。从普通法的角度看，一些学者提出，"处理国际私法合

---

① 白德贵诉讼案，[16]。
② 白德贵诉讼案，[17]。
③ 白德贵诉讼案，[17]。

同中的强制性规则问题历来与公共政策密切相关"①，却未说明为何这两者应单独考量。另外一部分学者倾向于不对两者作概念上的区分，如戴维斯等所言：

> 合同中的法律选择条款……不得以公共政策为由强制执行，因为公共政策有足够的力量否决当事人的合同自由，其自由应受到保护……这种公共政策通常以法院地法的形式出现。优先于合同准据法之上的法规通常被称为法院地强制法。②

坦率而言，《解释》的起草者试图为区分这两个概念提供的说明相当无益：

> 绝对优先强制性规则下，所选法律的适用性通过适用另一法律的强制性规定来补充或取代。就公共政策而言，所选法律的适用范围仅限于其适用与公共政策基本概念相抵触的情况。③

《解释》中的另一条表达了同样的意思。④

在现实中，这一区别与普通法司法管辖区承认的公共政策原则的适用并无不同。公共政策只能作为"盾牌"（拒绝适用本来适用的外国法律），而不能作为"利剑"（援引适用原本不适用的法律）。⑤ 因此，相关的公共政策只会使所选法律中被违反的部分无效，但并不会导致法院地法等的适用，以取代无效的选择法律。另外，强制性规定除了使所选法律的相关部分无效外，同时取代了这

---

① GOODE R, et al. Transnational Commercial Law: Texts, Cases and Materials[M]. 2nd ed. Oxford: Oxford University Press, 2015: para 2.53.
② DAVIE M, et al. Nygh's Conflict of Laws in Australia[M]. 9th ed. LexisNexis Butterworths, 2014: para 19.39.
③ 《解释》第11.6条。
④ 《解释》第11.11条。
⑤ CLARKSON, HILL, 2011: 51.

些部分。问题仍然在于公共政策领域和强制性规定领域之间的实际区别,因为没有确定公共政策的准则或标准。① 《海牙原则》未提供明确定义,因此情况更加复杂。

事实上,公共政策有两个层面:一个适用于国内,另一个适用于国际。② 根据普通法传统,一个国家的公共政策以两种方式运作:第一,拒绝适用与该国公共政策相悖的外国法律;第二,旨在维护该国与其他国家之间的礼让。③ 据观察,法院可能通过援引其他国家当地法的公共政策,以适用其强制性规则,维护礼让。④ 《海牙原则》第11条第4款规定了法院地法院是否应将该国的公共政策纳入考虑范围。如果法院地法院必须适用与其社会环境和背景完全不同的另一国的公共政策,则很难对该国的公共政策进行论证和阐释。既然法院出于礼让可能需要考虑客观准据法所属国的公共政策,这是否意味着法院可以注意到这种公共政策,而无须诉讼当事人提请法院注意?

关于强制性规则,第11条采用了"绝对优先强制性规则"这一术语,而不是简单的"强制性规定"。正如西蒙尼德斯所解释的,要理解这一术语,必须回到欧洲的《罗马条例Ⅰ》,⑤ 该条例中的第

---

① MORTENSEN R. *Private International Law in Australia*[M]. 3rd ed. LexisNexis Butterworths, 2015: para 8.56.

② CHONG A. The public policy and mandatory rules of third countries in international contracts[J]. *Journal of Private International Law*, 2006(1): 27, 29.

③ CHONG A. The public policy and mandatory rules of third countries in international contracts[J]. *Journal of Private International Law*, 2006(1): 27, 30.

④ CHONG A. The public policy and mandatory rules of third countries in international contracts[J]. *Journal of Private International Law*, 2006(1): 33-35.

⑤ SYMEONIDES S C. The Hague principles on choice of law for international contracts: some preliminary comments[J]. *The American Journal of Comparative Law*, 2013(61): 873, 886.

9条规定：

绝对优先强制性规则是指一个主权国家维护其公共利益（如政治、社会、经济秩序等）的强制性法律规范，适用于其规定范围内的任何情况，而不考虑根据本条例对合同适用的其他法律。

这一概念很复杂，因为规则是否具有绝对优先强制性存在解释上的差异。[1] 另外，根据《罗马条例I》，绝对优先强制性规则由欧盟各成员国确定，成员国在解释第9条时没有采取统一的方法。[2] 由于英国法律受到欧洲法律思想的影响，必须进一步区分两种强制性规则——国内强制性规则和国外强制性规则。国内强制性规则"在合同的管辖法同样是包含特定强制性规则的法律时适用"[3]。对于国外强制性规则，无论管辖合同的法律是什么，都适用。[4]《罗马条例I》第9条中谈到的绝对优先强制性规则仅指国外强制性规则。[5] 同样可以推测，《海牙原则》第1条仅指国外强制性规则。国内、国外强制性规则的区别让人想到了霍雷法官在昌盛地产有限公司诉讼案中对善意意图条件的判定。霍雷法官认为，该案中涉及的昆士兰法规（如果真正涉及的话）只是一个国内强制性规则，"如果以允许适用其他法律的简单手段来规避整个法规的实施，肯定会违背公共利益"[6]。因此，他引入善意意图条件，将国内强制性

---

[1] CLARKSON, HILL, 2011: 233.

[2] KUIPERS J-J. EU *Law and Private International Law: the Interrelationship in Contractual Obligations*[M]. Leiden; Boston: Martinus Nijhoff Publishers, 2012: 125.

[3] Chong, 2006(2): 31.

[4] FENTIMAN R. *International Commercial Litigation*[M]. Oxford: Oxford University Press, 2010: para 3.42.

[5] FENTIMAN R. *International Commercial Litigation*[M]. Oxford: Oxford University Press, 2010: para 3.51.

[6] 昌盛地产有限公司诉讼案，384—385。

规则上升至国外强制性规则。《海牙原则》第11条对这一方法没有提及。

那么，如何区分国际公共政策和国外强制性规则呢？在《海牙原则》背景下这一区分至关重要，因为前者不会取代合同法选择，而后者会取代。此外，虽然第11条第4款规定，根据法院地法，法院可以适用客观准据法所属国的公共政策，但第2款再次提及法院地法，法院可以适用另一法律的绝对优先强制性规则。这里的"另一法律"被解释为"法院地以外的国家的法律或当事人选择法律以外的法律"。① 在没有任何限制条件的情况下使用如此宽泛的表达是有问题的。《海牙原则》起草者似乎只考虑到了具备相当成熟发达法院地法的国家，只详细阐释了这些国家的法院在何时或何种情况下应考虑国外强制性规则。但对于"一带一路"沿线的许多国家来说，情况显然不是这样。

根据中国国际私法第4条，"中华人民共和国法律对涉外民事关系有强制性规定的，直接适用该强制性规定"。中国国际私法体系未区分国内强制性规则和国外强制性规则，国内立法中提到的"强制性规则"只指国外强制性规则，"在中国的法律概念中，绝对优先强制性规则单方面适用，即不需参考冲突规则直接适用"②。但是参照《罗马条例Ⅰ》，如果认为中国法律认可的每一项国外强制性规则等同于《海牙原则》第11条所述规则，则存在误解。日本的国际私法甚至没有与国外强制性规则有关的规定，尽管其中被认为类似国外强制性规则的条件仍"理所当得地适用"③。在泰国

---

① 《解释》第11.19条。
② TANG, et al, 2016: para 8.86.
③ NISHITANI, 2008: 79.

国际私法中，根本不存在国外强制性规则的概念，与此相关的唯一规定是第5条，其中规定"只要管辖的国外法律不违反暹罗①的公共秩序或道德规范，则应适用"。"公共秩序"指"涉及国家或大多数人的利益的事项，影响国家安全、经济、家庭制度等"②。"道德规范"指一个社会的优良传统，不同社会的定义和规约不尽一致，且在代际传承时可能改变。③ 即便存在这些类似"公共政策"的概念，但是否可以被解读为国外强制性规则，仍值得怀疑。很难想象，不存在绝对优先强制性规则这一概念的国家要如何采纳《海牙原则》，如何运用这一概念，更不用说参照比较其他国家的相关概念。

四、结语

显然，因各国法院受其国内国际私法规则的约束，《海牙原则》作为一个不具普遍约束力的文书，在协调合同的法律选择规则方面影响不大，甚至可以说没有影响。其所涉及的范围也狭隘地局限于当事人意思自治概念。尽管该原则可以为各国法院或立法者提供借鉴，将其中某些方面纳入国内冲突法规则，但这需要一个较长的发展过程，"一带一路"项目可能等不了这么长的时间。考虑到加入海牙国际私法会议的国家规模之大，就合同的法律选择规则制定一个具有普遍约束力的国际公约，可能难度太大。但是，"一带一路"参与国就法律规则选择达成一个类似《罗马条例Ⅰ》的国际公约应

---

① 泰国的古称。
② SIRIJAREOUNSUK, 2011, 3(3): 65.
③ SIRIJAREOUNSUK, 2011, 3(3): 65.

是可行的，也是明智的。召集起草一个这样的国际公约，可能成为中国的一项任务，备受关注和期待。

《海牙原则》的措辞并非毫无缺陷。比如第3条规定，当事人可以选择非国家法管辖合同。尽管非国家法在仲裁领域并不陌生，但在司法领域的运用还不太可能。草案中增加了认可非国家法的条件，但条件的确认相当困难。此外，该原则第4条提到默示选择，在确定默示法律选择时使用仲裁条款和管辖权条款的措辞并不能真正反映不同管辖区之间的做法。第11条中公共政策和绝对优先强制性规则有大量重合之处，但在同一条款中处理的方式却不尽相同，令人费解。无论是《海牙原则》还是《解释》都没有对这两者进行区分。国际公约的实施经验表明，即使将来《海牙原则》在某些国家的法律中得到援引，无论《解释》作出何种说明，各国的法律条款都会存在一定程度的差异。在某些司法管辖区，如具有长久确立的法律冲突基本原则的普通法系司法管辖区，或拥有明确界定的法律冲突法规的中国，都很难看出《海牙原则》在何种情况下可以适用。

第二篇
诉讼文书的送达

第二章 "一带一路"倡议下域外电子送达制度构建[①]

郭玉军　付鹏远

一、引言

  在国际民商事诉讼活动中，域外送达至关重要。然而，在实际的国际民商事案件中，依然存在速度慢、成功率低的问题，使司法程序的处理陷入困境。随着通信技术的发展以及计算机和互联网的普及，越来越多的国家，包括英国、美国、澳大利亚、加拿大和中国，开始通过高效迅捷的电子技术手段进行送达。在中国，2003年发布的《最高人民法院关于适用〈中华人民共和国海事诉讼特别程序法〉若干问题的解释》最早规定了域外电子送达，并且最终在《中华人民共和国民事诉讼法（2012年修正案）》[②]（以下简称《民事诉讼法》）中正式立法。但迄今为止，尚无国际条约对这种新的送达方式进行规定和调整，包括《关于向国外送达民事或商事

---

  ① 本文中文版以《"一带一路"背景下域外电子送达制度比较》为题发表在《学术交流》2018年第1期上。本文与中文版相比稍有改动。——译注
  ② 生效日期：2013年1月1日。

司法文书和司法外文书公约》（以下简称《海牙送达公约》）。

随着"一带一路"倡议的实施，"一带一路"沿线国家的政治、经济合作比以往更加频繁，这些国家也需要重视法律领域的交流与合作。共同推进"一带一路"沿线国家在域外电子送达方面的司法合作大有裨益，不仅对有效解决民商事跨境纠纷有巨大贡献，也为"一带一路"地区营造了公平、高效的法律环境。

二、国外域外电子送达的实践发展与立法比较

在国际民事和商事诉讼中，域外电子送达是指一国司法机关或当事人依据有关国家的国内立法或国际条约的规定，通过电传、传真、电子邮件及社交网站等电子通信手段，将司法文书和司法外文书送交给外国诉讼当事人或其他诉讼参与人的行为。[①]

（一）早期萌芽起步阶段

20世纪80年代是域外电子送达的早期萌芽起步阶段，美国联邦法院最早允许当事人利用现代通信技术进行域外电子送达。在1980年新英格兰商业国民银行诉伊朗发电与输电公司案[②]（以下简称"新英格兰商人案"）中，由于当时美国与伊朗关系紧张且被告故意躲避送达，原告通过多种方式都无法对伊朗的被告进行有效送达，最终纽约南区联邦地区法院裁决允许原告通过电传向被告进行送达。新英格兰商人案标志着域外电子送达服务的开始，该法院

---

① 韩德培，肖永平.国际私法（第三版）[M].北京：高等教育出版社，2014：512；鞠海亭.电子方式送达法律文书问题研究[J].人民司法，2006（5）：67；宋朝武.电子司法的实践运用与制度碰撞[J].中国政法大学学报，2011（6）：65.

② [1980] SDNY，495 F Supp 73 (SDNY).

也在此次案件中意识到现代通信技术可以对诉讼所追求的公平与效率的价值作出新的诠释,并且愿意以积极开放的态度在司法实践中使用现代技术带来的便利,开创域外电子送达的先河。

(二) 中期稳步发展阶段

从20世纪末到21世纪初,随着计算机技术和通信技术的迅猛发展,人类逐渐迈入互联网时代,域外电子送达进入了稳步发展阶段。英国和美国先后将本国现有诉讼规则灵活使用,允许当事人使用传真和电子邮件进行送达。

1996年,英国皇室法院后座所属分庭的纽曼法官授权伦敦希林&洛姆律师事务所的律师通过电子邮件向其辖区外的被告送达法庭禁令,这是世界上第一起通过电子邮件进行域外送达的案例。[1] 该案中,伦敦希林&洛姆律师事务所收到一系列针对一名当事人的邮件,该当事人是媒体名人,邮件威胁称将通过网络散布关于该当事人的诽谤材料,并给出了一个很短的宽限期。为了确保当事人在诽谤材料流入互联网前提供法律援助,该律所的律师向法庭申请了禁令。根据英国《最高法院规则》第65号令,禁令必须亲自送达。[2] 但被告始终仅通过电子邮件进行联络,没有提供任何传统的联系方式,因此原告律师无法通过传统方式送达禁令。最终,英国法院根据《最高法院规则》第65号令中规则4(1)和5(1)的规定,

---

[1] CONLEY F. Service with a smiley: the effect of email and other communications on service of process[J]. *Temple International and Comparative Law Journal*, 1997, 11(2): 408.

[2] 根据第65号令第1/2(1)条,禁令作为一种可以通过拘押强制执行的命令,必须亲自送达。

同意原告律师通过电子邮件送达禁令。①

之后，美国联邦法院在 2000 年的国际电信媒体公司破产案②（又称布罗德富特诉迪亚斯案）中，首次允许当事人通过传真和电子邮件进行送达。在该破产案件中，被告迪亚斯身处国外且行踪不定，拒绝向原告提供固定通信地址，但提供了长期有效的传真号码和电子邮箱地址。鉴于以上情况，乔治亚北区联邦破产法院裁决批准了原告的动议，允许原告通过传真、电子邮件和邮寄至迪亚斯的最近通信地址的方式进行域外送达。法院认为，《联邦民事诉讼程序规则》第 4（f）（3）条提供了关于替代性域外送达方式的非穷尽列表，赋予其选择其他替代性域外送达方式的灵活的自由裁量权，只要法院裁决的域外送达方式不违反国际条约即可。③

2002 年，美国联邦第九巡回上诉法院在里约地产公司诉里约国际互联互通公司案④（以下简称里约案）中判决肯定了原告使用电

---

① 第 65 号令第 4（1）条的相关规定如下："当规定的其他方式不能有效送达时，法院可以发布替代送达的命令。"第 65 号令第 5（1）条的相关规定如下："任何文件的送达（除注明的例外情况）……可以通过以下方式实现……（d）按法院指示的其他方式。"

② 245 B.R. 713（Bankr. N.D. Ga. 2000）.

③ 美国法院在裁决是否允许当事人进行域外电子送达时，主要的法律依据是《联邦民事诉讼程序规则》第 4（f）（3）条和第 4（h）（2）条。《联邦民事诉讼程序规则》第 4（f）（3）条的相关规定如下："（f）在域外送达个人。除非联邦法律另有规定，个人（除未成年人、无行为能力者或已提交弃权书的个人）可在美国以外的任何司法区被送达，……（3）按照法院的规定，采用其他未被国际协议禁止的送达方式。"《联邦民事诉讼程序规则》第 4（h）（2）条的相关规定如下："（h）向公司、合伙企业或协会送达。除非联邦法律另有规定或被告已提交弃权书，国内外法人、合伙人或者其他以共同名义提起诉讼的非法人团体进行送达的方式如下：……（2）如果不在联邦政府司法辖区内，则采用第 4（f）条中有关向个人送达的规定，但（f）（2）（C）（i）有关亲自送达的规定除外。"

④ ［2002］9th Cir, 284 F3d 1007（9th Cir）.

子邮件向域外被告进行送达的效力,这是美国的联邦上诉法院支持通过电子邮件进行域外送达的第一案。在该案中,上诉法院在肯定电子邮件送达之优势的同时,也指出其存在一定的局限,比如无法确认被送达人是否实际收悉。因此,在裁决是否允许域外电子送达时,法院应就个案进行利弊权衡。

(三) 晚近多元演进阶段

随着互联网的进一步发展,社交网站逐渐成为大多数人的日常联络工具。[①] 与此同时,科学技术的进步和通信手段的发展也促进了电子送达方式的演进。自21世纪末以来,域外电子送达进入了晚近多元化发展阶段,它不仅以更为多元化的通信手段和途径实现送达,而且在越来越多的国家逐渐以更为宽松的条件得到适用。

澳大利亚是第一个允许当事人通过脸书进行送达的国家。2008年,堪培拉地区上诉法院在MKM资产有限公司诉科博和波伊泽案[②](以下简称MKM资产有限公司案)中允许原告通过脸书向两名被告进行送达。但同时,法院还指令原告向被告进行电子邮件送达以及向被告的最后已知地址进行留置送达。[③]

2009年,新西兰最高法院在阿克斯市场花园诉克雷格阿克斯

[①] HORN H V. Evolutionary pull, practical difficulties, and ethical boundaries: using Facebook to serve process on international defendants[J]. *Pacific McGeorge Global Business & Development Law Journal*, 2013, 26(2): 565.

[②] [2008] ACTCA 608 (SC).

[③] Ottawa Citizen. Facebook used to find defendants in Australian court case[N/OL]. (2008-12-15)[2016-10-07]. www.ottawacitizen.com/technology/technology/1081894/story.html. MALKIN B. Australian couple served with legal documents via Facebook[N/OL]. The Daily Telegraph, (2008-12-16)[2016-10-07]. www.telegraph.co.uk/news/newstopics/howaboutthat/3793491/Australian-couple-served-with-legal-documents-viaFacebook.html.

案①中也允许当事人在脸书上进行域外送达。该案中，一位父亲起诉其儿子未经授权从家族企业的账户中转走一笔241,000新西兰元的款项。被告住在英国，但因具体地址无从知晓，无法适用《海牙送达公约》中的送达途径。考虑到被告使用网上银行转走该笔款项、使用电子邮件与原告联络并且拥有脸书账号，法院最终应原告请求允许其向被告脸书账号进行送达。②

在2009年的诺特诉萨瑟兰案③中，加拿大的法院颁发法官命令，允许原告通过以下两种途径送达：(1) 在被告原来就职的人力资源部门张贴诉讼文书进行公告送达；(2) 作为替代方式，向被告脸书进行送达。④

2011年，在律师未能通过《海牙送达公约》中的各种方式送达被告（债务人）的情况下，英国黑斯廷斯郡法院援引2008年澳大利亚的MKM资产有限公司案，允许原告的律师通过脸书向被告送达法院传票作为替代。⑤

美国法院首次允许当事人通过脸书进行送达的案件是2011年

---

① CIV：2008-485-2676（New Zealand 2009）.

② BROWNING J G. Served without ever leaving the computer[J]. *Texas Bar Journal*, 2010(73)：180, 181. 另见 LLEWELLYN I. NZ court papers can be served via Facebook, judge rules[N/OL].NZ Herald（2009-03-16）[2016-10-07]. www.nzherald.co.nz/nz/news/article.cfm?c_id=1&objectid=10561970.

③ [2009] Edmonton 0803 002267（Alta.Q.B.M.）.

④ BROWNING, 2010(73)：182. MIREAU S. Substitutional service via Facebook in Alberta[N/OL].SLAW.CA（2009-09-24）[2016-10-08]. www.slaw.ca/2009/09/24/substitutional-service-via-facebook-inalberta/.

⑤ The Telegraph. British lawyer uses Facebook to serve court summons[N/OL]. （2011-03-14）[2016-10-08]. www.telegraph.co.uk/technology/facebook/8382570/British-lawyer-uses-Facebook-to-serve-court-summons.html.SARAH. UK solicitor serves first court summons by Facebook[EB/OL]. Law & Legal（2011-03-16）[2016-10-08]. www.lawandlegal.co.uk/careers/uk-solicitor-serves-court-summons-facebook.

的米帕夫夫人诉米帕夫案。①该案中,住在明尼苏达的妻子杰茜卡向其丈夫提起离婚诉讼,但她多年未见丈夫,且不知其联系地址,唯一的线索是丈夫可能回到了科特迪瓦。她请求法院允许通过"一般交付"(邮寄信件至邮局待被告领取)进行送达,但法官认为这是枉费精力。另外,法官认为,通过报纸进行公告送达也是徒劳,因为没有人尤其是穷人会去浏览法律报纸而得知其面临离婚诉讼。传统的公告送达方式已然过时并且成本较大,科技提供了更为经济且高效的送达方式。因此,法官裁定原告可以在互联网上进行公告送达,比如通过脸书、聚友网等社交网站,或者通过谷歌等搜索引擎可以搜索到的途径进行送达。

(四) 国外域外电子送达的立法比较

经过三十多年的发展,域外电子送达的合法性已被越来越多的国家认可,相关制度规则主要通过以下两种不同的立法方式确立。

第一种方式是以成文法直接规定可以进行域外电子送达。比如,西班牙在其《民事诉讼法》第162条规定了通过电子方式送达司法文书的可能性,但法院和受送达人必须具备相关技术设备且能够保证送达文书内容的真实性和完整性,同时能标明发出和收到的时刻。立陶宛新的《民事诉讼程序法》第117条规定,在当事人同意的情况下允许使用电子邮件进行送达。②此外,美国《联邦民事

---

① No. 27-FA-11-3453 (D. Minn. 2011) [EB/OL].[2016-10-08]. https://zh.scribd.com/document/70014426/ Mpafe-v-Mpafe-order.另见 HORN, 2013(26): 566.
② 何其生.域外送达制度研究[M].北京: 北京大学出版社,2006: 180.

诉讼程序规则》第5(b)(2)条①和第5(b)(3)条②规定，就法庭命令、答辩状、动议、开示程序文件等文书，在获得对方当事人书面同意后可通过电子方式送达。新西兰2003年的《合同解释规则》规定：当满足一定条件时，比如受送达人允许通过电子邮件或其他电子方式向其递送文书，当事人也可以通过电子邮件或其他电子方式进行送达。而且，在一些特殊情况下，新西兰和澳大利亚之间可以通过传真送达文书。③

第二种方式是在国家没有关于域外电子送达的明确立法的情况下，法院根据现有立法所赋予的自由裁量权而在个案中批准当事人进行域外电子送达。例如，美国法院在裁决是否允许当事人进行域外电子送达时，主要的法律依据是《联邦民事诉讼程序规则》第4(f)(3)条、第4(h)(2)条。根据该规则，就传票和起诉状副本，当事人可以通过法院指定的其他不为国际条约所禁止的方式进行域外送达。并且，法院裁决允许的域外电子送达必须符合美国最高法院在"穆莱恩案"中所阐释的正当程序要求，即该送达"经合理考量，在所有情况下，都能够就未决诉讼对有关当事人进行通

---

① 《联邦民事诉讼程序规则》第5(b)(2)(e)条的有关规定如下："(2)一般送达。根据此项规定，采用以下方式送达：……(e)在受送达人书面同意的情况下，可采用电子送达，自传送时送达完成，如果送达人得知未送达至受送达人，则送达无效。"

② 《联邦民事诉讼程序规则》第5(b)(3)条规定："(3)使用法院的传输系统送达。如果当地法律许可，当事人可以根据第5(b)(2)(e)条的规定，使用法院的传输系统进行送达。"

③ 何其生.域外电子送达与《海牙送达公约》[J].诉讼法论丛，2005：535，537。

知,并给予其提出异议的机会"①。澳大利亚《统一民事诉讼程序规则》规定,在当面送达并非切实可行时,经法院批准可以通过在各种可能出现的合理情形下能够有效地将诉讼程序通知被告的方式进行送达。② 英国《最高法院规则》第 65 号令中的规则 4（1）和 5（1）也有类似的规定。此外,加拿大魁北克《民事程序法》第 138 条规定,如案情需要,法官或法官助理可以根据当事人的动议,授权其通过其他方式进行送达。③

三、域外电子送达制度的适用条件

在决定是否允许原告通过域外电子送达时,根据正当程序原则的要求,美国法院通常会进行逐案平衡测试,主要考虑以下四个因素：

第一,送达人是否已经尝试通过传统方式进行送达。在里约案中,原告曾试图向被告在注册博彩网站域名时使用的位于佛罗里达州迈阿密的地址进行送达,然而位于该地址的却是被告旗下的一家国际快递公司,且该快递公司未被授权代被告接受送达。此外,被

---

① 见穆莱恩诉汉诺威中央银行和信托公司案,载于《美国最高法院判例汇编》第 339 卷,第 306 页（1950）。 另见 SCHRECK M R. Preventing "you've got mail"™ from meaning you've been served: how service of process by e-mail does not meet constitutional procedure due process requirements[J]. *John Marshall Law Review*, 2005, 38(4): 1125。

② 澳大利亚《统一民事诉讼程序规则》第 116 条第（1）款允许"在无法进行当面送达的情况下进行替代送达,所建议的送达方法若不能确定,应以合理的方式有效通知被告注意或了解诉讼"。

③ STEWART D P, CONLEY A. E-mail service on foreign defendants: time for an international approach? [J]. *Georgetown Journal of International Law*, 2007, 38(4): 786-787.

告在洛杉矶的律师也拒绝代被告接受送达。于是，原告只能尝试直接向被告进行送达。然而，经努力，原告未能获得被告位于哥斯达黎加的地址，仅发现被告愿意通过其电子邮箱和位于迈阿密的国际快递公司进行联络。在此情况下，原告才向初审法院提请紧急动议，初审法院批准原告向被告的律师和国际快递公司邮寄送达，以及通过电子邮箱向被告送达。此外，在瑞安诉不伦瑞克公司案①中，纽约西区联邦地区法院允许原告通过邮寄、传真和电子邮件向被告进行送达。该法院认为，《联邦民事诉讼程序规则》第4（f）（3）条存在适用的门槛，即当事人必须证明其已经合理地尝试送达，并且存在需要法院介入以排除负担繁重的或徒然无效的送达方式之情形。

第二，采用传统方式进行送达的现实可行性问题，主要包括：受送达人的联络地址是否可知，受送达人是否存在逃避送达的情形，传统送达方式是否对送达人存在不合理的负担。例如，在布罗德富特诉迪亚斯案中，被告迪亚斯存在严重的逃避送达情形，其身处国外且行踪不定，并拒绝提供长期联系地址。在霍洛夫人诉霍洛案②中，移居到沙特阿拉伯的丈夫是被告，他仅通过雅虎电子邮箱与居住在美国的妻子联系，原告通过国际送达公司和被告的雇主都难以完成送达，而采取沙特法律规定的方式送达则需要一年到一年半的时间。纽约州法律规定，当法律规定的送达方式不可行时，法

---

① No. 02-CV-0133E(F), 2002 WL 1628933, (W.D.N.Y. 2002).
② 747 N.Y.S.2d 704 (N.Y. Sup. Ct. 2002).

院可以授权当事人以其他方式送达。① 据此，法院批准原告向被告的最后已知电子邮箱进行送达，同时通过国际挂号信件和标准信件向被告进行邮寄送达。

第三，经合理考量通过电子方式送达能够实际通知被告的可能性，主要包括：被送达的电子邮件地址或脸书账号等是否确实属于受送达人、这些电子联络方式是否为受送达人主动提供、受送达人使用这些电子通信手段的程度和频率、受送达人是否使用这些电子方式进行日常营业、双方是否曾通过该电子手段进行联络，等等。② 在布罗德富特诉迪亚斯案中，由于被告选择通过传真和电子邮件联系，而且在全球化和信息化的背景下，这两种手段的使用已经相当普遍，法院在合理考虑后认为，通过传真和电子邮件送达可以有效地将未决诉讼通知被告。在里约案中，被告里约国际互联互通公司恰恰就是采取互联网经营模式从中获得大量收益的企业，并且在其网站上指定电子邮箱作为首选联络方式。在联邦贸易委员会诉PC-Care247公司案③（以下简称联邦贸易委员会案）中，被告通过互联网和电子邮箱实施欺诈，其中一个邮箱新近还被用于与原告和法院联系，而且大量事实可以证明拟受送达的脸书账号确为几名被告持有，因此法院认为通过电子邮件和脸书进行送达满足正当程序要求。

---

① 《纽约州民事执行法与规则》第308条规定："对自然人的当面送达应通过以下任何一种方法进行：……如果根据本条第一、二、四款的规定无法送达，则根据当事人提出的动议送达。"

② 见 STEWART, CONLEY, 2007 (38)：764—772. 另见 DAN M M. Social, networking sites: a reasonable calculated method to effect service of process[J]. *Case Western Reserve Journal of Law, Technology & the Internet*, 2010(1): 183, 212—218.

③ [2013] SDNY, WL 841037 (SDNY).

第四，法院还将考虑国际公约或被送达人居住国的法律是否禁止电子送达。在里约案中，美国上诉法院确定了适用于本案的《联邦民事诉讼规则》第4（f）（3）条和第4（h）（2）条。此外，规则4（f）（3）、规则4（f）（1）和规则4（f）（2）规定的方式之间没有适用顺序，但法院批准的替代方式不能违反国际公约。在联邦贸易委员会案中，法院认为美国和印度都是《海牙服务公约》的缔约国，该公约没有禁止通过电子邮件和脸书送达，因此根据《联邦民事诉讼规则》第4（f）（3）条，原告可以通过电子邮件和脸书送达。

四、域外电子送达制度的手段途径

域外电子送达在其发展早期采用的是电传、传真手段，后来随着计算机和互联网的发展，法院逐渐允许当事人采用电子邮件、手机短信乃至脸书、推特等社交网站进行域外送达。

对于新的技术手段，在布罗德富特诉迪亚斯案中，美国法院有如下经典论述：允许采用新技术手段进行送达，只是对以往判例中允许从当面送达扩展到邮寄送达、公告送达和传真送达的进一步逻辑延伸；若无视新技术发展的事实和优势，无异于采取鸵鸟政策。[①] 在里约案中，法院阐明，美国宪法规定的"正当程序要求"并非限制送达必须采取某些特定方式，而仅要求所采取的送达方式是经过合理考量后能够向对方当事人进行通知并给予其答辩机会的方式。

① In Re International Telemedia Associates, Inc., 245 B.R. 713, 719, 722 (Bankr. N.D. Ga. 2000).

这种宽泛的标准将法院从过时的送达方式的桎梏中解放出来，使其可以相对灵活地采用新技术进行送达。

2008年澳大利亚首都地区上诉法院受理的MKM资产有限公司案是世界上首个允许原告通过脸书进行送达的案件。该案中原告是一家贷款公司，被告卡梅尔·科博和戈登·波伊泽是一对夫妇。被告有一笔150,000澳元的房屋贷款违约，判决时他们缺席，被判败诉。在尝试通过私人调查公司送达和报纸公告送达后，原告MKM资产有限公司又试图在被告住址对其进行当面送达，但也未能成功。随后MKM资产有限公司向法庭申请往被告的脸书账号进行送达，并证明两名被告的个人信息同拟受送达的脸书账号一致，可以认定该脸书账号确为被告所有。因此，法院最后裁定原告可以通过脸书的私信向被告送达判决。[①] 不过，法院同时还指令原告向被告进行电子邮件送达以及向被告的最后已知地址进行留置送达。[②]

此后，澳大利亚联邦治安法院和澳大利亚联邦法院在2008年儿童抚养登记处申请人诉利恩案和2010年杰米拉澳大利亚私人有限公司诉布奥贝德案中，先后允许原告对被告进行短信送达。并且，在后一案件中，法院推定被告在5个工作日后收到送达。[③]

---

① ABRAHAMS N. Australian court serves documents via Facebook [N/OL]. *Sydney Morning Herald* (2008-12-12) [2016-10-07]. www.smh.com.au/articles/2008/12/12/1228585107578.html. TOWELL N. Lawyers to serve notices on Facebook [N/OL]. *Sydney Morning Herald* (2008-12-16) [2016-10-07]. www.smh.com.au/articles/2008/12/16/1229189579001.html.

② 见 Facebook used to find defendants in Australian court case 和 Australian couple served with legal documents via Facebook 两篇文章。

③ SPECHT C M. Text message service of process - no lol matter: does text message service of process comport with due process? [J]. *Boston College Law Review*, 2012, 53(5): 1929, 1953.

2009 年，英国高等法院在多纳尔·布兰尼诉匿名人士案中首次允许原告通过推特向被告送达法院禁令。[①] 该案原告多纳尔·布兰尼既是一名知名律师，也是一名知名推特博主。而被告是一个匿名男子，他在推特上用多纳尔的照片开设一个账号，在该账号上链接多纳尔的账号，并模仿多纳尔的风格发布推特。由于无法知晓被告的地址，英国高等法院最终同意原告律师通过推特私信的方式将禁令的链接送达被告，要求被告披露真实身份并停止侵权。[②]

2013 年，在联邦贸易委员会案中，美国纽约南部联邦地区法院在原告联邦贸易委员会已经送达传票和起诉状副本的情况下，允许其通过电子邮件和脸书将其他文书向位于印度的被告进行送达。不过，法院认为，仅通过电子邮件进行送达已经足够充分，通过脸书进行送达作为一种比较新的方式仅是对使用电子邮件进行送达的一种补充和保障。

五、我国域外电子送达的立法与实践

1999 年颁布的《中华人民共和国海事诉讼特别程序法》[③] 及 2003 年发布的《最高人民法院关于适用〈中华人民共和国海事诉

[①] GIBB F. High court to serve injunction through twitter[N/OL]. *Times*（2009-10-02）[2016-10-08]. www.thetimes.co.uk/tto/technology/article1859704.ece.

[②] KIRK J. U.K. high court serves injunction over twitter[N/OL]. IDG News Service（2009-10-02）[2016-10-08]. www.cio.com/article/2424271/legal/u-k—high-court-serves-injunction-over-twitter.html.NEIL M. UK's high court OKs serving injunction on anonymous blogger via twitter[N/OL]. *ABA Journal*（2009-10-02）[2016-10-08]. www.abajournal.com/news/article/uk_high_court_uses_twitter_to_serve_injunction_on_anonymous_blogger/.

[③] 《中华人民共和国海事诉讼特别程序法》，2000 年 7 月 1 日生效。

讼特别程序法〉若干问题的解释》[1] 中最早规定了我国域外电子送达。《中国人民共和国海事诉讼特别程序法》第 80 条第 1 款第 3 项规定，海事诉讼中的法律文件的送达可以"通过能够确认收悉的其他适当方式送达"。具体而言，根据 2003 年的司法解释第 55 条，"其他适当送达方式可能包括传真、电子邮件（包括受送达人的专门网址）等"。

2006 年发布的《最高人民法院关于涉外民事或商事案件司法文书送达问题若干规定》[2] 将域外电子送达的适用范围由海事领域案件扩展到所有涉外民商事案件。[3]《民事诉讼法》标志着域外电子送达首次被纳入我国的正式立法。根据《民事诉讼法》第 267 条，人民法院对在我国领域内没有住所的当事人送达诉讼文书可以"采用传真、电子邮件等能够确认受送达人收悉的方式送达"[4]。

在司法实践中，华东发达地区很早就采用了境外电子送达。例如，在郑邦川（原告）与林志成（被告，新加坡国籍）股权转让纠纷案中，厦门市中级人民法院向被告公司工作人员提供的两个邮箱送达了司法文书，被告确认收到并通过电子邮件进行了回复。[5] 此

---

[1] 《最高人民法院关于适用〈中华人民共和国海事诉讼特别程序法〉的解释》，2003 年 2 月 1 日生效。

[2] 《最高人民法院关于涉外民事或商事案件司法文书送达问题若干规定》，2006 年 8 月 22 日生效。

[3] 《最高人民法院关于涉外民事或商事案件司法文书送达问题若干规定》第十条。此外，最高人民法院《关于涉台民事诉讼文书送达的若干规定》（2008 年 4 月 23 日起施行）第三条和《最高人民法院关于涉港澳民商事案件司法文书送达问题若干规定》的第八条（2009 年 3 月 16 日起施行）也有类似规定。

[4] 此外，《最高人民法院关于适用〈中华人民共和国民事诉讼法〉的解释》（2015 年 2 月 4 日起施行）第 135 条规定："电子送达可以采用传真、电子邮件、移动通信等即时收悉的特定系统作为送达媒介。"

[5] 何其生.域外电子送达与《海牙送达公约》[J].诉讼法论丛，2005：543.

外，汕头市龙湖区法院在一起涉外离婚案件中，将电子邮件作为联系加拿大被告的辅助手段。嘉兴市南湖区法院在一起涉外离婚案件中也采用了电子邮件的送达方式。① 从上述案例可以看出，境外电子送达对解决涉外民商事案件司法实践中的送达难题起到了积极作用。

六、"一带一路"倡议下域外电子送达制度的展望

当前"一带一路"倡议顺利推进，沿线国家之间的经济贸易交流较以往更加频繁，但由于各国之间经济发展、法律制度及社会文化上的差异，国际贸易及投资活动中难免会出现一定的纠纷。这些纠纷如果不能及时得到公平解决，相关贸易和投资活动将会中断甚至终止。但在纠纷解决中，依《海牙送达公约》规定的途径进行送达时，周期太长，效率低下，许多涉外民商事案件都因送达不成功而无法启动诉讼程序。② 而且，"一带一路"上不少沿线国家尚未加入《海牙送达公约》成为缔约国，无法依公约进行送达。所以，积极推进"一带一路"域外电子送达区域性制度的建设，有助于满足涉外民商事司法实践需要，缩短域外送达周期，提高跨境民商事争议解决的效率，为"一带一路"沿线地区营造公平良好的司法环境。

放眼"一带一路"沿线地区，由于各国社会发展水平存在一定

---

① 郑张霞.浅析实践中涉外案件的电子送达方式——由广东省实行文书电子送达所思[J].长春教育学院学报，2015，31（15）：20.
② 万鄂湘."入世"后我国的司法改革与涉外民商事审判[J].国际经济法论丛，2002，6（2）：18.

差距，其域外电子送达制度的构建将会面临以下两个方面的挑战：第一，"一带一路"沿线区域内国家的互联网用户分布不均。互联网用户的增长在世界各国的分布并不均衡，在发达国家与发展中国家呈现出两极分化的特征。① 在"一带一路"沿线，既存在位于欧洲的发达国家，也存在大量位于亚洲、非洲的发展中国家，各国网络通信发展水平的差异决定了目前各国尚无全面达成多边域外电子送达条约的现实基础；第二，目前电子送达在隐私安全、制度规则、社会习惯和基础设施上仍存在一定的问题和限制。一方面，合理完善的制度规则尚未建立，因此域外电子送达可能会对程序正义和隐私安全造成潜在的削弱，在强司法效率和弱程序保障之间造成一定的冲突。而且，不同程序对于程序保障程度的要求高低不同。② 另一方面，"一带一路"沿线国家的基础设施建设水平差异较大，这导致各个国家人们的日常通信习惯也存在较为明显的不同。而通过研究国内外域外电子送达的发展历程，我们发现，相关制度规则是需要随着技术设施与通信习惯的发展演进而逐渐确立和完善的。

面对以上两个方面的挑战，我们建议从以下两个层面入手，逐步推进"一带一路"沿线区域域外电子送达制度的构建。

第一，在国际合作层面，相关国家应该积极推动国家间的司法合作，促进"一带一路"沿线各国的法院就域外电子送达形成共识，举办中国-东盟司法论坛等具有中国特色的国际交流活动，并

---

① 199IT 互联网数据中心. 国际电信联盟：2016 年全球未能接入互联网人群约 39 亿[EB/OL].[2017-10-08]. www.199it.com/ages/518381.html.
② 宋朝武.民事电子送达问题研究[J].法学家，2008（6）：125，128—129.

以《南宁声明》①等非常规形式初步形成共识。然后，在达成共识的基础上，中国可以进一步利用其现有的双边司法合作成果，②与和中国签订民商事司法协助条约的国家进行协商，通过解释不违反条约的电子送达方式，扩大电子送达在缔约国的相互适用范围，并注重提供域外电子送达的适用条件和接收证明。

第二，在制度设计层面，域外电子送达作为一种新兴送达方式，其适用范围和适用条件应逐渐放开。中国对其适用范围的立法经历了不同的阶段——域外电子送达在中国最初仅适用于海事诉讼特别程序，后来逐渐发展至今，在满足适用条件的情况下可以广泛地适用于各类涉外民商事案件。因此，在制度设计层面上，"一带一路"沿线区域的域外电子送达制度不能一蹴而就，而需要借鉴中国特色的发展路径，针对不同的审判程序，由起步阶段的特别适用开始，在适用的案件类型、文书种类、受送达主体和手段途径上逐渐放开，直至最终实现域外电子送达制度的普遍适用。

七、结语

大约四千年前，《埃什南纳法令》规定，原告起诉时须喊出被告姓名，被告回应，诉讼才能继续。几千年过去了，送达方式从原

---

① 《南宁声明》于2017年6月8日在中国广西壮族自治区南宁市举行的第二届中国-东盟大法官论坛上获得批准。
② "一带一路"沿线国家中，已与中国签订民商事司法协助条约或民刑事司法协助条约的共有69个，即蒙古国、哈萨克斯坦、吉尔吉斯斯坦、塔吉克斯坦、乌兹别克斯坦、新加坡、泰国、越南、老挝、阿联酋、科威特、埃及、土耳其、俄罗斯、乌克兰、白俄罗斯、波兰、保加利亚、罗马尼亚、波黑、匈牙利、希腊、塞浦路斯和立陶宛等。

始的呼喊逐渐发展为当面送达、邮寄送达、公告送达和电传送达等方式。随着社会的进步,在未来,送达必将由有形的书面送达转变为无形的电子送达。[1] 当前处于深入实施"一带一路"倡议的新时代,我们要顺应全球化发展的潮流,立足于各国社会现状,从国际合作和制度设计这两个层面逐步推进沿线地区域外电子送达制度的构建。

---

[1] CONLEY,1997(11):417—423.

# 第三篇
管辖权

第三章 跨境商业诉讼制度创新下新加坡的国际私法原则

叶曼*

一、引言

最近,新加坡一直致力于巩固其作为亚洲争端解决中心的地位。中国"一带一路"倡议为新加坡在争端解决服务中发挥作用提供了宝贵机会。反过来,"一带一路"倡议的成功在一定程度上也取决于其可靠和高效的争端解决机制,以处理不可避免的商业纠纷。[①] 鉴于其完备的营商法律体系、成熟的商业判例法和丰富的司法经验,新加坡蓄势待发,要为"一带一路"的成功作出贡献。

巧合的是,在中国提出"一带一路"倡议的同一年(2013),新加坡首席大法官圣迪雷什·梅农提出建设创新型国际法院,以处理该地区不断增加的国际商事争端。2015年1月,经过一系列磋商,新加坡国际商事法庭正式成立。2016年,为了提高国内法院判

---

* 感谢我的同事吴义涵教授(Goh Yihan)和 Kenny Chng 对本文提出的宝贵意见。本文作者对文中的所有观点和错误负责。

① WANG G G. The Belt and Road Initiative in quest for a dispute resolution mechanism[J]. *Asia Pacific Law Review*, 2017, 25(1): 1—16.

决在国外的效力,新加坡签署海牙《选择法院协议公约》,并于同年10月通过立法予以实施。①

近年的发展变化使新加坡高等法院的属人民事管辖权框架及承认和执行外国判决的规则比以前更趋复杂。本章将重点介绍新加坡高等法院的管辖权规则。研究表明,新加坡国际私法规则面临的挑战,不在于其能力不足以应对该地区不断增加的争端(虽然这可能是其他国家常遇到的问题),而在于如何处理复杂的、具有创新性的规则网络。

本章的讨论包括两个部分:第一部分概述新加坡高等法院②(新加坡国际商事法庭是其分支)复杂的属人民事管辖权规则,旨在帮助读者了解新加坡法律下不同管辖制度之间的区别和相互作用;第二部分探讨新加坡国际私法规则带来的挑战,重点讨论如何驾驭新加坡高等法院复杂的管辖权规则网络,进而联系到一个更广泛的问题,即新加坡的管辖权规则是否会影响其提供可行的基于法院的争端解决机制,以解决"一带一路"建设中产生的争端。本章的结论是,挑战并非不可克服,应接受挑战,解决问题。

---

① 新加坡还参加了规模更大的海牙会议"判决项目",重点关注判决的承认和执行。The Hague Conference on Private International Law. The judgements project [EB/OL]. [2017-11-07]. http://www.hcch.net/en/projects/legislative-projects/judgments.

② 在无特殊说明的情况下,以下提到的"新加坡高等法院"和"高等法院"均指新加坡高等法院,而不是新加坡国际商事法庭。

二、新加坡高等法院的司法管辖框架

(一) 传统框架

新加坡高等法院的属人民事管辖权是以《最高法院司法制度法》① 为依据的。在成立新加坡国际商事法庭和实施海牙《选择法院协议公约》之前，高等法院在以下情况下具有管辖权：根据《法庭规则》，被告在新加坡②或境外（经法院许可）收到原诉传票；③ 被告服从高等法院的管辖权；④ 以及任何其他成文法赋予高等法院管辖权。⑤

区分好以下几组核心概念，有助于厘清高等法院的法律框架。首先，管辖权的存在和管辖权的行使是有区别的。即使高等法院有管辖权，也可以拒绝行使。其次，属地管辖权（在管辖范围内送达）和域外管辖权（在管辖范围外送达）之间存在区别。属地管辖权是国家的一项基本权利⑥，而域外管辖权是自由裁量的，适用要求更严格，传统司法认为可能存在过度管辖⑦。因此，向境外被告送达诉讼文书需要获得法院许可。

---

① 2007 年修订版。
② 《最高法院司法制度法》第 16 (1)(a)(i) 条，只需短暂停留即满足条件。见巴罗达女君主诉威尔登斯坦 [1972] 2 QB 283 (CA)。
③ 《最高法院司法制度法》第 16 (1)(a)(ii) 条。
④ 《最高法院司法制度法》第 16 (1)(b) 条。
⑤ 《最高法院司法制度法》第 16 (2) 条和第 17 条。
⑥ 根据在新加坡向被告送达的诉讼文件、被告向新加坡高等法院提交的文件或其他成文法作出的特别规定。 Earl of Halsbury, et al. *Halsbury's Laws of Singapore vol* 6 (2)[M]. Singapore: LexisNexis Singapore, 2013.
⑦ Zoom 通信有限公司诉广电方案有限公司案 [2014] SGCA 44，[2014] 4 SLR500 [72]。

鉴于该文集主要探究法律冲突问题对"一带一路"倡议的成功可能造成的挑战,本部分将着重讨论域外管辖权,域外管辖权与跨境争端密切相关,随着经济一体化程度提高,跨境争端可能增多。

如前所述,向境外被告送达诉讼文书需要获得法院许可。① 原告负责获得法院许可,必须证明以下内容:

1. 该案符合《法庭规则》第一条第 11 号令规定,具有可诉性。

2. 案件情节严重,需要基于实体问题进行审判。

3. 新加坡是进行审判的合适的诉讼地(合适审理案件的法域)。

值得注意的是,即使当事双方的合同包含了选择新加坡高等法院的法院选择协议,未经法院许可,也不得向外国被告送达,除非合同中规定了在新加坡境内的送达方式。② 若合同未对本地送达程序作出约定,为了确定案件适合在新加坡境外送达,涉及法院管辖权协议的争端中的原告可以援引《法庭规则》第 11 号令第 1 (d) (iv) (r) 条的管辖权条款。③

如何证明新加坡是"合适的诉讼地"④,可以采用英国上议院

---

① 《法庭规则》第 11 号令第 1、2 条。
② 《法庭规则》第 10 号令第 3 条:在这种情况下,管辖权作为权利得到确立。
③ 根据实际争端,其他的管辖权负责人可适用。
④ 该段表明,新加坡高等法院具有(属地外)管辖权。 在程序上,原告可单方面请求法院允许在管辖范围外送达。 域外送达后,如果被告质疑高等法院的管辖权,并申请中止在新加坡的诉讼,那么其有责任根据斯比利亚达测试,证明新加坡不是最合适的法院。 如果被告以新加坡不是合适的诉讼地为由,质疑高等法院的管辖权,那么原告也应根据斯比利亚达测试证明新加坡是合适的诉讼地。 从策略上讲,如果论点基于法院的适当性,被告应选择撤销申请。 见 Zoom 通讯案[2014] SGCA 44,[2014] 4SlR 500[77]—[80]。

在斯比利亚达海洋公司诉坎苏雷有限公司案中阐述的选择最合适法院的测试,通称斯比利亚达测试。[①] 在新加坡,采用这一测试的案例很多,也有大量体现自身审判特点的案例[②]可以给予直接指导。斯比利亚达测试的核心是将当事方的利益和公平正义纳入考量,比较当地法院审判和外国法院审判的利弊。斯比利亚达测试包括两个阶段的调查,每个阶段法院都需行使自由裁量权。第一阶段主要通过考量诉讼费用和方便性因素来审查法院是否合适。第二个阶段需要对第一个阶段判定的自然法院进行判断,以实现实质性司法正义。

存在法院选择协议的情况下,确定合适的法院更为复杂。如果法院选择协议是排他性的,斯比利亚达测试则被"强有力的理由"测试[③]取代。例如,当事人已通过协议将其争端提交至新加坡高等法院专属管辖的案件中,法院将认可当事人在新加坡提起诉讼的协议,除非被告能够提出"强有力的理由"证明情况例外,从而违反协议,在其他地方提起诉讼。

另外,如果法院选择协议本质上是非排他性的,如新加坡上诉法院在奥查德资本有限公司诉拉文德拉·库马尔·琼琼瓦拉案[④]中所澄清的,将适用斯比利亚达测试,而法院选择协议是评估因素之一。该案中,法院选择协议有利于选择香港法院。目前尚不清楚新加坡法院是否会在法院选择协议有利于新加坡法院的情况下采用相

---

① [1978] AC 460 (HL).
② 例如,阿联酋 JIO Minerals FZC 有限公司诉印度矿业有限公司 [2010] SGCA 41, [2011] 1 SLR 391; Zoom 通讯案 [2014] SGCA 44, [2014] 4 SLR 500; 罗里德工程公司诉基乌姆吉 & 埃斯林律师事务所 [2017] SGCA 24, [2017] 1 SLR 907.
③ The "Jian He" [1999] SGCA 71, [1999] 3 SLR(R) 432.
④ [2010] SGCA 16, [2012] 2 SLR 519.

同做法。① 据观察，如果案件涉及选择法院协议，英国和中国香港更偏向于适用法院地法。②

（二）新加坡国际商事法庭框架

1. 创新型法院体系

2015年1月5日，也即宣布成立专门法院后的第三年，新加坡国际商事法庭正式启动。③ 根据新加坡国际商事法庭委员会于2013年12月3日发布的报告，由于亚洲跨境投资和贸易持续增长，有必要建立一个中立的、备受信赖的亚洲争端解决中心，以解决未来不断增加的跨国争端。④ 作为国家战略问题，新加坡国际商事法庭是新加坡多管齐下的一部分，旨在促进其司法管辖区成为争端解决中心。另外两个分支分别是新加坡国际仲裁中心⑤和新加坡国际调

---

① 判决的总体主旨并没有区分外国管辖协议和法院地管辖协议。

② YEO T M. The contractual basis of the enforcement of exclusive and non-exclusive choice of court agreements [J]. Singapore Academy of Law Journal, 2005, 17(1): 306—360.

③ WONG D H. The rise of the international commercial court: what is it and will it work? [J].CJQ, 2014, 33(1): 210. Sundaresh Menon (Chief Justice of the Supreme Court of Singapore). International courts: towards a transnational system of dispute resolution[EB/OL]. Opening lecture for the DIFC courts lecture series 2015 (2015-01-19) [2017-11-07]. www. supremecourt. gov. sg/data/doc/ManagePage/5741/Opening%20Lecture%20-%20DIFC%20Lecture%20Series%202015.pdf.

④ Singapore International Commercial Court Committee. Report of the Singapore International Commercial Court Committee (2013)[EB/OL]. [2017-11-07]. www.mlaw.gov.sg/content/dam/minlaw/corp/News/Annex%20A%20-%20SICC%20Committee%20Report.pdf.

⑤ Singapore International Arbitration Centre. Statistics[EB/OL]. [2017-11-07]. www.siac.org.sg/2014-11-03-13-33-43/facts-figures/statistics.

解中心，与新加坡国际调解协会开展合作。①

新加坡国际商事法庭处理国际商事纠纷，其设计理念和运行能力反映了国际仲裁模式的强大影响力，是一个备受国际商界青睐的商业争端解决机制。其目的是建立一个以法院为基础的争端解决机制，这是商界所熟悉的，同时也会在程序中产生更大的问责性和透明度。② 正如庄泓翔法官所言，新加坡国际商事法庭框架是"诉讼和仲裁的精心结合"③。

总而言之，新加坡国际商事法庭程序框架的一个标志性特征是更大限度的当事人意思自治和自由灵活，这也是国际商事仲裁模式的显著特征。由于篇幅所限，无法全面阐述其程序规则和其他创新力。④ 此处仅着重说明三个关键能力。首先，虽然新加坡国际商事法庭诉讼模式设想公开听证审理、公布判决，但当事人可以申请保

---

① 新加坡国际调解中心与中国国际贸易促进委员会/中国商会调解中心于2017年9月19日签订谅解备忘录，以促进国际商业调解，解决"一带一路"相关的商事争端，鼓励相互聘用调解员进行调解服务。 Channel News Asia. Singapore, China sign MOU for Belt and Road Initiative dispute mediation[EB/OL]. (2017-09-19)[2017-11-07]. www.channelnewsasia.com/news/singapore/singapore-china-sign-mou-for-belt-and-road-initiative-disput-9226612.

② 对国际商事仲裁制度的批评意见，见 WONG D H, 2014(33): 217—219; MENON S. Adjudicator, advocate or something in between? Coming to terms with the role of the party-appointed arbitrator[EB/OL]. Herbert Smith Freehills-SMU Asian arbitration lecture (2016-11-24)[2017-11-07]. www.Supremecourt.gov.sg/Data/Editor/Documents/CJ%20speech%20at%20CIArb%20 Presidential%20Lecture%202016.pdf。

③ Justice CHONG S. The Singapore International Commercial Court: a new opening in a forked path (speech delivered at the British Maritime Law Association lecture and dinner)[EB/OL]. (2015-10-21)[2017-11-07]. www.supremecourt.gov.sg/Data/Editor/Documents/J%20Steven%20Chong%20Speeches/The%20SICC%20-%20A%20New%20Opening%20in%20a%20Forked%20Parth%20-%20London%20(21.10.15).pdf.

④ YIP M. Singapore International Commercial Court: a new model for transnational commercial litigation[J]. *Chinese (Taiwan) Yearbook of International Law and Affairs*, 2014, 32: 155—177.

密令：（a）不公开审理；（b）不披露信息或判决；（c）封存法庭文件。① 其次，在新加坡国际商事法庭诉讼中，外国法律问题可以根据呈递意见而不是提交证据来确定。② 最后，当事人可以申请外国证据规则或不构成外国法律的证据规则适用于新加坡国际商事法庭③审理的案件，尽管与仲裁模式有相似之处，但不容忽视的是，当事人意思自治并不最终决定仲裁相关特征是否适用于新加坡国际商事法庭诉讼程序。最终决定权在新加坡国际商事法庭。

新加坡国际商事法庭的一大亮点在于其国际法官小组。法官小组不仅拥有杰出的新加坡籍法官，他们接受新加坡首席大法官的任命，审理提交至新加坡国际商事法庭的纠纷，还有来自西方和亚洲司法管辖区的15名国际法官，体现了大陆法系和普通法系融合的趋势。④ 虽然在国内法院任命国际法官审理案件，会让人联想到仲裁制度，但与仲裁制度不同，当事人在任命过程中没有发言权，他们既不能提名候选人，也不能表现出任何偏好。

下面讨论本章的重点：新加坡国际商事法庭的管辖权规则。从结构上讲，新加坡国际商事法庭是高等法院下的一个部门，其司法管辖权源自《最高法院司法制度法》第18D条。需要注意的是，

---

① 《法庭规则》第110号令第30条，同时参照《新加坡国际商事法庭实务指引》，www. supremecourt. gov. sg/docs/default-source/default-document-library/sicc-practice-directions-effective-from-1-jan-2017.pdf，2017年11月7日访问。另见《法庭规则》第110号令第31条（重大法律利益的判决报告）。
② 《最高法院司法制度法》s18L；《法庭规则》第110号令第25条。
③ 《最高法院司法制度法》s18K；《法庭规则》第110号令第23条。
④ Singapore International Commercial Court. Judges[EB/OL].[2017-11-01]. www. sicc.gov.sg/Judges. aspx? id=30.

新加坡国际商事法庭的属人管辖权与属物管辖权相关联。[①] 新加坡国际商事法庭审理具有"国际性"和"商业性"的案件，尽管这些术语的定义很宽泛。[②] 如果当事方一致认为案件具有以上性质，则可将其视为国际案件[③]或商事案件[④]。将争端提交至新加坡国际商事法庭有两种主要方式：第一，当事人通过书面管辖协议提交；[⑤]第二，诉讼程序从高等法院移送至新加坡国际商事法庭。[⑥] 迄今，由新加坡国际商事法庭裁决的争端均为移送案件。[⑦]

2. 书面管辖协议

如果需要提交新加坡国际商事法庭管辖的书面协议，则向外国被告送达诉讼文书时不需要法院许可。[⑧] 此外，根据《法庭规则》第110号令第7条规定，新加坡国际商事法庭还可受理以下案件：诉讼请求具有"国际性"和"商业性"，当事人没有以任何方式获取过其他相应司法救济。

根据相关规定，如果根据书面管辖协议确立了管辖权，则新加坡国际商事法庭拒绝行使管辖权的理由有限。《法庭规则》第110号令第8（1）条规定，只有在"不适合由新加坡国际商事法庭审理"的情况下，才可拒绝对纠纷行使管辖权。然而，与传统制度不

---

① 《最高法院司法制度法》第18D（a）条；同时参照《法庭规则》第110号令第7（1）（a）条。
② 《法庭规则》第110号令第1（2）（a）和（2）（b）条。
③ 《法庭规则》第110号令第1（2）（a）（iv）条。
④ 《法庭规则》第110号令第1（2）（b）（iii）条。
⑤ 《法庭规则》第110号令第7条。
⑥ 《法庭规则》第110号令第12（3B）和（4）条。
⑦ Singapore International Commercial Court. Recent judgments[EB/OL].[2017-11-07]. www.sicc.gov.sg/ HearingsJudgments.aspx? id=72.
⑧ 《法庭规则》第110号令第6（2）条。

同，斯比利亚达测试无法适用这种情况。《法庭规则》第110号令第8条明确规定，新加坡国际商事法庭"不得仅以当事方之间的纠纷与新加坡以外的司法管辖区有关联为由，拒绝对诉讼行使管辖权"。其他关于"不当"的法律指导见第（3）条，其中规定法院"应考虑［该诉讼的］国际性和商业性"。因而也有评论指出，应厘清新加坡国际商事法庭下的"不当"概念，以便为选择专门法院的当事人提供确定性。①

另一项针对第110号令第8条提出的意见是，其措辞没有区分排他性管辖权协议和非排他性管辖权协议，但"不当"的概念界定需考虑管辖权协议的具体内容。②

3. 移送

现在探讨新加坡国际商事法庭在诉讼移送方面的管辖权。由于涉及法律冲突问题，因此不会将诉讼移送视为高等法院和新加坡国际商事法庭之间行使管辖权的内部分配问题。只有一点与法律冲突规则相关，值得强调。如果诉讼首先在高等法院启动，可能会出现这样的情况：在高等法院对其自身管辖权作出裁决之前，就提出了向新加坡国际商事法庭移送诉讼的问题。③ 如果被告对高等法院的

---

① YIP M. The resolution of disputes before the Singapore International Commercial Court[J]. *ICLQ*, 2016, 65(2)：439, 456—460.

② 与此相关的是，《最高法院法》第18F条规定，除非有相反的明确规定，选择新加坡国际商事法庭管辖的书面管辖权协议应推定为排他性的。 关于在管辖权协议受外国法律管辖的情况下，这一推定是否被推翻，存在争议。 YEO T M. Staying relevant: exercise of jurisdiction in the age of the SICC (Eighth Yong Pung How Professorship of Law Lecture 2015) [EB/OL]. [2017-11-07]. https://law.smu.edu.sg/sites/default/files/law/ CEBCLA/YPH-Paper-2015.pdf. 另见 YIP M, 2016(65): 457.

③ 例如，原告申请将诉讼移送至新加坡国际商事法庭，或者高等法院自行提出移送。

司法管辖权提出异议，则移送与高等法院对该诉讼的司法管辖权联系在一起。

在拉波诉瑞士自由港巨头伊夫·布维尔案中，新加坡上诉法院表示，"新加坡国际商事法庭的出场及其权能可能与斯比利亚达分析相关"①。上诉法院举例说明了根据呈递意见而非证据来确定外国法问题的可能性，这是新加坡国际商事法庭框架的一个显著特征。②上诉法院解释道，"如果新加坡法院通过新加坡国际商事法庭的国际法官熟悉并灵活应用外国法律"，新加坡国际商事法庭的这一权能将减轻斯比利亚达分析中外国法律管辖的权重。③ 鉴于竞争法庭的比较是斯比利亚达分析的核心，原则上很难反对上诉法院的意见。然而，这也意味着，在确定管辖权阶段提出移送问题，新加坡国际商事法庭的出场确实让斯比利亚达分析变得更复杂了。

下面讨论海牙《选择法院协议公约》下的管辖权规则。

(三) 海牙《选择法院协议公约》框架

1. 背景

海牙《选择法院协议公约》的目标是在民商事管辖权和外国判决承认与执行的统一规则上加强司法合作，促进国际贸易和投资。④该公约的主要目标在于推动某缔约国的判决在另一缔约国得到承认和执行，同时其他国家拥有有限的抗辩权。这也是新加坡签署《选择法院协议公约》的原因：使新加坡法院判决（包括新加坡国际商

---

① [2017] SGCA 27, [2017] 2 SLR 265 [116].
② [2017] SGCA 27, [2017] 2 SLR 265 [122].
③ [2017] SGCA 27, [2017] 2 SLR 265 [122].
④ The Hague Conference on Private International Law. Full text：37；Convention of 30 June 2005 on Choice of Court Agreements[EB/OL]. [2017-11-01]. www.hcch.net/en/instruments/conventions/full-text/? cid=98.

事法庭的判决）得到更多司法管辖区的承认和执行。提高新加坡判决在国外的可移植性，反过来也会增加新加坡法院对于来自世界各国的当事方的吸引力。就在本文写作时，《选择法院协议公约》已在新加坡、墨西哥和欧盟成员国（丹麦除外）生效，已签署但尚未批准加入的有中国、黑山共和国、美国和乌克兰。①

2. 司法管辖

《选择法院协议公约》适用于在民商事案件中订立排他性选择法院协议的国际案件。② 新加坡在《选择法院协议法案》中批准实施该公约，并于 2016 年 10 月 1 日正式生效。就管辖权而言③，《选择法院协议公约》第 4 条第（1）款对"国际案件"作了宽泛的界定：除非当事人均居住在同一缔约国，且当事人之间的关系、与争议有关的所有其他因素均只与该国有联系，则该案件是国际性的。《选择法院协议法案》对海牙《选择法院协议公约》的实施做了规定，但未直接定义"民事"和"商事"事项。但是，第 9 款明确将某些情况排除在适用范围之外，通过此款规定可以判断何为"民事"和"商事"事项。④

《选择法院协议法案》第 3 条第（2）款规定，"除非当事人另有明示约定……，选择法院协议应当被视为排他性的"。值得注意的是，与普通法不同，《选择法院协议公约》范围内的选择法院协

---

① The Hague Conference on Private International Law. Status table：37：Convention of 30 June 2005 on Choice of Court Agreements[EB/OL].[2017-11-07]. www.hcch.net/en/instruments/specialised-section/choice-of-court.

② 海牙《选择法院协议公约》第 1（1）条。

③ 在承认或执行判决中，海牙《选择法院协议公约》第 1（3）条对"国际性"作了单独定义。只要寻求承认和执行一项外国判决，一起案件就是国际性的。

④ 如本公约不适用于雇佣合同、旅客和货物的运输等。

议必须对所有当事人具有排他性。① 此外，指定多个司法管辖区的法院来解决纠纷的选择法院协议不属于《选择法院协议公约》的范围。

《选择法院协议公约》具有强制性，没有退出条款，包括以下三项基本规则：第一，被选择法院有义务受理案件，除非依据被选择法院地国的法律，选择法院协议无效。这在《选择法院协议法案》第11条有规定。第11条第（3）款规定，新加坡总理可就新加坡法院拒绝行使管辖权作进一步规定。但到目前为止，没有出现这种情况。与斯比利亚达测试无关。

第二，被选择法院以外的法院有义务拒绝行使管辖权。《选择法院协议法案》第12条规定，如果新加坡法院不是被选择法院，则"应中止或放弃诉讼程序"，特殊情况除外。同样与斯比利亚达测试无关。

第三，被选择法院作出的判决在其他国家应当得到承认和执行，其他国家拥有有限的抗辩权。这一点在《选择法院协议法案》的第三部分进行了规定。本章没有探讨承认和执行判决的规则问题。②

---

① BRAND R A, HERRUP P M. *The 2005 Hague Convention on Choice of Court Agreements: Commentary and Documents* [M]. Cambridge: Cambridge University Press, 2008: 175—176.

② 关于海牙《选择法院协议公约》对新加坡承认和执行外国判决规则的影响，见 YEO T M. Hague Convention on Choice of Court Agreements 2005: a Singapore perspective [J]. *Journal of International Law and Diplomacy*, 2015, 114(1): 50—73; 以及 YEO T M. Common law developments relating to foreign judgments (Ninth Yong Pung How Professorship of Law Lecture 2016) [EB/OL]. (2016-05-18) [2017-11-07]. https://law.smu.edu.sg/sites/law.smu.edu.sg/files/law/Paper2016_YPH.pdf.

3. 移送

为完整起见，也谈一谈高等法院向新加坡国际商事法庭移送诉讼的情况。海牙《选择法院协议公约》允许缔约国在其国内法院中适用内部管辖权分配规则。但是，第 5 条第（3）款（b）项规定，当被选择法院有权自由裁量是否向另一法院移送案件时，"当事人的选择应予以适当考虑"。如果未给予考虑，产生的判决可能被其他缔约国拒绝承认和执行。《选择法院协议公约》第 8 条第（5）款规定，"一方当事人在原审国及时就移送案件提出异议的，则针对该方当事人的判决可以拒绝承认或执行"。

值得注意的是，在涉及《选择法院协议法案》的案件中，只有在当事人同意的情况下，才能将诉讼从高等法院移送至新加坡国际商事法庭。① 简而言之，新加坡实施海牙《选择法院协议公约》的门槛高于《选择法院协议公约》的规定本身。

三、挑战

（一）迷雾中前行——不同制度之间相互作用

虽然新加坡国际商事法庭的设立和海牙《选择法院协议公约》的签署具有重要的现实意义，但不可否认，这也给新加坡高等法院（包括新加坡国际商事法庭）的管辖权规则制定带来了新的复杂局

---

① 《法庭规则》第 110 号令第 12（3）（b）条，以及《法庭规则》第 110 号令第 13（a）（2）条。

面。不同制度之间的联通并非易事。本章提供以下指导意见:①

第一,在没有选择法院协议的情况下,将适用高等法院的传统司法框架,但这并不意味着案件将由高等法院受理。如前所述,案件可能移送至新加坡国际商事法庭。原告可能出于战略原因申请移送诉讼程序,作为一种拖延战术来挫败被告,或增加案件在新加坡审理的可能性。

第二,如果签订选择新加坡高等法院的选择法院协议,就不能假定(a)新加坡国际商事法庭规则适用,(b)《选择法院协议法案》规则适用,或(c)新加坡国际商事法庭规则和《选择法院协议法案》规则都适用。新加坡国际商事法庭制度与《选择法院协议法案》制度在范围上并不相通。就管辖权而言,新加坡国际商事法庭对排他性和非排他性的选择法院协议采取类似的处理方式。《选择法院协议法案》则只受理适用排他性选择法院协议的案件,尽管在没有相反规定的情况下,选择法院协议应被视作排他性的。《选择法院协议法案》也没有采用普通法中排他性选择法院协议的概念。此外,这两个制度对"国际性"的定义不同。如前所述,一些明显的"商事"事项被排除在《选择法院协议法案》范围外。最后,也是最重要的一点,我们必须非常审慎地阅读选择法院协议,以确定其具体内容和效力。

第三,签订选择法院协议的日期至关重要。如果协议是在2016年10月1日之前签署,则《选择法院协议法案》不适用,因为此

---

① 关于复杂性的详细讨论,另见 CHNG K. The Impact of the Singapore International Commercial Court and Hague Convention on Choice of Court Agreements on Singapore's Private International Law[J]. CJQ, 2018, 37(1): 124—147。

时该法案尚未生效。此外，2016年10月1日之前签署的指定"高等法院"管辖的协议本身并不构成指定新加坡国际商事法庭这一行为。① 如果指定"高等法院"管辖的协议是在2016年10月1日当天或之后签署，则该协议应被认定为"包括服从（新加坡国际商事法庭）管辖的协议，除非协议有相反规定"。②

第四，如果有书面排他性选择法院协议，特别指定新加坡国际商事法庭，且案件在《选择法院协议法案》范围内，则其第11条和第12条适用于确定是否存在并可行使管辖权。③ 如果案件涉及向外国被告送达原诉文书，则适用《法庭规则》第110号令第6条第（2）款。换言之，向域外被告人送达诉讼文书并不需要法院许可。

第五，如果当事人的排他性选择法院协议指定高等法院而明确排除新加坡国际商事法庭，且案件在《选择法院协议法案》范围内，则新加坡国际商事法庭规则不适用。如果被告在国外，送达令状需要得到法院许可。但根据《选择法院协议法案》第11条，获得法院许可并不困难。

第六，如果当事人书面非排他性选择法院协议特别指定新加坡国际商事法庭，则《选择法院协议法案》不适用，而新加坡国际商事法庭的管辖规则适用。尚不清楚的是，《法庭规则》第110号令第8条（该条款对新加坡国际商事法庭的管辖权做了详细阐述）是否应被解释为参照管辖权协议具体内容来校准"不合适"的阈值。

（二）起草协议注意事项

在新加坡国际商事法庭和《选择法院协议法案》双管齐下的时

---

① 《法庭规则》第110号令第1（2）(c)条。
② 《法庭规则》第110号令第1（2）(c)条。
③ 《法庭规则》第110号令第7、8条被替换。

代,准确而审慎地起草选择法院协议至关重要。在决定将商事纠纷提交至新加坡法院时,各方必须明确表明是否希望提交至新加坡国际商事法庭①或高等法院,以及条款是排他性的还是非排他性的。②

这样做的目的是事先确定哪种制度最为有利,从而采用这一制度。反之,则应避免该种制度。这种前瞻性规划也应考虑哪类纠纷适合在哪个法院审判,及其在国外承认和执行判决的影响。

(三) 新加坡法院是可靠的争端解决机制吗?

前几节的内容让我们真正了解到,由于新加坡国际商事法庭的成立和海牙《选择法院协议公约》的签署,新加坡高等法院(包括新加坡国际商事法庭)的裁判规则已十分复杂。这些举措都是为了加强新加坡作为争端解决中心的领先地位。然而,考虑到新加坡国际商事法庭规则中的不确定因素,人们可能会担心,新加坡国际商事法庭的潜在诉讼当事人是否会因为他们(及其法律顾问)必须处理的错综复杂的法律问题而却步。这种担忧并非空穴来风。设立新加坡国际商事法庭是为了吸引更多的司法业务。但放眼东盟其他成员国,他们在法律传统、法律发展程度以及社会文化理念方面都存在差异。③ 并非每个当事人都熟悉或能很好地适应外国法院的法律服务。将目光放得更长远:新加坡法院,尤其是新加坡国际商事法庭,能否成为一个可靠的,以法院为基础的争端解决机制,以解决由"一带一路"倡议引发的跨国商业纠纷?简而言之,从国际私

---

① 需考虑这些纠纷是否属于新加坡国际商事法庭的标的管辖范围。

② 鉴于《最高法院司法制度法》第 18F 条下的排他性推定和《选择法院协议法案》第 3 (2) 条下的推定条款,必须明确规定法院选择条款的性质和效果。

③ 例如,印度尼西亚社会的基本文化理念是友好解决争端并尽可能避免诉讼。MILLS K. National report for Indonesia[A]//PAULSSON J, BOSMAN L. *ICCA International Handbook on Commercial Arbitration*[C]. Amsterdam: Kluwer Law International, 2016:1.

法角度来看，新加坡法院（尤其是新加坡国际商事法庭）对诉讼人是否足够友好？

要灵活驾驭新加坡的司法管辖规则，有一定的复杂性。但这一挑战并非不可克服。首先要认识到，新加坡国际商事法庭和海牙《选择法院协议公约》体现了处理国际私法问题的复杂性。从某种意义上说，挑战不可避免，这也是法律发展的一个常见现象。在引入之初，新方法必然与传统框架相互作用，合理地处理这种作用需要费些力气。但有一点不容忽视，即更加复杂的制度框架会给传统框架改革带来冲击，从而实现更大程度的协调统一，降低诉讼操作复杂度。

随着新制度的采用，人们会越发熟悉、更有信心。相关教育、研究和反思的开展也是必要的辅助性工作。再者，概念的复杂也许并不会给司法实践带来真正持久的困难。例如，前面提到的，订立选择法院协议的日期对协议的效力有影响。这个问题，只要起草过程足够审慎，是可以避免的。很少有案件当事人会声称不了解法律的影响。在这方面，推广使用示范条款能有效减少部分担忧。

总之，接受挑战，势在必行。新加坡国际商事法庭和海牙《选择法院协议公约》带来的变化促使商业当事人更积极地考虑是否签订法院选择协议，如果是，那么起草协议时要更加审慎精准。长远来看，新加坡国际商事法庭和《选择法院协议公约》也许能激发更多的创新，开发新的争端解决机制，以解决"一带一路"经济走廊产生的纠纷。传统思维倾向于将国内法院诉讼和国际商事仲裁严格区分开来，往往诉诸后者解决跨境商事纠纷。① 由于担心存在偏见、对诉讼程序不熟悉，一般认为在外国管辖区的国内法院提起诉讼是不可取的。新加坡国际商事法庭作为这两种制度的融合，能让纠纷当事人重新考虑其选择范围。其国际性和类似仲裁的设计使诉讼人对本国司法管辖区以外的诉讼不再陌生。当然，仲裁的主要优势在于，其裁决可在150多个司法管辖区内执行，这是1958年纽约《承认及执行外国仲裁裁决公约》（以下简称《纽约公约》）② 认定的。目前，在法院解决争端方面没有类似的机制，但中国签署的海牙《选择法院协议公约》有望与《纽约公约》相互配合，成为国际民商事纠纷解决的两大支柱。

新加坡国际商事法庭和海牙《选择法院协议公约》（以及两者在未来几年的发展）至少可以成为超国家争端解决机制概念化的基本模板，专为"一带一路"倡议而生。尤其是新加坡国际商事法庭的权能，不仅让我们重新设想诉讼如何运作，还可以帮助我们构思可行的仲裁改革。③

---

① Queen Mary University of London. 2015 international arbitration surveys: improvements and innovations in international arbitration[EB/OL]. [2017-11-07]. www.arbitration.qmul.ac.uk/research/2015/index.html.

② TEOH P (Azmi & Associates). China's One Belt One Road: managing risks and disputes[EB/OL]. [2017-11-07]. www.lexology.com/library/detail.aspx? g = 8c4e6abb-9df5-4f5e-ad4b-961fa42eb850.

③ 例如，在仲裁过程中引入上诉机制。 在新加坡国际商事法庭制度下，当事人可以限制其上诉权，见《新加坡国际商事法庭实务指引》，www.supremecourt.gov.sg/docs/default-source/default-document-library/sicc-practice-directions-effective-from-1-jan-2017.pdf。

四、结语

本章探究了新加坡高等法院（包括新加坡国际商事法庭）复杂的管辖权规则，这些规则是新加坡国际商事法庭和海牙《选择法院协议公约》的衍生产物。新加坡国际私法规则带来的挑战在于如何驾驭这些规则，确保将争端提交新加坡法院的诉讼当事人能够通过起草适当的管辖权条款，实现预期的诉讼目标。更长远的挑战是：错综复杂的管辖权框架是否会使新加坡法院（尤其是新加坡国际商事法庭）成为友好型法院，形成可行的争端解决机制应对"一带一路"经济一体化过程中产生的纠纷。作者认为，挑战并非难以逾越。首先，起草法院选择协议应经过深思熟虑。其次，随着时间推移，人们对规则日益熟悉，挑战的难度也会减弱。事实上，想要创新和进步，必须迎接这一挑战，这一主题无疑将深入落实"一带一路"倡议。

第四篇
冲突法

第四章 "一带一路"倡议与印度融合的国际私法规则：印度加入统一法律制度的好时机

塞·拉曼尼·加利梅拉

一、引言

尽管"一带一路"倡议为相关国家创造了经济价值，但沿线地区不同法律、政治、经济、文化和宗教制度的相互碰撞使得法律冲突不可避免。倡议覆盖范围内的几个主要区域尚未加入统一的国际协调机制，使已有问题更趋复杂。正确选择和运用相关法律、提供司法服务，成为"一带一路"建设中必须解决的问题。

本章就印度加入"一带一路"倡议的不确定性展开讨论，对中国最高人民法院的指导意见及其与印度法律的相似性进行评析，探讨印度法律下适用于跨国销售合同的国际私法规则。本章主要包括两个部分，第一部分梳理适用于跨国合同的印度国际私法规则，第二部分对中国"一带一路"司法指导意见与印度法律进行比较分析，最后呼吁印度加入统一的法律体系，如《联合国国际货物销售合同公约》。

国际私法处理的问题涉及域外因素，这些因素可能导致不同管辖区的不同法律在适用于同一事实时出现冲突。国际私法调节跨国商业监管制度中存在的差异，帮助各国通过协调法律制度进行法律改革。"一带一路"倡议构建了一个大型经济伙伴关系，非成员国不可避免地将受到该倡议的影响，因此各国及其法律体系针对成员国和非成员国制定法律冲突规则的重要性需要充分体现并加以强调。

二、印度的国际私法规则

在印度，适用涉外人际冲突[①]的法律主要来自高级司法机关制定的判例，这与通过立法建立冲突规范或签署统一法律解决冲突问题的国家不同。

人际冲突，尤其是与合同义务和侵权赔偿责任有关的冲突，受到最低限额免除的约束，该制度包括承认和执行外国判决的立法规定[②]和与时效有关的法律[③]。印度1958年加入《承认及执行外国仲裁裁决公约》（以下简称《纽约公约》），1966年制定《仲裁和调解法》[④]，建立了一个较为完善的国内国际商业仲裁制度和争端解决

---

① *感谢南亚大学研究生拉夫尼特·桑德胡（Ravneet Sandhu）在此项研究中作出的努力。 人际冲突指两个或两个以上个体或组织之间产生的紧张状态，因当事人所属法律体系不同而对同一事实持相异立场。 RAOTS R. Private international law in India [J]. *The Indian Yearbook of International Affairs*, 1955(4): 219.

② 1908年《民事诉讼法典》第13条及第44A条。

③ 1963年《时效法》。

④ 2015年，根据《联合国国际贸易法委员会国际商事仲裁示范法》进行修订。

调节机制。

与涉外义务法有关的许多判例都源自司法判决。相关的早期文献[1]指出，普通法系"遵循先例"的判例法原则对处理涉外争端产生了重大影响。

尽管印度已成功加入《纽约公约》，同时也是海牙国际私法会议、国际统一私法协会等国际私法组织的成员国，但其在解决涉外法律争端上作出的努力还不够。

(一) 印度法院的管辖权

国际私法有一项通用规则，即不动产在境外的，国内法律不具备管辖权。纳恰帕·切蒂亚尔与苏布拉马马·切蒂亚尔家庭财产分割案[2]是一个涉及缅甸不动产分割的案件，最高法院在此案中重申了以上规则，认为印度的法院无权判定不动产所有权问题，也无权进行产权分割。最高法院规定：

如果法院对如外国不动产潮汐危机等有争议的事项没有管辖权，则无权将其移送仲裁机关仲裁。[3]

(二) 入境管辖权

1908年《民事诉讼法典》规定了印度民事法院的入境管辖权，其管辖权低于高等法院。《民事诉讼法典》第9条规定：

除非被禁止，否则法院将审理所有民事诉讼。

法院（根据本法典所载规定）有权审理所有民事诉讼，但明示

---

[1] RAJA MANNAR P V. The future of private international law in India[J]. *The Indian Yearbook of International Affairs*, 1952(1)：20. THIRUVENKATACHARI V K. Developments in the field of private international law[J]. *The Indian Yearbook of International Affairs*, 1953(2)：195.

[2] AIR 1960 SC 307.

[3] 同上。

或默示禁止审理的诉讼除外。

解释一　对财产权或办公楼所有权存在争议的诉讼属于民事性质的诉讼，尽管该权利可能完全取决于宗教仪式或典礼的裁决。

解释二　就本条而言，解释一中提及的办公楼是否附有任何费用或附属于特定地点，均无关紧要。

这一管辖权通常受到《民事诉讼法典》以及设立民事法院的相关法律所进一步规定的地域和经济情况的限制。

在哈卡姆·辛格诉金门（印度）有限公司案[1]中，印度最高法院判定，当事方不能申请由《民事诉讼法典》规定不具备管辖权的法院受理案件。但是，若根据《民事诉讼法典》规定两个或两个以上法院拥有审判诉讼和程序管辖权，双方可约定争议由其中一个法院审判，这并不违反1872年《印度合同法》第28条规定的公共政策。[2]

（三）印度法院禁诉令

司法意见指出，只有在外国诉讼程序具有无理性和压迫性的情况下，才可以发布针对外国诉讼程序的禁诉令/限制令（基于不方便法院原则）。在适当的情况下，如果法院认为外国法院的诉讼程序可以更好地服务于司法目的，印度的诉讼程序可能中止。[3] 在不

---

[1]　AIR 1971 SC 740；另见环球运输公司诉特里韦尼工程公司案 1983（4）SCC 707。

[2]　第28条规定，限制法律程序的协议均无效——[17][任何协议，（a）根据该协议，任何一方，通过普通法庭的一般法律程序，被绝对限制行使其在任何合同下或与任何合同有关的权利，或限定其行使权利的时间范围；或（b）在规定期限届满时，终止合同任何一方的权利或解除任何一方在任何合同下或与任何合同有关的任何责任，从而限制任何一方行使其权利的，均无效]。

[3]　见 Vanichand Rajput v Lakshmichand Manekchand（1919）21 BOMLR 955；Jethabhai Versey& Co v Amarchand Madhavji & Co. AIR 1920 Bom 20。

涉及域外因素的争端中，除非从司法目的上考量绝对必要，否则不得发出禁诉令。① 通过外国诉讼程序解决涉外争端时应更加谨慎，因为这将涉及礼让原则。

最高法院在莫蒂娱乐网络诉世界体育管理集团板球有限公司案②中就外国诉讼程序解决争端时禁诉令的发布做了裁定：

1. 强制令所针对的被告必须服从法院的属人管辖权。

2. 只有在不执行禁令会导致司法目的受挫以及不公正结果发生的情况下，才可批准禁令。

3. 尊重司法礼让原则。

4. 如果有多个法院地，法院在行使其授予禁诉令的自由裁量权时，必须审查并确定合适的法院地（方便法院地），以方便当事人诉讼；并可就压迫性或无理性诉讼或在不方便法院地的诉讼授予禁诉令。

（四）选择法院条款

印度法律赋予选择法院条款以效力。在 ABC 金属线生产商诉 A. P. 代理公司案③中，最高法院对撤销或授予法院管辖权的合同效力进行了解释：

1. 通过合同撤销本应具有管辖权的法院的管辖权，无效。

2. 通过合同授予本无管辖权的法院以管辖权，无效。

3. 如果两个或多个法院同时拥有审理某一事项的管辖权，则通过合同将管辖权限制在其中一个法院是有效的。但合同应当明确、具体、无歧义。限制性条款可以使用"仅仅""唯有""只有"

---

① *Manohar Lal Chopra v Seth Hiralal*, AIR 1962 SC 527.
② AIR 2003 SC 1177.
③ AIR 1989 SC 1239.

这类词，使条款内容在解释上不存在困难。①

在英属印度轮船有限公司诉尚穆加维拉斯腰果公司案②中，印度最高法院认为，赋予印度以外其他国家的法院以管辖权的条款，无论是当事人一方国籍/住所法院还是第三方（中立）法院，都不违反1872年《印度合同法》和《民事诉讼法典》。在莫蒂娱乐网络起诉案③中，最高法院指出，妨碍当事人选择合同约定的法院地属违约行为。此外，如果当事人在非排他性选择法院条款中约定选择中立的外国法院，并受适用于该法院的法律管辖以解决争端，通常情况下，不会对这类方便法院进行的诉讼发出禁诉令，前提是当事各方在接受其选择法院的非排他性管辖前，已考虑其方便性及其他相关因素，不能仅仅将其视为一个替代法院。④

在库马林投资有限公司诉数字媒体融合有限公司等案⑤中，法院认为，管辖权问题应根据合同的管辖权条款确定，特别是当申请人是外国人且双方当事人都选择了特定法律作为管辖其合同和纠纷的适用法律时。但是，法院也明确了非选择法院可以行使管辖权的情况：

1. 当事人受与案件有关的国家或可能产生诉因的国家的国内法管辖。

2. 合同的管辖法律条款违反了国家的公共政策，且该条款未赋予所选择法院专属管辖权。

3. 根据选定的适用法律，有可能推翻所选择的法院。⑥

---

① AIR 1989 SC 1239.
② （1990）3 SCC 481.
③ AIR 2003 SC 1177.
④ 同上。
⑤ （2010）SCC Online TDSAT 641.
⑥ 同上。

(五) 海事管辖权

印度法院强调被告对管辖权的服从。为了说明这一点，特别是海事管辖权的服从问题，此处以"伊丽莎白"号船舶与果阿邦哈万投资和贸易私人有限公司海运货物纠纷案①的判决为例。最高法院解释，海事法庭管辖的案件，如果被要求索赔的一方在法院的管辖范围内，原告可以对作为被告的外国船舶提起对物诉讼。印度法院可以对外国船舶就从印度港口运输货物到外国港口的诉讼事由行使对物管辖权。本案中，最高法院不仅主张印度高等法院具有海事管辖权，而且援引适用于解决海事争端的国际私法一般原则，强调海事管辖权与日益增长的国际贸易需求密切相关。有意思的是，最高法院在附带意见中对印度"未批准/通过/加入"有助于促进国际商业贸易的各项国际公约表示遗憾，② 表示不得不采取迂回路线，将国际公约的一般原则纳入印度普通法，用于执行针对外国船舶的海事索赔。最高法院建议如下：

这样一个由法律和技术专家组成的专门机构，可以促进国家采用国际统一规则立法，有关当局应给予充分关注。印度法律委员会，如英国法律委员会一样，拥有足够的权威、地位和独立性，可以在这方面提供必要的帮助。迟迟不通过旨在促进贸易的国际公约，阻碍了国家的经济增长。③

尽管这项建议是在海事管辖权范围内提出，但同样适用于影响跨国贸易的其他领域，特别是销售合同领域。

---

① AIR 1993 SC 1014.
② 同上。
③ 同上。

在世界油轮运输公司诉 SNP 航运服务公司案[1]中，法院对责任限制诉讼的管辖权受到关注。虽然高等法院的海事管辖权允许确定与责任限制诉讼有关的索赔，但如果诉讼的被告都是居住在印度境外的外国人，并且不在印度经营业务，则不能向法院提起限制诉讼。由于诉因的任何部分都不在孟买高等法院的管辖范围内，高等法院没有受理海事诉讼的管辖权。最高法院还裁定，若外国被告出庭对管辖权提出异议，也不能赋予法院管辖权。[2]

(六) 法律选择

当事人意思自治原则的一个逻辑延伸是当事人可以自由选择适用于合同的管辖法律。印度法院曾多次对适用于商业合同的明示、默示和客观法律选择进行界定。

最高法院在丹拉贾迈勒·戈宾德拉姆与沙姆吉·卡利达斯公司国际货物买卖合同纠纷案[3]中提出，选择合同缔约地法还是合同履行地法作为准据法需要经过推断，更应基于公认的规则。当事人对法律选择的明示意图优先于任何推断。如果没有关于法律选择的明确意图，则应根据合同的条款和性质以及案件的一般情况推断适用的法律。

合同准据法的确定不再是通过推断，而是建立在考虑所有相关因素的基础上。在德里布业和通用磨坊公司诉哈南·辛格公司案[4]中，法院采用要素分组测试，以确定合同准据法，从而肯定了客观方法的使用。

---

[1] (1998) 5 SCC 310.
[2] 同上。
[3] (1961) 3 SCR 1029.
[4] AIR 1955 SC 590.

最高法院在拉宾德拉·迈特拉诉印度人寿保险公司案[①]中指出，在确定客观法律选择时应考虑以下因素：合同订立地、合同履行地，双方当事人的住所、居住地或营业地，公司国籍，合同标的以及有助于合同本地化的所有其他事实。其中强调了合同履行地法律的决定性作用，因为合同与该法律的联系比任何其他法律都要密切。

在英属印度轮船有限公司诉尚穆加维拉斯腰果公司案[②]中，最高法院对合同准据法的"固定性"作出裁定，解释不可能存在"浮动的"准据法。以当事人自由为基础的法律选择应当善意且合法，不得违反公共政策。印度法院有权废除无关的法律选择条款。

在国家火力发电公司诉辛格公司案[③]中，最高法院裁定，法律的明确选择被认定为有效的前提是其清晰、明确、无歧义、善意合法，且不能违反公共政策。"准据法"指双方当事人有意选择管辖合同的法律体系。当事人的意图要么是明示的，要么可以从案件的具体情况推断出来。在当事人没有选择适用法律的情况下，法院可以运用客观的检测来推断，站在双方当事人的立场，推测他们选择适用法律的意图。客观的检验的相关因素可以是合同签署的地点、形式和对象、合同履行地点、当事人的居住地或营业地。此外，当事人提请哪家具有管辖权的法院审理案件，对于法院确定与交易联系最密切、最真实的法律具有重要作用：

第180条——"合同准据法"一词指双方当事人有意选择管辖

---

① AIR 1964 Cal 141.
② （1990）3 SCC 481.
③ （1992）3 SCR 106.

合同的法律体系，如果当事人的意图既未明示，也不能根据案件的具体情况推断，那么合同受与交易有最密切、最真实联系的法律管辖。

（戴西、莫里斯，《冲突法》第 11 卷，第 1161—1162 页）

如果当事人明确表达了意图，或从合同本身和案件情况可以清楚推断其意图，那么其意图可以决定合同准据法。

…………

如果当事人既未表示其意图，也无从推断，则其意图本身不体现相关性。在这种情况下，法院应通过确定与交易有最密切、最真实联系的法律制度来推断其意图。①

当事人没有明确选择法律作为合同准据法的情况下，可以通过合同语言本身的商业理念、便利性和意义等进行推断：

如果双方当事人未明示或默示法律选择，则法院通过运用客观的检验来确定双方当事人作为公正、明智的个体对适用法律的选择意图，即如果他们考虑这个问题，会产生什么意图。法官必须通过自问"一个公正、明智的个体会如何看待这个问题"来确定双方的意图。

"阿松齐奥尼"号案（1954）150；新西兰阿尔伯特山选区议会诉澳大拉西亚禁酒和普通互助人寿保险协会有限公司（1938）A. C. 224.。②

国家火力发电公司诉辛格公司案的判决理由与仲裁问题有关，仲裁问题由合同的指定准据法——印度法确定。因此，该判决中关

---

① （1992）3 SCR 106.
② （1992）3 SCR 106.

于确定准据法的大部分内容都是附带的。该判决涉及国际私法中的一个重要问题——法院地选择及其对默示法律选择的影响。在当事人没有明确选择法律的情况下，可以根据合同和案件情况推断。① 法院认为，如果合同没有约定法律选择，则必须遵循最密切、最真实联系原则。尼尔斯评论，选择法院地条款可被视为默示法律选择的一个指标，并由表明这种意图的其他因素加以证实。虽然判决认可将法院地选择作为一种可反驳性推定，可以表明当事人的默示法律选择，但高等法院明确表示，法院地选择本身不足以推断法律选择，只能作为可反驳的推定。

在史瑞吉·崔高有限公司与国际纸业公司贸易纠纷案②中，最高法院在仲裁员任命的有关事项上，援引了国家火力发电公司诉辛格公司案的判决，支持法院选择与法律选择结果一致的推定。有人评论说，当时的判决对推定两者联系进行了错误的解读，因为前面的案件中法院地选择与默示法律选择之间只存在偶然联系，是一种可能的考虑因素。希望最高法院在面对争议时，借鉴国际惯例，特别是 2015 年通过的《国际商事合同法律选择原则》中的第 4 条内容，开创权威先例。③

---

① NEELS J L. Choice of forum and tacit choice of law: The Supreme Court of India and the Hague Principles on Choice of Law in International Commercial Contracts (an appeal for an inclusive comparative approach to private international law [A]//UNIDROIT. Eppur si Muove: the age of uniform law essays in honour of Michael Joachim Bonell to celebrate his 70th birthday[C]. 2016: 358, 366.

② (2003) 9 SCC 79.

③ 印度代表出席了海牙国际私法会议组织的关于法律选择原则的会议，并出席了 2015 年 3 月 19 日的通过仪式。

（七）外国法院判决的承认与执行

1908年通过的《民事诉讼法典》在第2条分别对"外国法院"和"外国判决"作出明文规定：

第2条第5款："外国法院"是指位于印度境外、不由中央政府授权设立的法院。

第2条第6款："外国判决"指上述外国法院作出的判决。

外国法院的判决要求被告履行法律义务，而印度法院与其他国家的法院一样，有执行判决的法律义务。《民事诉讼法典》第13条将普通法的"义务原则"[①]变成一项法律义务，并对外国法院的判决不具终局性，因而不产生义务的情况进行了规定：

第13条：何种情况下外国判决不具有终局性。外国判决在双方当事人或当事人中任何一方主张就同一产权问题提起诉讼以产生直接判决时应具有终局性，但以下情况除外：

（a）判决尚未由有管辖权的法院作出。

（b）判决没有基于案件事实。

（c）审判程序违反国际法或者印度法作为适用法时拒绝印度法的适用。

（d）审判程序违反自然公正原则。

（e）判决通过欺诈获得。

（f）判决中支持违反印度法的诉求。

最高法院在维斯瓦纳坦诉瓦吉德等的遗产继承纠纷案[②]中对第13条的范围作了详细解释：

[①] 根据这一理论，当具有管辖权的外国法院通过判决使某一方获得权利时，另一方自然有义务服从判决。

[②] AIR 1963 SC 1.

由于法官的偏见或缺乏公正而作出的判决将被视为无效①。

如果司法程序的最低要求得到满足，即使外国主管法院的判决基于错误的证据或法律观点，也是终局性的；法律判决或证据的正确性不作为市级法院承认其终局性的条件。②

维斯瓦纳坦诉讼案的判决依据规定了外国判决的终局性标准：

1. "终局性"指最终裁决，而非裁决的理由。

2. 仅根据本条的上下文解释。

3. 有效性原则③是否构成外国判决终局性的基础值得商榷。

在"对人诉讼"中，原告不得在外国法院对其作出不利判决后，否认该法院的管辖权。根据《民事诉讼法典》第13条，外国法院作出有关判决的权限应从国际意义上理解，而不是仅仅根据法院行使职能所依据的外国法律来理解。

（八）时效法的适用

1963年《时效法》适用于根据《民事诉讼法典》作出的可强制执行的外国判决，时效期限为：

1. 对于执行授予强制禁令的判决，自判决之日或判决履行之日起3年内有效。

2. 对于其他判决，从判决作出之日起12年内有效；在金钱支付或货物交付的相关判决中，失效期从不履行义务时起算（但申请执行或实施授予永久禁令的判决不受时效期限制）。

---

① AIR 1963 SC 1.
② 同上。
③ 有效性原则：法院只有在其能够在领土范围内执行法令时才可以宣布判决。因此，如果在令状送达时被告不在该司法管辖区内居住，而是作为另一个独立国家的国民或公民，则不能执行判决。 见印度通用投资信托公司诉卡利科特·拉贾案 AIR 1952 Cal. 508。

来自非互惠地区的判决持有人必须在外国判决或法令下达起3年内向印度主管法院提起民事诉讼。

(九) 互惠原则

根据《民事诉讼法典》第44A条，任何互惠地区①高等法院的判决可视为国内法院通过的判决执行。非互惠地区的判决可以通过民事诉讼②强制执行，外国法院的命令可以作为诉因。但是，外国法院的裁定可能具有针对被告的证据价值。根据第13条，外国法院的临时救济令不可强制执行。

(十) 执行外国判决的程序

根据第13条规定，被判定为终局性的外国判决可以采用以下两种方式执行：

1. 根据该判决提起诉讼。
2. 启动执行程序。

对外国判决提起的诉讼必须在判决之日起3年内提出。

根据上述规定，拒绝执行外国判决的理由比拒绝执行仲裁裁决的理由更广泛，③印度法院往往还未对案件实体性问题进行审查，就拒绝执行外国判决。对于国际仲裁来说，重要的是印度法院强调了离岸诉讼和离岸仲裁之间的隐性差异，从而要求根据争端解决的

---

① 根据印度民法，互惠地区包括英国、新加坡、孟加拉国、阿联酋、马来西亚、特立尼达和多巴哥、新西兰、库克群岛（包括纽埃岛）以及西萨摩亚、中国香港、巴布亚新几内亚、斐济和也门的托管领土。

② 莫洛吉·纳尔·辛格·拉奥诉史恩卡·萨兰案 AIR 1962 SC 1737。

③ 《民事诉讼法典》第13条允许执行管辖区的法院出于自然公正等原因对判决进行主观分析。此外，第13条的判例还规定，如果外国判决无视管辖合同关系的法律或合同地法律，则该判决不可执行。国际仲裁必须遵守1958年《承认及执行外国仲裁裁决公约》和1996年《仲裁与调解法》规定的既定法律。

方法来专门适用法律。在印度麦克斯有限公司诉通用装订公司案①中，法院将诉讼行为与仲裁程序区分开来，从而重申了外国判决和外国仲裁裁决应适用相互排斥的法律制度这一立场。

三、"一带一路"倡议：中国最高人民法院的指导意见

"一带一路"沿线国家不同的法律制度带来了不可避免的合同纠纷。② 经济走廊功能的发挥可能受到各国间法律冲突以及为解决冲突而提供的司法服务等相关问题的影响。现有的解决民商事纠纷的法律架构包括1965年《关于向国外送达民事或商事司法文书和司法外文书公约》、1970年《关于从国外调取民事或商事证据的公约》以及仲裁领域的《纽约公约》。此外，在60多个"一带一路"沿线国家和地区中，34个国家的仲裁立法以《联合国国际贸易法委员会国际商事仲裁示范法》为基础。解决争端的一个重要问题是外国判决的执行，而"一带一路"倡议也面临同样的问题。据报道，近年来，在中国执行外国法院判决颇具挑战性。③ 但过去两年

---

① (2009) 112 DRJ 611 (DB).

② Zhu W D. Some considerations on the civil, commercial and investment dispute settlement mechanisms between China and the other Belt and Road countries[J]. *TDM*, 2017, 14(3): 1, 3.

③ 参见 ZEYNALOVA Y. The Law on recognition and enforcement of foreign judgments: is it broken and how do we fix it? [J]. *Berkeley Journal of International Law*, 2013(31): 150, 174; YUAN A A. Enforcing and collecting money judgments in China from a U.S. judgment creditor's perspective[J]. *George Washington International Law Review*, 2004 (36): 757, 758; REYES R E. The enforcement of foreign court judgments in the People's Republic of China: what the American lawyer needs to know[J]. *Brooklyn Journal of International Law*, 1997(23): 241, 260.（文中指出，当中国和其他国家之间没有订立协议时，必须遵循互惠原则。）

的发展表明,中国法院正在发生转变,在建立互惠关系方面越来越主动。① 中国还签署了海牙《选择法院协议公约》,② 以促进管辖权领域的司法合作以及外国判决的承认和执行。中国已与12个"一带一路"沿线国家一道成为该公约的成员国。

(一) 最高人民法院的指导意见

2015年6月16日,最高人民法院发布了《最高人民法院关于人民法院为"一带一路"建设提供司法服务和保障的若干意见》(以下简称《若干意见》)。③《若干意见》提出,人民法院将充分发挥审判职能作用,为"一带一路"倡议的顺利建设和运行提供有效服务。在沿线一些国家尚未与中国缔结司法协助协议的情况下,可以考虑由中国法院先行给予相关国家当事人司法协助,促进形成互惠关系。

《若干意见》强调,必须准确适用国际条约和外国法,尊重当事人选择准据法的权利。人民法院有责任查明外国法,特别是完善"一带一路"倡议下查明和适用相关国家法律的法规条款。④

增强为"一带一路"建设提供司法服务和保障的责任感

---

① 武汉市中级人民法院在刘利诉陶莉等一案(2015 鄂武汉中民商外初字第00026号,2017年6月30日)的裁决中,主张中美之间存在司法互惠关系,裁定美国法院的商事判决在中国具有法律效力;南京市中级人民法院关于高尔集团股份有限公司和江苏省纺织工业(集团)进出口有限公司申请外国法院承认和执行民事判决和裁定特别程序案的决定(2016 苏01 协外认3号,2016年12月9日)。

② China deposited the signature to the Convention on 12 September 2017[EB/OL]. [2017-10-10].www.hcch.net/en/news-archive/details/? varevent=569.

③ 《最高人民法院关于人民法院为"一带一路"建设提供司法服务和保障的若干意见》(法发〔2015〕第9号)(以下简称《若干意见》)。

④ 最高人民法院出台服务保障"一带一路"意见(附典型案例)[EB/OL]. [2017-10-15].http://szlhqfy.chinacourt.org/article/detail/2015/07/id/1663903.shtml.

该指导意见要求积极回应"一带一路"建设中外市场主体的司法关切和需求。呼吁致力于营造良好法治环境,落实法律平等原则,平等保护中外当事人的合法利益,有效维护公平竞争和和谐共赢的区域合作环境。

发挥审判职能作用,提升司法服务的国际公信力

人民法院将利用其审判职能,遵循互惠原则,提供司法协助。按照国际公约,积极办理司法文书送达、调查取证、承认与执行外国法院判决等司法协助请求,为中外当事人合法权益提供高效、快速的司法救济。

建立完善工作机制,营造良好的法治环境

人民法院将为"一带一路"建设发展多元化纠纷解决机制,充分尊重当事人的自愿选择,积极参与和推动国际贸易法、国际投资法、国际海事规则等国际规则制定。

加强工作指导,提高司法服务的能力与水平

人民法院将加强专业人才培养,提供有效的司法服务;通过案例编制,推广可复制、可借鉴的先进经验和典型案例。

(二)"一带一路"沿线典型案例

最高人民法院发布了8个典型案例,其判决依据可为"一带一路"沿线国家解决争端提供参考。在德国蒂森克虏伯冶金产品有限责任公司诉中化国际(新加坡)有限公司案[①](以下简称"中化案")中,最高人民法院须就适用法律以及蒂森克虏伯供应不合格货物是否构成根本违约作出裁定。虽然双方当事人约定合同的管辖法是纽约州法律,但在诉讼中均选择《联合国国际货物销售合同公

---

① 最高人民法院民事审判第四庭终审庭,2013年第35号。

约》（以下简称《销售公约》）作为确定其权利义务关系的依据。最高人民法院对合同内容进行了鉴定和审查，以明确《销售公约》所涵盖的问题和管辖法的适用，并仔细确保这些问题不重叠。德国蒂森克虏伯公司交付的货物不符合合同规定，构成违约，但由于中化集团能够以合理的价格出售货物，根据《销售公约》，蒂森克虏伯公司的违约行为不构成根本违约。最高人民法院撤回了江苏省高级人民法院的民事判决，认定德国蒂森克虏伯公司不构成根本违约，改判其退还部分货款并支付滞期费。该案为中国国际私法规则提供了一个有趣的视角——采用国际私法规则协调当事人选择的适用法律与国际公约之间的关系。该案的裁决优先考虑国际条约，而对于国际条约未涉及事项，依法适用当事人选择的准据法。在外国法律的适用存在争议的案件中，法院的审判职能包括查明和确认外国法律的内容。法院接受了蒂森克虏伯提出的适用《美国统一商法典》的意见，中化集团未对此提出异议。此外，法院在审查双方当事人的住所地（分别为德国和新加坡）后，认为双方有权指定《销售公约》管辖其合同权利和义务。审判职能要求核实合同的有效性，而不考虑任何一方对该问题的争议。由于《销售公约》对这一问题未作规定，因此适用《美国统一商法典》来决定合同的有效性。因此，该判决体现了在特定案例中对国际公约和国家法律进行协调的原则。

在浙江逸盛石化有限公司诉卢森堡英威达技术有限公司案[①]中，法院须对仲裁条款的有效性作出裁定，条款的规定似乎与现行仲

---

① 浙江宁波中级人民法院，2012年第4号。

法不符:①

仲裁应在中国北京的中国国际经济贸易仲裁委员会进行,并适用现行有效的《联合国国际贸易法委员会仲裁规则》。②

最高人民法院在给宁波市中级人民法院的复函中认定:

当事人在仲裁条款中虽然使用了"take place at(在……进行)"的表述,其后的词组一般被理解为地点,然而按照有利于实现当事人仲裁意愿目的解释的方法,可以理解为也包括了对仲裁机构的约定。③

该案具有典型示范意义,它认可了当事人约定中国的常设仲裁机构依据《联合国国际贸易法委员会仲裁规则》管理仲裁程序的条款效力,并采取有利于实现当事人仲裁意愿目的解释的方法,以确保仲裁条款的有效性。

在仲裁条款未明确限定仲裁机构特定职能的情况下,[法院]认定当事人关于常设机构适用另一仲裁规则的约定应理解为该机构依据仲裁规则管理整个仲裁程序。④

---

① 见《中华人民共和国仲裁法》第16条,1994年8月31日通过并发布,自1995年9月1日起施行,2009年8月27日第一次修正,www.npc.gov.cn/wxzl/wxzl/2000-12/05/content_4624.htm, www.gov.cn/flfg/2009-08/27/content_1403326.htm,(《仲裁法》规定在仲裁协议中指定仲裁委员会处理案件); Stanford Law School. China cases guiding project, case 6[EB/OL].[2017-09-14].https://cgc.law.stanford.edu/wp-content/uploads/sites/2/2016/11/ B-and-R-TC6-English.pdf.

② 同上,案例6,第3页。

③ 同上。

④ 见《中华人民共和国仲裁法》第16条,1994年8月31日通过并发布,自1995年9月1日起施行,2009年8月27日第一次修正,www.npc.gov.cn/wxzl/wxzl/2000-12/05/content_4624.htm, www.gov.cn/flfg/2009-08/27/content_1403326.htm,(《仲裁法》规定在仲裁协议中指定仲裁委员会处理案件); Stanford Law School. China cases guiding project, case 6[EB/OL].[2017-09-14].https://cgc.law.stanford.edu/wp-content/uploads/sites/2/2016/11/ B-and-R-TC6-English.pdf,第4页。

该案对于推动多元化纠纷解决机制建设、支持仲裁制度化、提升仲裁公信力,具有重大意义。

(三) 中印法律比较

印度最高法院在爱纳康(印度)有限公司诉德国爱纳康风电制造商案[①]中的判决是继巴拉特诉讼案[②]之后仲裁领域又一个有意思的判决,巴拉特诉讼案很好地阐述了印度法律对"以仲裁地为中心的仲裁"的规定。[③] 爱纳康案的判决则体现了仲裁条款的目的解释原则,与中国最高人民法院对浙江逸盛石化有限公司起诉案的判决相似。在爱纳康案中,上诉人辩称,包含仲裁条款的《知识产权许可协议》并非严格意义上的合同而是仲裁协议,并对依据《仲裁和调解法》第 45 条提交仲裁的申请提出抗辩。[④] 最高法院基于仲裁条款的可分割性原则认为,根据第 16 条,[⑤] 当事人的基础合同和仲裁协议是两个单独的合同,即使基础合同无效、被撤销或终止,仲裁协议的合法性和有效性也不会受到影响。[⑥] 同时判定,《仲裁和调解

---

① (2014) 5 SCC 1.
② 巴拉特铝业有限公司诉凯撒铝业技术服务有限公司案(2012) 9 SCC 552。
③ "以仲裁地为中心的仲裁"是界定国际仲裁裁决的"国籍身份"的法律概念。"仲裁地"一词的法律意义是确定仲裁程序的管辖法律。 GREENBERG S, KEE C, WEERAMANTRY J R. International commercial arbitration an Asia-Pacific perspective[M]. Cambridge: Cambridge University Press, 2011: 55. GARIMELLA S R. Seat-centric arbitration-decoding the Indian law on the choice of a foreign seat[J]. *Young Arbitration Review*, 2017(6): 28.
④ 司法机关将当事双方提交仲裁的权力。 尽管《仲裁和调解法》第一部分和 1908 年《民事诉讼法典》(1908 年第 5 号)有规定,法院在处理双方已就第 44 条所述事项达成协议的诉讼时,应依当事人一方之请求,将案件交付仲裁,除非法院发现该仲裁条款无效、未生效力或不能履行。
⑤ 瑞娃电动汽车有限公司诉绿色美孚案(2012) 2 SCC 93,依照《仲裁和调解法》第 16 条进行判决。
⑥ 巴拉特诉讼案,(2012) 9 SCC 552。

法》第45条规定的在协议"无效、无法实施或无法履行"[①]的情况下不得将争议提交仲裁的立法授权仅适用于仲裁协议,且一方必须主张并证明,与基础合同相比,仲裁协议本身存在上述缺陷之一,因为基础合同属于仲裁庭的管辖范围。上诉人还辩称,仲裁协议规定仲裁庭由三名仲裁员组成,但任命程序只针对两名仲裁员,因而仲裁协议难以执行。最后,最高法院判定被告胜诉,认为法院在解释仲裁协议时应采用务实、合理的商人做法(而不是技术方法),使看似难以执行的仲裁协议得到执行,[②]以履行《仲裁和调解法》的立法授权。

巴拉特诉讼案的判决,是对适用《仲裁和调解法》第一部分和第二部分应采用的方法以及两部分之间可能存在的相互关系的重要说明。[③]最高法院认为,在印度境外进行的仲裁,印度法院不具有管辖权。该案推翻了巴蒂亚诉讼案[④]的判决,认为:

《仲裁和调解法》第2条第2款省略"仅仅"一词不是遗漏,也不是错误。该条款清楚表明,《仲裁和调解法》的第一部分并不适用国际仲裁。[⑤]

---

① 巴拉特诉讼案,(2012)9 SCC 552。
② 同上。
③ GARIMELLA S R. The BALCO rationale—a shift to the territoriality principle in international commercial arbitration[J]. *CNLU LJ*, 2014(4): 26, 27.
④ 巴蒂亚国际诉瑞士燃料贸易公司案(2002)4 SCC 105;另见美国VGE工具制造商诉萨蒂扬电脑服务有限公司案(2008)4 SCC 190,英德尔技术服务有限公司诉阿特金斯集团案 AIR 2009 SC 1132。
⑤ 巴拉特诉讼案。最高法院在巴拉特案中的权威性意见表明,《仲裁和调解法》第一部分和第二部分的适用取决于仲裁的管辖地,当事方的国籍不是法律适用的决定性因素。

最高法院恢复以仲裁地为中心的仲裁,[①] 裁定《仲裁和调解法》第2条第2款省略"仅仅"一词并不表明其偏离了属地原则,这一变化在巴蒂亚诉讼案以及遵循同样判决理由的裁决中得到大量讨论。巴拉特诉讼案确立了以仲裁地为中心的仲裁(仲裁地法律优先适用),是仲裁领域一个很重要的改变,为结束印度法院干预印度境外仲裁铺平了道路,体现了印度法律维护当事人选择争端解决机制的努力。这一做法与浙江省仲裁委员会的指导意见以及最高人民法院的《若干意见》有着相似的基调,尊重当事人的仲裁意愿,促进仲裁作为"单向"的争端解决机制走向国际化。

四、加入统一的法律平台:前进的道路

印度融合的国际私法规则存在两个问题:

1. 试图通过不完善的原则来解决复杂的交叉性问题。

2. 融合的国际私法规则分散在司法判决和少数从国内法律借用的立法条款中,由于缺乏相互参照而导致其运用受阻,而相互参

[①] 以仲裁地为中心的仲裁在印度并不陌生。 在约格拉基础设施有限公司诉桑永工程建设有限公司案(2011)9 SCC 735 中,最高法院认为,即使协议受印度法律管辖,如果当事方表示选择新加坡为仲裁司法管辖地、选择适用新加坡国际仲裁中心仲裁规则,那么不适用《仲裁和调解法》的第一部分。 本案的判决还主张,在合同实体法为印度法的情况下,不适用《仲裁和调解法》第一部分,因为双方当事人已经约定仲裁的管辖地在国外。 因此,约格拉一案的判决实际上意味着在仲裁程序期间,印度法院在国际仲裁中没有任何临时救济的管辖权。 有关类似的司法意见,参见帕拉米塔建筑有限公司诉印度超强编辑发展有限公司案(2008)3 ALT 440;乔蒂涡轮动力服务公司诉深圳山东核电公司案 AIR 2011 AP 111, 见 NARIMAN F S. Ten steps to salvage arbitration in India: the first LCIA-India arbitration lecture[J]. *Arbitration International*, 2011 (27): 115.

照是国际法律文书的重要特征之一,特别是在私法领域。

从印度的国际仲裁经验可以看出,加入国际公约可以借鉴其他法域的经验,有助于改进国内法及其执行。作为"一带一路"倡议的潜在参与者,印度应优先解决上述两个问题,以从"一带一路"经济伙伴关系中获益。本文第一部分概述了印度法律的基本情况,这种基本情况呼吁其加入统一的国际法规则以实现现代化。恩斯特·拉贝尔注意到印度国内法不足以规范国际贸易,他指出:

普通法系的优势比一般人想象的要大。在每个国家,国际销售法的内在力量将与国内法相抗衡,就像罗马的万民法与民法之间的关系一样。①

《销售公约》试图通过制定预先、统一的国际货物销售规则来规范当事人之间的合同关系,从而减少贸易壁垒。② 货物销售合同的全球化表明,有必要制定统一的国际货物销售法,而《销售公约》是现有的最佳适用范例,其吸引力超出了区域地理范围。③ 1930年的《货物销售法》是一项不确定的立法,对货物销售合同的适用范围有限,印度法是合同的指定准据法。《销售公约》消除了跨国销售合同中有关问题的不确定性,因为它允许合同自由和形式自由,这两个特征解决了国际私法的多样性问题。

跨境贸易涉及高交易成本,是国内合同中的交易成本无法比拟

---

① RABEL E. A draft of an international law of sales[J]. *University of Chicago Law Review*, 1938 (5): 543.

② 伯尔曼(Berman)认为,在世界主要法律体系中国际销售法是最统一的法律分支。BERMAN H J. The Uniform law on international sale of goods: a constructive critique [J]. *Law and Contemporary Problems*, 1965, 30(2): 354.

③ ZELLER B. Four—corners-the methodology for interpretation and application of the UN Convention on Contracts for the International Sale of Goods (working paper). NY: Pace Law School, 2003.

的。在发生争议时，还存在应计交易成本。因此，可取的做法是尽可能保持合同的效力，并纠正履约中的缺陷，而不是立即终止合同。这种做法解释了为什么《销售公约》规定，只有在发生根本违约的情况下，而且往往是在为违约方提供额外的履约机会之后，才能宣布合同无效。根本违约指导致一方当事人合同目的完全落空的违约行为。[1]

《销售公约》的通过提高了适用于国际货物销售合同的法律的可预测性，简化了这些合同引起的争议的解决，有助于缩短诉讼时间，减少相关费用，降低司法工作量。[2]

鉴于《销售公约》可能没有涉及与跨国合同有关的所有问题，印度的法律改革应包括各项法律的交叉引用，以确保监管框架内法律的明确性和可预测性。此外，在解决统一法律平台问题的同时，还应改善司法服务，特别是承认和执行外国判决。印度还应考虑加入2005年海牙《选择法院协议公约》。该公约关于推定排他性管辖协议的规定解释了其加强国家间司法合作的意图。[3] 尽管有排他性/非排他性条款，但当事人选择的法院应行使管辖权，排除任何其他法院。《选择法院协议公约》还包括承认和执行判决的有关规则，是协调国际范围内各国有关法院选择条款的冲突规则迈出的重要一

---

[1] 《销售公约》第25条规定："一方当事人违反合同的结果，如使另一方当事人蒙受损害，以至于实际上剥夺了他根据合同规定有权期待得到的东西，即为根本违反合同，除非违反合同一方并不预知而且一个同等资格、通情达理的人处于相同情况下也没有理由预知会发生这种结果。"

[2] CASTELLANI LG. CISG and harmonization of Asian contract law[EB/OL].[2017-07-15]. www.nysba.org/Sections/International/ Seasonal_Meetings/Vietnam/Program_4/CISG_Paper.html.

[3] NANDA V P. The landmark 2005 Hague Convention on Choice of Court Agreements [J]. *Texas International Law Journal*, 2007(42): 773.

步。加入该公约可以帮助印度参与促进全球交易,并为印度当事人/诉讼人提供确定性,有助于消除人们对通过禁令干预外国诉讼的担忧。加入该公约还可以确保在《民事诉讼法典》规定下通过通知有关国家来取代承认程序。《选择法院协议公约》试图为仲裁提供一种可行的替代办法。[1] 作为"一带一路"倡议的潜在参与者,印度可以抓住机会,通过加入统一的法律制度体系更新其法律平台。

---

[1] NANDA V P. The landmark 2005 Hague Convention on Choice of Court Agreements [J]. *Texas International Law Journal*, 2007(42):787-788.

第五章　欧盟法律：在欧盟境外能走多远？

伊万娜·昆达

一、引言

在全球范围内，各国经济相互依存日益增强，跨境监管活动成为必需。无论采取何种形式，这种监管的全球化[1]都旨在缓和及化解一国内因国外的特定规范体系或惯例而出现的不良影响。[2] 在"一带一路"倡议框架内，各国经贸关系不断加强，越来越多非欧盟的欧亚国家的企业在欧盟境内开展经营，因此不可避免受到欧盟法律的管辖。不仅如此，即使企业与欧盟的联系不甚明显，也可能受欧盟法律的管辖。

本章主要考察欧盟在"单边监管全球化"[3]中付出的努力。扩

---

[1] MACEY J R. Regulatory globalization as a response to regulatory competition[C]. Faculty scholarship series paper, 2003: 1418. BRAITHWAITE J, DRAHOS P. *Global Business Regulation*[M]. Cambridge: Cambridge University Press, 2000.

[2] SCOTT J. The new EU "extraterritoriality"[J]. *Common Market Law Review*, 2014, 51(5): 1343.

[3] BRADFORD A. The Brussels effect: the rise of a regulatory superstate in Europe[J]. *Northwestern University Law Review*, 2015, 107(1): 1.

大欧盟法律的地域适用范围①这一方法倾向与欧盟的经济实力变化②、欧盟金融稳定风险上升③以及人权等价值观强化相关。④ 在国家政策根深蒂固的领域尤为明显，如竞争法、知识产权法、劳动法、运输法、消费者保护法，以及最近的环境法⑤、人权法⑥（包括数据保护与隐私⑦、金融市场）等。⑧

---

① 传统意义上，欧盟法域外适用的方法被理解为治外法权。但如何界定具体方法是否属于治外法权，众说纷纭。学术界也认可"领土的延伸"这一概念，以解释与欧盟存在领土联系但行为发生在国外的情况。SCOTT J. Extraterritoriality and territorial extension in EU law[J]. American Journal of Comparative Law, 2014(62): 87, 90. 鉴于具体方法的侧重点不同，本章暂不讨论其概念及定义之间的差异，也不对其规范进行界定和解释。

② AKBAR Y. The extraterritorial dimension of US and EU competition law: a threat to the multilateral system? [J]. Australian Journal of International Affairs, 1999, 53(1): 113, 119.

③ SCOTT, 2014: 1365.

④ TAYLOR M. The EU's human rights obligations in relation to its data protection laws with extraterritorial effect[J]. International Data Privacy Law, 2015, 5(4): 246.

⑤ DOBSON N, RYNGAERTM C. EU "extraterritorial" regulation of maritime emissions[J]. International and Comparative Law Quarterly, 2017(66): 295. KOZIEL T. Extraterritorial application of EU environmental law – implications of the ECJ's judgment in Air Transport Association of America[J]. Columbia Journal of European Law, 2012(19), www.law.columbia.edu/sites/default/files/microsites/journal-european-law/files/koziel.pdf.

⑥ BARTELS L. The EU's human rights obligations in relation to policies with extraterritorial effects[J]. European Journal of International Law, 2015, 25(4): 1071. BESSON S. The extraterritoriality of the European Convention on Human Rights: why human rights depend on jurisdiction and what jurisdiction amounts to[J]. Leiden Journal of International Law, 2012, 25(4):857.

⑦ BIGNAMI F, RESTA G. Human rights extraterritoriality: the right to privacy and national security surveillance [A]//BENVENISTI E, NOLTE G. Community Interests across International Law[C]. Oxford: Oxford University Press, 2018.

⑧ DALLARA C. Containing extraterritoriality to promote financial stability [J]. Financial stability review, 2013, 17: 47. LUTTRINGHAUS J D. Regulating over-the-counter derivatives in the European Union-transatlantic (dis) harmony after Emir and Dodd-Frank: the impact on (re)insurance companies and occupational pension funds[J]. Columbia Journal of European Law, 2012, 18(3): 19-32.

关于一国的立法管辖权，国际公法普遍接受的原则是国籍原则和属地原则。根据国籍原则，一国公民（包括其在境外的行为）受该国法律管辖；根据属地原则，一国有权制定相关法律约束其领土内公民的行为。《欧盟运行条约》第 349 条对属地原则作出规定，即欧盟法律适用于所有欧盟成员国，但不适用于欧盟以外的其他国家，这与国际公法的属地原则相一致。但如果严格执行这一原则，将导致在处理欧盟以外发生的行为时，某些重要的权利和利益（有时被视为公共秩序的一部分）得不到保护。因此，属地原则在经典国际法理论中被扩展，使一国法律所制裁的行为涵盖发生于国外但完成于国内的情况。这种情况相当于刑法中的"多地犯罪"或"跨境犯罪"，以及国际私法中的"多地侵权"，[1] 其行为和后果与两个或两个以上相距遥远的地点相关，当地点位于不同的国家时，就会造成立法管辖权和司法管辖权的冲突。根据普遍管辖原则，犯罪/侵权行为地包括加害行为实施地（侵权行为地）和损害结果发生地（损害发生地）。这两个行为地所在的国家需要对行为人实施监管。[2] 服从两个甚至多个监管体系，并在两个或多个法域就同一问题提起诉讼，其结果可能不同，因而增加了交易成本和法律的不确定性，给跨国甚至全球商业行为者造成负担。通常情况下，规则更严格的国家承担的指责更多，因为其规则造成的影响范围更大。

---

[1] 从欧洲法院 1976 年 11 月 30 日对 *Handelskwekerij G. J. Bier BV v Mines de potasse d' Alsace SA*, Case21-76, EU:C:1976:166. 的判决开始，欧盟判例法得到反复运用和证实。

[2] 虽然传统上公法程序适用法院地法，而在民事诉讼程序中并非如此，而国际私法往往采取法律冲突以外的方法来满足尊重国家基本规定的需要，即国际强制性规则或绝对优先强制性规则。 KUNDA I. Defining internationally mandatory rules in European private international law of contracts[J]. Zeitschrift für Gemeinschaftsprivatrecht, 2007, 4(5): 210—222.

虽然这会造成国家或区域经济组织等国际公法主体之间关系紧张，但如今，企业主会感到自己有足够的力量提出反对意见。① 企业主需要承担一定的合规成本，但也能从中受益，因为潜在的新进者可能视这些成本为障碍，从而放弃进入市场。②

关于扩大法律的地域适用范围的讨论往往涉及技术分析角度，如区分监管行动的方法和途径，或者关注实质影响，以便围绕具体议题和基本政策展开讨论。本章将着重讨论欧盟法律中的两个领域，这两个领域正在出现令人振奋的新发展。一个是竞争法，在长达50年的判例法制度实行过程中一直沿用的法律原则最终通过修正的效果原则得以补充，该原则进一步削弱了传统的属地原则，一定程度上偏离了美国长期以来在该问题上的立场。尽管过去欧盟的许多案例都涉及美国公司，但未来也许有更多可能，如一家中国公司和一家俄罗斯公司组成企业联盟，在欧盟市场上执行统一定价；又如某家公司滥用其市场支配地位，在全球范围内妨碍或阻止另一家公司销售其竞争性产品。随之而来的问题是，这些情况是否应纳入欧盟法律及欧盟委员会③的管辖范围，如果是，应在何种条件下纳入。另一个备受关注的领域是个人数据保护，这一领域正在兴起，由于跨境数据流动在全球化和信息化背景下重要性凸显，欧盟

---

① RYNGAERT C. Editorial: symposium issue on extraterritoriality and EU Data Protection[J]. *International Data Privacy Law*, 2015, 5(4): 221.

② STUTE D J. Privacy almighty? The CJEU's judgment in Google Spain SL v. AEPD [J]. *Michigan Journal of International Law*, 2015, 36(4): 649, 677.ZEITER A. The new General Data Protection Regulation of the EU and its impact on IT companies in the U.S. Stanford - Vienna TTLF Working Paper, 2014: 20, http://law.stanford.edu/wp-Content/Uploads/2015/07/Zeiter_wp20.pdf.

③ 此处指明立法管辖权和司法管辖权具有联系。在国际私法中，有管辖权的法院可以适用本国或他国的法律，而国际公法基于主权原则，认为两个管辖权是一致的。

立法者已扩大其法律适用范围。举例来说，某日本信息服务提供商收集、处理和转移的客户个人数据中可能包括居住在欧盟境内的客户的数据。该公司的行为是否在欧盟数据保护法的管辖范围内？欧盟成员国的执法机构是否可以据此采取相应措施？下文将带着这些问题，对当下的情况以及促使情况出现的原因进行解释说明。

二、竞争法

欧盟关于竞争的基本规定载于《欧洲联盟运行条约》（以下简称《欧盟运行条约》）[1] 第 101 和 102 条，即原《建立欧洲共同体条约》（以下简称《欧共体条约》）[2] 第 81 和 82 条，以及最初的《建立欧洲经济共同体条约》（以下简称《共同体条约》）[3] 第 85 和 86 条。《欧盟运行条约》第 101 条和第 102 条对制裁"可能影响成员国之间贸易"的行为的规定在早期条约中也一直存在，完全不受所涉企业是在欧盟境内还是境外设立的影响。一个典型判例是 20 世纪 70 年代初的商业溶剂案，欧洲法院指出：

这一规定意在界定共同体规则在国家法律方面的适用范围，因此，不能将其禁令的适用范围限制在向成员国提供服务的工商业活动上。[4]

---

[1] 《欧盟运行条约》合并版本（OJ C 202, 7.6.2016, 50—199）。

[2] 《建立欧洲共同体条约》合并版本（OJ C 325, 24.12.2002, 33—184, C 340, 10.11.1997, 173）。

[3] 1957 年《建立欧洲经济共同体条约》。

[4] 1974 年 3 月 6 日，欧洲法院对意大利化学公司和商业溶剂公司诉欧洲共同体委员会案的判决。合并审理案件 6 和 7—73., EU:C:1974:18, 第 31 段。2014 年 6 月 12 日，常设法院在英特尔公司诉欧盟委员会案的判决，case T-286/09, EU:T:2014:547, 第 248 段。

可见，有一项原则很早便得到确立，即无论是当时的欧洲经济共同体或欧共体，还是现在的欧盟，其竞争法均可适用于在非欧盟成员国设立的企业。半个多世纪以来，欧盟竞争法的适用主要依据三项原则：单一经济体原则、履行地原则和修正的效果原则。

（一）单一经济体原则

有观点认为，单一经济体原则源自国籍原则，[1] 即国家有权对一切具有本国国籍的人施行管辖，而不管其居住在国内或国外。有学者则认为，概念上来说其属于属地原则。[2] 就其本质而言，该原则涵盖《欧盟运行条约》第101条所提到的"企业"概念，即由数个法人或自然人组成的"单一经济体"，国家对属于该经济体的人拥有管辖权，无论他们是否身处欧盟成员国之外。[3]

单一经济体原则在1972年染料案[4]中得以确立。该案中，涉事企业的母公司设在欧洲经济共同体外的英国。当时的欧洲法院主张共同体法律对母公司有管辖权，并禁止母公司通过其分支机构非法操纵染料价格以限制竞争。欧洲法院认为，子公司具有独立法人资格的事实并不足以排除其将责任归咎于母公司的可能性。即便子公

---

[1] CLARKE J. *International Merger Policy: Applying Domestic Law to International Markets*[M]. Cheltenham: Edward Elgar, 2014: 141.

[2] 有学者认为，单一经济体原则从概念上来说属于属地原则。如：PAPP F Wagner-von. Competition law in EU Free Trade Cooperation Agreements (and what the UK can expect after Brexit)[A]//BUNGENBERG M, et al. European yearbook of international economic law[C]. Berlin: Springer, 2017: 301, 312; BRAAKMAN AJ. Brexit and its consequences for containerised liner shipping services[J]. *The Journal of International Maritime Law*, 2017, 23(4): 254, 256.

[3] ODUDU O, BAILEY D. The single economic entity doctrine in EU competition law [J]. *Common Market Law Review*, 2014, 51(6): 1721, 1722-1723.

[4] 1972年7月14日，欧洲法院对帝国化学工业有限公司诉欧洲共同体委员会案的判决，Case 48—69, EU:C:1972:70。

司具有独立法人资格，也不一定会独立决策其市场行为，而在所有重大事项中执行母公司的指示。如果子公司在决定其市场行为时并未享有真正的自主权，那么《欧洲经济共同体条约》第85条（现在的《欧盟运行条约》第101条）的相关禁令可能不适用于其与母公司之间的关系（两者构成一个单一经济体）。在由此而形成的经济实体中，子公司的行为在某些情况下可归责于母公司，[①] 而母公司的行为可视为在该地域内产生，其性质足以证明该法域有理由行使法律管辖权。欧洲法院表示，欧共体委员会主张对在当时的欧洲经济共同体领土外限制竞争的行为行使管辖权并适用《欧洲经济共同体条约》第85条，理由是该行为在欧洲经济共同体内产生了经济影响，因此欧共体委员会并未违反国际法。

1973年，欧洲法院在大陆制罐公司案中也有类似的推论。[②] 该案中，欧洲法院确认了适用共同体竞争法的标准，案件涉及《欧洲经济共同体条约》原第86条关于滥用支配地位的适用。欧共体委员会基于原第86条判决大陆公司滥用市场支配地位，大陆公司提起上诉，辩称委员会无权对在共同体之外设立的公司作出判决，欧洲法院对此予以驳回，认为在美国特拉华州威尔明顿和比利时布鲁塞尔设立的子公司尤罗蓬玻乐虽然具有独立人格，但其行为并非在所有情况下均与位于纽约的大陆公司无关，尤其是在子公司不能自主决定市场行为，而需依据母公司指令行事的情况下。欧洲法院最

[①] 1972年7月14日，欧洲法院对帝国化学工业有限公司诉欧洲共同体委员会案的判决，Case 48—69, EU:C:1972:70, 第132-135段。 另见1973年2月21日，欧洲法院对欧洲制罐公司和大陆制罐有限公司诉欧洲共同体委员会案的判决，Case 6—72, EU:C:1973:22。

[②] 1973年2月21日，欧洲法院对欧洲制罐公司和大陆制罐有限公司诉欧洲共同体委员会案的判决，Case 6—72, EU:C:1973:22。

后认为，欧共体委员会的判决虽然引起了争议，但大陆公司的确在收购过程中起到了重要的帮助作用，因此收购行为不仅要归责于尤罗蓬玻乐公司，更主要的是归责于大陆公司。根据以上事实，欧共体法律应适用于这一收购，因为这一收购影响了共同体内部的市场交易。大陆公司虽未在成员国境内设立办事处，但并不足以排除其行为受共同体法律约束。

根据染料案判例法的规定，母公司必须对其子公司的行为施加"决定性影响"，两者才构成单一经济体。在评估这种影响时，持股规模、母公司在子公司董事会中所占席位或影响后者交易的实际能力都是重要的考虑因素。[1] 尽管单一经济体原则引起了不少争议，但仍有存在的价值，现已成为欧盟竞争法的一部分。[2]

(二) 履行地原则

履行地原则源于纸浆案[3]。该案中，非共同体的纸浆生产商通过协同行为操控共同体内相关市场的纸浆销售价格。与之前援引的案件不同，该案中没有一家外国生产商在共同体内设有子公司，他们与共同体领土的唯一联系是向其市场销售产品。因此，欧洲法院没有基于"效果原则"进行分析，而是采取了一种更接近传统意义上的属地原则的推理方式，来证明共同体当局的管辖权是正当的。欧洲法院提出，《欧洲经济共同体条约》第85条所禁止的行为（如签订交换价格信息的横向协议以在共同体市场内限制竞争）由两个

---

[1] WHISH R, BAILEY D. *Competition Law* [M]. Oxford: Oxford University Press, 2012: 469.

[2] 同上。

[3] 1988年9月27日，欧洲法院对阿赫尔斯特罗姆·奥萨基赫蒂奥等人诉欧洲共同体委员会案的判决，合并审理案件 C-89/85，C-104/85，C-114/85，C-116/85，C-117/85 and C-125/85 to C-129/85，EU:C:1988:447。

因素组成，即协议、决定或协同行为的"成立"及其"实施"。欧洲法院进一步指出，如果竞争法规范的适用取决于协议、决定或协同行为成立的地点，其结果将明显为有关企业逃脱竞争法的禁止性规范提供方便。欧洲法院认为，生产商是否在共同体内部建有子公司、代理商、次级代理商或分支机构，或直接在共同体市场上进行贸易活动，都无关紧要。决定性因素是协同行为的实际履行地。而共同体对这类适用竞争法规则的行为拥有管辖权，属于国际公法普遍承认的属地原则。①

在欧洲法院对纸浆案作出判决后不久，欧盟委员会在发布针对外国公司的裁决时援引了这一判决。② 十年后，欧盟初审法院在根科尔案的判决中也采用了履行地原则。③ 该案中的根科尔矿业公司是一家在南非注册的经营矿产资源和金属工业的公司，该公司和在

---

① 1988年9月27日，欧洲法院对阿赫尔斯特罗姆·奥萨基赫蒂奥等人诉欧洲共同体委员会案的判决，合并审理案件 C-89/85，C-104/85，C-114/85，C-116/85，C-117/85 and C-125/85 to C-129/85，EU:C:1988:447，第16—18段。

② 89/190/共同体委员会于1988年12月21日关于根据《欧洲经济共同体条约》(IV/31.865，PVC)第85条提起诉讼的决定 OJ L 74, 17.3.1989, 1—20：委员会声明："挪威水电公司在欧盟共同体以外设有业务中心和生产设施的事实，并不影响其对在共同体内实施的协议负责。 欧盟共同体是挪威水电公司的主要市场，约占其聚氯乙烯营业额的60%。 ……只要协定是在共同体内执行的，欧洲经济共同体与挪威之间的自由贸易协定不能排除《欧共体条约》第85条第(1)款对挪威生产商的适用性。" 89/191/共同体委员会于1988年12月21日关于根据《欧洲经济共同体条约》第85条进行诉讼的决定 (IV/31.866，LDPE)，OJ L 74, 17.3.1989, 21—44：委员会声明："陶氏是一家美资公司，但它是在欧共体内经营的最大的低密度聚乙烯公司之一，其欧洲低密度聚乙烯生产设施设在荷兰和西班牙。 化学控股公司、纳斯特石油公司和挪威国家石油公司的低密度聚乙烯生产以及其主要业务中心位于共同体以外，这一事实不影响它们对共同体内执行的任何协议的责任。 ……只要协定在共同体内执行，欧洲经济共同体与奥地利、芬兰和挪威之间的自由贸易协定不能排除《欧洲经济共同体条约》第85(1)条对奥地利、芬兰和西北部生产者的适用性。"

③ 初审法院于1999年3月25日对根科尔矿业有限公司诉欧洲共同体委员会案的判决，案件 T-102/96，EU:T:1999:65。

英国注册的伦敦隆罗公司一起向南非政府提出了经营者集中的申请,但欧盟委员会以该合并与共同体市场相违背为由驳回了请求,根科尔公司因而提起诉讼。

欧盟委员会援引了《欧共体并购条例》①,初审法院也认同该条例对案件适用。在诉讼方的申请下,初审法院提到了纸浆案中采用的履行地原则,称根科尔公司不能参照纸浆案的判决,依靠协议执行的标准来支持其对合并条例中有限地域范围的解释。欧洲法院不仅没有支持根科尔公司的观点,反而认为用该标准来评估协议与欧共体领土之间的联系,实际上排除了这种联系。根据纸浆案中的判决,无论供应地点和生产厂位于何处,只要在欧共体范围内进行销售,即满足执行协议的标准。初审法院认为,根科尔公司应受欧共体竞争法管辖是基于一个没有争议的事实,即根科尔公司和伦敦罗得西亚公司在集中前已在欧共体内进行销售,并将在集中后继续销售。② 因此,欧共体竞争法执法机构对外国企业向欧共体境内的购买方直接销售产品的情形拥有管辖权。

为了在履行地原则的基础上适用欧盟竞争法,应区分禁止性行为所包含的两个因素:限制竞争的"成立"(如纸浆案中的价格操纵)和限制竞争的"实施"(如纸浆案中,在市场上以统一的价格销售产品)。协议、决定或协同行为成立的地点并不重要,重要

---

① 关于企业并购控制的第 4064/89 号理事会条例,1989 年 12 月 21 日通过,OJ L 395, 30.12.1989, 1—12。 该条例被关于控制企业集中的第 139/2004 号理事会条例,2004 年 1 月 20 日,(欧共体并购条例) OJ L 24, 29.1.2004, 1—22 所取代。

② 初审法院于 1999 年 3 月 25 日对根科尔矿业有限公司诉欧洲共同体委员会案的判决,案件 T-102/96, EU:T:1999:65, 第 87 段。

是它们是在欧盟范围内实施的。① 有学者在分析这一判决时还认为，推理的合理性取决于限制竞争的成立和实施是否构成欧盟竞争法所禁止行为的一部分。因此，这一原则相当于客观属地性原则，即行为源自国外，但在适用其法律的国家领土内完成。② 还有人认为，协议、决定或协同行为除了在欧盟境内实施以外，还必须对欧盟内部的贸易产生明显的影响，③ 这就是对欧盟成员国国内法适用欧盟法律的要求。

根据这一原则，欧盟竞争法或固定价格使用协议也可能适用于欧盟境外公司所签订的禁止性协议。④ 另一方面，履行地原则的限制是，如果欧盟本土公司在欧盟境内达成一项禁止性协议，但该协议在非欧盟成员国限制竞争，则欧盟竞争法将不予适用。除非该协议在欧盟产生了特定的"效果"⑤，否则该协议仍不属于欧盟竞争法的调整范围。有趣的是，有人将欧盟的履行地原则和美国的效果原则进行对比，得出以下结论：根据前者，如果一项禁止性协议在欧盟境外达成，以禁止在欧盟境内销售或向欧盟生产商购买产品，

---

① FRENZ W. Handbook of EU Competition Law[M]. Berlin：Springer，2016：135. KATZOROWSKA A. European Union Law[M]. London：Routledge，2013：780.

② BEHRENS P. The extraterritorial reach of EU competition law revisited：the "effects doctrine" before the ECJ[C]//Europa-Kolleg Hamburg Institute for European Integration Discussion Paper. 2016：3，11 [2018-01-06]. www.econstor.eu/bitstream/10419/148068/1/87.238506X.pdf。

③ KATZOROWSKA(2013)引用了初审法院 2006 年 9 月 27 日对阿彻丹尼尔斯米德兰公司诉欧洲共同体委员会案的判决，案件 T-329/01，EU：T：2006：268。

④ FRENZ，2016：135。

⑤ KATZOROWSKA(2013)引用了欧洲法院 1980 年 7 月 10 日对蒸馏酒有限公司诉欧洲共同体委员会案的判决，案件 30/78，EU：C：1980：186 和欧洲法院 1998 年 4 月 28 日对哈维科国际和哈维科股份公司诉伊夫·圣罗兰帕弗姆斯公司案的判决，案件 C-306/96，EU：C：1998：173。

则不适用欧盟法；而根据后者，只要协议针对美国市场，就可以适用美国竞争法。① 这一空白在随后的欧盟判例中得到了填补。

(三) 修正的效果原则

修正的效果原则通常指无论行为者的国籍或行为的实施场所，只要发生在一国域外的行为对本国产生了影响，那么该国就可以对此行为行使管辖权。② 前面提到的案件在提交欧洲法院审理时，就有人提出要采用修正的效果原则。尽管欧盟委员会③和总法务官④发表了确认该原则的声明，但长期以来，欧盟法院一直明确拒绝接受这一原则。这是因为当时欧盟的政治精英，特别是英国的精英们，在美国当局开始实行效果原则时，对其提出了强烈批评。⑤ 法

---

① GRIFFIN J. Foreign governmental reactions to US assertions of extraterritorial jurisdiction[J]. *George Mason Law Review*, 1998, 6(3): 505. WHISH, BAILEY, 2012: 467.

② CLARKE, 2014: 142.

③ 64/233/共同体委员会 1964 年 3 月 11 日关于根据理事会第 17 号条例第 2 条提出的否定许可申请的决定（IV/A-00061-Grosfillex-Fillistorf），OJ 58, 9.4.1964, 915—916; 2006/897/EC: 欧盟委员会 2005 年 1 月 19 日关于根据《欧共体条约》第 81 条和《欧洲经济区协定》第 53 条对荷兰阿克苏诺贝尔跨国公司和其他公司提起诉讼的决定，OJ L 353, 13.12.2006, 12—15。 请参阅 PAPP F Wagner-von, 2017: 311。 另见 Working Party No. 3 on Cooperation and Enforcement. Roundtable on Cartel jurisdiction issues, including the effects doctrine[EB/OL]. (2008-10-21)[2018-01-06]. http://ec.europa.eu/competition/international/multilateral/oecd_submissions.html。

④ 总法务官梅拉斯先生在 1972 年 5 月 2 日帝国化学工业有限公司诉欧洲共同体委员会案中的意见，合并审理案件 48-69-57-69, EU:C:1972:32, 第二部分 A 条及以下条款；总法务官达蒙在阿赫尔斯特罗姆·奥萨基赫蒂奥等人诉欧洲共同体委员会案中的意见，合并审理案件 C-89/85, EU:C:1988:258, 第 4 段及其后段落。

⑤ GRADINE D, REYESEN M, HENRY D. Extraterritoriality, comity and cooperation in EU competition law. [A]// GUZMAN AT. *Cooperation, Comity, and Competition Policy* [C]. Oxford: Oxford University Press, 2011: 21, 26. BRAAKMAN AJ, 2017, 23(4): 257. CANNON R. Laker airways and the courts: a new method of blocking the extraterritorial application of U.S. antitrust laws[J]. *Journal of Comparative Business and Capital Market Law*, 1985, 7(1): 68.

律学术界也大声疾呼，认为其违背了国家主权原则。[1] 近几十年来，大西洋两岸的发展和实践扩大了某些法律的适用范围，出现了某种程度的趋同，国际公法似乎出现了一种"新取向"，即对竞争法中所谓的"治外法权"更为宽容。[2] 在这种背景下，欧盟法院近来明确承认效果原则也就不足为奇了。即便如此，采纳效果原则的过程仍充满了荆棘，从之前欧盟判例法的解释中就能明显看出。

实际上，初审法庭在根科尔案中的推理明显建立在"效果"一词上，以证明2004年1月20日《关于控制企业集中的第139/2004号理事会条例》（以下简称《欧共体并购条例》）的适用性。[3] 该条例规定了欧盟的营业额标准，凡是构成"欧盟层面"的企业集中化交易，企业都必须向欧盟委员会进行集中申报。初审法院认为，作为国际公法问题，在根科尔案中适用《欧共体并购条例》是合理的，这不仅因为根科尔公司在欧共体内有一定的销售量，而且因为"本案满足了（在欧共体）产生直接的、实质性的、可预见的效果这三条标准"[4]。这句话列出了三个限定因素，需要根据具体案件的事实加以核实，以适用效果原则，使欧盟竞争法及其执法机构具有管辖权。

普通法院和欧盟法院的后续实践重申了修正的效果原则。欧盟

---

[1] ROBERTSON A, DEMETRIOU M. "But that was another country…": the extraterritorial application of the US antitrust laws in the US Supreme Court[J]. *International and Comparative Law Quarterly*, 1994, 43(2): 417—425.

[2] BASEDOW J. Competition policy in a globalized economy: from extraterritorial application to harmonization[A]. NEUMANN M, WEIGAND J. *The International Handbook of Competition*[C]. Cheltenham: Edward Elgar, 2004: 321, 323.

[3] OJ L 24, 29.1.2004, 1—22.

[4] 初审法院于1999年3月25日对根科尔矿业有限公司诉欧洲共同体委员会案的判决，案件T-102/96, EU:T:1999:65, 第92-111段。

委员会在英特尔公司案①中的裁决受到质疑，普通法院需要就英特尔公司滥用支配地位一案的管辖权进行裁定。英特尔公司是一家总部设在美国的公司，主要生产计算机处理器。该公司采用附条件的忠诚顾客奖励计划，要求戴尔、联想、惠普、日本电气股份有限公司、宏碁等大型电脑制造商以及大型零售商万得城从英特尔处购买处理器，从而故意将竞争对手美国超威半导体公司生产的处理器排除在市场之外。尽管欧盟委员会的判决激起了关于实质性裁定的辩论，即忠诚返利行为一旦确立，就没有必要通过同等效率竞争者测试来证明其效果，但它也代表着欧盟朝毫无保留地接受修正的效果原则作为外国公司适用欧盟竞争法的备选依据迈出了重要一步。②为了满足欧盟对直接、实质性、可预见的效果的要求，不需要证明实际影响已经发生（即允许没有或暂且没有造成影响），只要证明对共同市场有效竞争结构的威胁已经存在即可，否则委员会确保内部市场竞争运作的任务就无法完全实现。③随后，根据三个限定因素对每一种被禁止的行为类型进行了测试。

英特尔公司向终审法院——欧盟法院提起上诉。欧盟法院关于管辖权的判决④认为，修正效果测试与履行地测试一样，追求的目标是禁止虽未在欧盟实行但可能对欧盟市场产生反竞争影响的行

---

① 普通法院 2014 年 6 月 12 日判决，英特尔公司诉欧盟委员会案，案件 T-286/09，EU:T:2014:547。

② 普通法院 2014 年 6 月 12 日判决，英特尔公司诉欧盟委员会案，案件 T-286/09，EU:T:2014:547，第 231、236 段。

③ 普通法院 2014 年 6 月 12 日判决，英特尔公司诉欧盟委员会案，案件 T-286/09，EU:T:2014:547，第 250-252 段。

④ 欧盟法院 2017 年 9 月 6 日判决，英特尔公司诉欧盟委员会案，案件 C-413/14 P，EU:C:2017:632。

为。这两项测试来自《欧盟运行条约》第101条和第102条。①英特尔辩称，普通法院就英特尔与联想在2006、2007年达成的在中国交付处理器的协议可能在欧盟产生修正效果作出的判决错误。作为回应，欧盟法院首次肯定了欧盟委员会和普通法院的立场，即根据修正效果测试，只要可以预见有关行为对欧盟内部市场会产生直接和实质性的影响，欧盟竞争法的适用就与国际公法一致。在进行这一分析时，有必要将有关行为作为一个整体来考虑。欧盟委员会同意普通法院的观点，即英特尔对联想的行为构成了其整体战略的一部分，该战略旨在阻止美国超威半导体公司进入最重要的销售渠道，从而得出结论，即修正效果测试是可行的。欧盟法院也同意欧盟委员会的观点，如果不这样做，会导致人为分割市场等反竞争行为，也会影响欧盟内部市场结构。②最后，欧盟法院指出，本案的管辖权依据修正效果测试即可判定，为了完整起见，普通法院对履行地测试的应用也进行了审查。③

欧盟法院在英特尔案的判决中首次明确采用了修正的效果原则，证明欧盟竞争法适用于外国公司在境外签订和实施，但对欧盟市场有影响的协议。这种变化不应该给欧盟竞争法域外适用体系带来广泛的结构性变化。以前制定的履行地原则和最近认可的修正的效果原则实际上将涵盖大量案例。只有少数案例，如上文解释过的禁止在欧盟内部销售或禁止从欧盟生产商处购买产品的案例，需要使用修正的效果原则。

---

① 欧盟法院2017年9月6日判决，英特尔公司诉欧盟委员会案，案件C-413/14 P，EU：C：2017：632，第42、45段。
② 欧盟法院2017年9月6日判决，英特尔公司诉欧盟委员会案，案件C-413/14 P，EU：C：2017：632，第48—58段。
③ 欧盟法院2017年9月6日判决，英特尔公司诉欧盟委员会案，案件C-413/14 P，EU：C：2017：632，第62段。

三、数据保护

截至 2018 年 5 月 25 日,欧盟境内保护个人数据的法律文书是《个人数据保护指令》。[1] 之后,《个人数据保护指令》和《电子隐私指令》被《通用数据保护条例》[2] 取代,欧盟数据保护法的地域范围出现了重要变化。必须指出的是,保护个人数据的权利也被纳入《欧盟基本权利宪章》(以下简称《欧盟宪章》)的第 8 条。[3]

(一)《个人数据保护指令》的适用范围

《个人数据保护指令》第 4(1)条规定,其条款适用于以下情况:(a)在欧盟境内设有机构的数据控制者在该机构活动范围内对个人数据的处理;(b)在欧盟之外设立,但基于国际公法成员国的法律对其有管辖权的数据控制者的个人数据处理;[4](c)数据控制者在欧盟之外设立,且为处理个人数据而使用位于成员国领土上的自动设备或其他设备,除非此类设备仅用于通过欧盟领土实现过境

---

[1] 欧洲议会和欧盟理事会 1995 年 10 月 24 日关于个人数据处理及此类数据自由流动的 95/46/EC 指令,OJ L 281, 23.11.1995, 31—50。欧洲议会和欧盟理事会 2002 年 7 月 12 日关于电子通信领域个人数据处理和隐私保护的 2002/58/EC 指令,OJ L 201, 31.7.2002, 37—47,在电信行业对《个人数据保护指令》进行了补充,并在其第 3(1)条中规定,其适用于与在欧盟公共通信网络中提供公共电子通信服务有关的个人数据处理。

[2] 欧洲议会和欧盟理事会 2016 年 4 月 27 日通过的关于保护自然人个人数据及此类数据自由流动的 679 号条例,取代了《个人数据保护指令》95/46/EC, OJ L 119, 4.5.2016, 1—88。

[3] 随着 2009 年 12 月《里斯本条约》的生效,2000 年公布的《欧盟宪章》对欧盟具有法律约束力。OJ C 306, 17.12.2007, 135。《欧盟宪章》符合在欧洲委员会框架内通过的《欧洲人权公约》。

[4] 这一点在《通用数据保护条例》中保持不变,因此将在相应的部分一起论述。

的目的。

不管个人数据是否完全在欧盟境外处理,（a）项中数据控制者的"机构"和（c）项中的"设备"位于欧盟境内,可作为根据第4（1）条对非欧盟数据控制者适用《个人数据保护指令》的地域性触发因素。[1] 第 29 条数据保护工作组建议,就制定适用法律的目的而言,"数据主体的国籍或惯常居住地,或个人数据的物理位置,都不是决定性的"[2]。

1."机构"的标准

欧盟法院在著名的谷歌的被遗忘权案[3]和另外几个欧盟内部案件中对"机构"的概念进行了解释。在被遗忘权案中,一位名为冈萨雷斯的西班牙公民向所属国家数据保护局控诉位于西班牙的谷歌西班牙公司和位于美国的谷歌公司,要求这两家公司删除与他个人相关的网页检索结果,不再为公众通过谷歌搜寻到,西班牙数据保护局随后作出裁定,支持了他的主张。谷歌拒绝执行,并向西班牙上诉法院提起上诉,上诉法院将该案呈递欧盟法院,请其就几个重要问题作出解释,比如,像谷歌这样的全球互联网搜索引擎运营商

---

[1] 根据领土联系适用的是欧盟成员国的国内法,而不是《个人数据保护指令》本身,因为除非依据国内法实施,否则无法对私人当事人产生效力。 但是为了简明起见,且考虑到本章的主题,本章将概括性地论述《个人数据保护指令》的适用性。

[2] 第 29 条数据保护工作组关于适用法律的第 8/2010 号意见: Article 29 Data Protection Working Party. Opinion 8/2010 on applicable law, 0836-02/10/EN WP 179[EB/OL]. [2018-01-06]. http://ec.europa.eu/justice/policies/privacy/docs/wpdocs/2010/wp179_en.pdf.

[3] 欧盟法院 2014 年 5 月 13 日对谷歌西班牙公司和谷歌公司诉西班牙数据保护局和西班牙公民马里奥·科斯特亚·冈萨雷斯案的判决,案件 C-131/12, ECLI:EU:C:2014:317。

是否受欧盟数据保护法约束。① 欧盟法院指出，在搜索结果页面上显示个人数据本身就构成了对这些数据的处理，互联网搜索引擎运营商因此应当被定性为数据控制者，② 随后欧盟法院根据《个人数据保护指令》第4（1）（a）条的规定审查了欧盟数据保护法的地域范围。

　　谷歌公司辩称，个人数据处理完全由经营谷歌搜索的谷歌公司进行，谷歌西班牙公司没有进行任何干预，其活动仅限于为谷歌集团的广告业务提供支持，这与搜索引擎服务是分开的。欧盟法院驳回了谷歌公司的这一说法，认为谷歌西班牙公司是谷歌在西班牙领土上的子公司，是所引用条款以及《个人数据保护指令》序言第19条含义范围内的"设立的机构"，根据该条款，"在成员国领土上设立机构意味着通过稳定的安排真实有效地开展经营活动"。③ 欧盟法院通过运用广义上的目的论的解释方法提出，由于谷歌对个人数据的处理是谷歌西班牙公司在西班牙境内进行的，因此满足了第

---

　　① 这一判决或许更广为人知的是，确立了数据主体要求互联网搜索引擎不使用个人姓名来触发某些互联网页面的权利，该权利被赋予了许多不同的名称，包括"删除权""被除名权""擦除权""遗忘权"和"被遗忘权"。 请参见相关文献，如 GILBERT F. The right of erasure or right to be forgotten: what the recent laws, cases, and guidelines mean for global companies[J]. *Journal of Internet Law*, 2015, 18(8): 14; LINDSAY D. The "right to be forgotten" by search engines under data privacy law: a legal analysis of the Costejaruling[J]. *Journal of Media Law*, 2014, 6(2): 159。

　　② 批判性评估参见 SARTOR G. Search engines as controllers: in convenient implications of a questionable classification [J]. *Maastricht Journal of European and Comparative Law*, 2014, 21(3): 564。

　　③ 欧洲法院 2014 年 5 月 13 日对谷歌西班牙公司和谷歌公司诉西班牙数据保护局和西班牙公民马里奥·科斯特亚·冈萨雷斯案的判决，案件 C‐131/12, ECLI:EU:C:2014:317,第 48、49 段。 批判性评估参见 ALSENOY B V, KOEKKOEK M. Internet and jurisdiction after Google Spain: the extraterritorial reach of the "right to be delisted"[J]. *International Data Privacy Law*, 2015, 5(2): 105,109。

4(1)(a)条的其他要求。① 谷歌作为搜索引擎的运营商,其活动与谷歌西班牙公司的活动"密不可分",因为谷歌西班牙公司主营的在线广告业务收益是谷歌搜索维持长期运行的重要物质基础,而谷歌搜索引擎也是谷歌西班牙公司开展业务的工具和载体。② 这与第 29 条工作组在 2008 年声明的内容一致,即如果搜索引擎供应商在成员国设立办事处,且向该国居民销售定向广告,则数据处理操作是在其商业存在的"活动范围内"进行的。③ 再举一例,由一家美国公司经营的新闻门户网站向欧盟的个人提供"仅订阅"服务,个人必须向该服务在欧盟的机构提供个人数据。在这种情况下,美国公司在欧盟提供在线服务而进行的个人数据处理是在欧盟商业存在的活动范围内进行的,因为这种处理与欧盟机构的订阅管理活动有"不可分割的联系"——只有通过欧盟商业存在才能在欧盟访问美国的在线报纸。④ 欧盟法院补充道,如果为了缩小《个人数据保护指令》的地域范围而作出相反的解释,那么个人的基本权利和自

---

① 有人建议,在评估这一要求时,必须考虑参与活动的程度及其性质。 见第 29 条数据保护工作组关于适用法律的第 8/2010 号意见。 然而,欧洲法院在谷歌的遗忘权案的判决中并未提及这些标准。

② 欧洲法院 2014 年 5 月 13 日对谷歌西班牙公司和谷歌公司诉西班牙数据保护局和西班牙公民马里奥·科斯特亚·冈萨雷斯案的判决,案件 C-131/12,ECLI:EU:C:2014:317,第 56 段。

③ 第 29 条数据保护工作组关于与搜索引擎相关的数据保护问题的第 1/2008 号意见:Article 29 Data Protection Working Party. Opinion 1/2008 on Data Protection Issues Related to Search Engines,00737/EN/WP 148 [EB/OL]. [2018-01-06]. http://ec.europa.eu/justice/data-protection/article-29/documentation/opinion-recommendation/files/2008/wp148_en.pdf.

④ 根据欧盟法院在谷歌西班牙案的判决更新适用法律的第 8/2010 号意见-WP 179 更新,2015 年 12 月 16 日,176/16/EN,WP 179 更新,http://ec.europa.eu/justice/data-protection/article-29/documentation/opinion-recommendation/files/2015/wp179_en_update.pdf,12.

由，特别是受《个人数据保护指令》和《欧盟宪章》保护的个人数据隐私权，将得不到全面有效的保护。[1]

欧盟法院在该案中对《个人数据保护指令》适用范围的裁决引起了不同的反应。有的严厉反对将欧盟的监管制度强加于非欧盟国家的数据控制者，因为这会对"基于网络的商业活动产生潜在而广泛的影响"[2]；有的不愿意接受欧盟法院的干预，"想用过时的法律文书保护个人数据"[3]；有的谨慎地接受，认为此举是"欧盟在人权法下对欧盟境外处理的公民个人数据加强保护的体现"[4]；还有的持赞成态度，认为该判决有利于"有效保护个人数据"[5]。无论人们持何种观点，该裁决毫无疑问给互联网商业环境带来了新的影响，但这种影响还没有大到导致谷歌在欧盟的业务重组。[6] 其他领

---

[1] 欧盟法院于2014年5月13日对谷歌西班牙公司和谷歌公司诉西班牙数据保护局和马里奥·科斯特亚·冈萨雷斯案的判决，案件 C-131/12, ECLI:EU:C:2014:317，第53、54段。

[2] WOLF C. Impact of the CJEU's right to be forgotten: decision on search engines and other service providers in Europe[J]. Maastricht Journal of European and Comparative Law, 2014, 21(3): 547.

[3] De HERT P, PAPAKONSTANTINOU V. Google Spain: addressing critiques and misunderstandings one year later[J]. Maastricht Journal of European and Comparative Law, 2015, 22(4): 630.

[4] TAYLOR M. The EU's human rights obligations in relation to its data protection laws with extraterritorial effect[J]. International Data Privacy Law, 2015, 5(4): 246, 256.

[5] HIJMANS H. Right to have links removed: evidence of effective data protection[J]. Maastricht Journal of European and Comparative Law, 2014, 21(3): 555.

[6] 由丹·杰克·斯万特森提出。SVANTESSON D J B. Extraterritoriality and targeting in EU data privacy law: the weak spot undermining the regulation[J]. International Data Privacy Law, 2015, 5(4): 226, 230.

域也有类似的做法。① 随后，欧盟法院判例法在解释第 4（1）（a）条时作了一些微调，最相关的判例法仍有待确定。

韦尔蒂莫案中，欧盟法院认为，韦尔蒂莫公司在匈牙利从事真实有效的活动（其网站以匈牙利市场为目标，用匈牙利语宣传房产，收取费用），公司对数据的处理（在其网站公布与房产业主有关的数据，并开具广告发票）也是在该机构的"活动范围内"，据此判定，在斯洛伐克正式注册并不妨碍匈牙利数据保护机构根据第 4（1）（a）条适用匈牙利法律。② 该案之后，欧盟法院在消费者保护机构案中裁定，亚马逊欧盟公司（在卢森堡注册并通过顶级域名".de"网站面向奥地利消费者的公司）可以在卢森堡以外的欧盟成员国设立机构。此判定主要依据"通过稳定的安排真实有效地开展经营活动，即使活动量很小"，活动不必须设立子公司或分支机构，但不能仅仅设有访问网站。③ 在评估一家公司在欧盟成员国内是否有"机构"时，必须评估安排的稳定性以及在欧盟成员国有效开展活动的情况。④ 在这一判决中，欧盟法院只是重复了国家当局在确定活动性质时所采用的标准，而对性质本身没有给出定论。这

---

① 例如，参见 Equustek 技术公司诉讼案，2014 BCSC 1063（CanLII），第 59 段（法院援引谷歌的被遗忘权案中对"不可分割的联系"的判决，支持加拿大法院对谷歌公司的领土管辖权，并申请临时禁令限制谷歌公司和谷歌加拿大公司在谷歌搜索引擎生成的搜索结果中索引或引用被告的网站）。
② 欧盟法院于 2015 年 10 月 1 日对韦尔蒂莫公司诉国家数据保护和信息自由管理局案的判决，案件 C-230/14，EU:C:2015:639，第 30—38 段。
③ 欧盟法院于 2016 年 7 月 28 日对消费者保护机构诉亚马逊欧盟卢森堡有限责任公司案的判决，案件 C-191/15，EU:C:2016:61，第 75—77 段。
④ 欧盟法院于 2015 年 10 月 1 日对韦尔蒂莫公司诉国家数据保护和信息自由管理局案的判决，案件 C-230/14，EU:C:2015:639，第 29 段；欧盟法院于 2016 年 7 月 28 日对消费者保护机构诉亚马逊欧盟卢森堡有限责任公司案的判决，案件 C-191/15，EU:C:2016:61，第 77 段。

一判决正好发生在跨国公司纷纷在卢森堡设立分公司或办事处,以获得优惠的税收政策,同时在一个或多个其他欧盟成员国开展业务的时期。[1]

欧盟法院审理的另一个案件——脸书粉丝专页案,沿着谷歌的被遗忘权案的思路提出了一些有趣的问题。该案件涉及脸书采用的"网络追踪"技术,即出于商业和营销目的观察和分析脸书用户在互联网上的行为。法律适用问题围绕脸书内部特殊的公司结构展开,这使本案与谷歌的被遗忘权案有所不同。脸书公司是一家提供社交网络服务的美国公司,在欧盟境内有几个子公司,如脸书爱尔兰公司负责数据保护,其他几个子公司负责销售广告空间。脸书与谷歌一样,向用户提供服务,不收取任何实际费用,但以用户个人数据的使用权作为交换,从而优化广告服务,获取社交网络服务的资金,实现商业闭环。除了是否有资格成为控制者外,脸书公司、脸书德国和脸书娱乐页面的用户这三个实体本身就存在争议。总法务官伯特在其意见中指出,[2] 通过考察适用第4(1)(a)条的因素,可得出结论,德国的数据保护局在本案中应适用德国法律。理由在于脸书德国在汉堡有一个注册办事处并通过该办事处开展业务,这符合"机构"的限定条件。鉴于脸书德国负责向德国的脸书

---

[1] 见欧盟委员会案例,SA.38944 $——卢森堡免征亚马逊卢森堡子公司企业所得税的国家援助,http://ec.europa.eu/competition/elojade/isef/case_details.cfm?proc_code=3_SA_38944。目前未见该案判定的官文,请参阅2017年10月4日的新闻稿,欧盟委员会在该新闻稿中指出,卢森堡向亚马逊提供了约2.5亿欧元的不当税收优惠,并认为这在欧盟国家援助规则下是非法的,因为它使亚马逊支付的税款比其他企业少得多。

[2] 总法务官伯特于2017年10月24日发表意见,石勒苏益格-荷尔斯泰因独立数据保护中心诉石勒苏益格-荷尔斯泰因州经济学院有限公司案,联邦行政法院联邦利益代表脸书爱尔兰有限公司出席,案件C-210/16,EU:C:2017:796。

用户进行营销，数据是在脸书德国的"活动范围内"处理的。① 因此，检察长摒弃了强调爱尔兰办事处只有在专门被指定为欧盟范围内的控制者时才符合第 4（1）（a）条的意见。他认为，数据处理也发生在德国子公司运营的"范围内"，他再次强调了数据处理和广告收入之间的经济联系，这是欧盟法院在谷歌的被遗忘权案判决中确立的。

第 29 条数据保护工作组在其关于适用法律的最新《意见》中也确认，谷歌被遗忘权案判决适用的范围不仅限于搜索引擎。② 该判决不仅适用于在欧盟范围内提供"免费服务"的非欧盟公司，这类公司通过收集用户的个人数据获利（如用于广告业务），也适用于在欧盟提供服务以换取会员费或订阅费的非欧盟公司，如寻求捐赠的公司，只要这是在欧盟的一个或多个机构"范围内"进行的。③ 第 29 条数据保护工作组早先提供的一个案例涉及一个总部在非欧盟成员国的社交网络平台和一个位于成员国内的机构，后者定义和实施与数据处理有关的政策，并针对所有欧盟成员国的居民，这些居民构成其客户和收入的重要部分。在这种情况下，《意见》

---

① 总法务官伯特于 2017 年 10 月 24 日发表意见，石勒苏益格-荷尔斯泰因独立数据保护中心诉石勒苏益格-荷尔斯泰因州经济学院有限公司案，联邦行政法院联邦利益代表脸书爱尔兰有限公司出席，案件 C-210/16，EU：C：2017：796，第 89—107 段。

② 关于"限制范围"，建议阅读丹杰克·斯文特森对谷歌的被遗忘权案判决的解读。SVANTESSON D J B. Article 4(1)(a) "establishment of the controller" in "EU data privacy law-time to rein in this expanding concept?"[J]. *International Data Privacy Law*, 2016, 6(2)：215.

③ 2015 年 12 月 16 日，欧盟法院对谷歌被遗忘权案判决与相关适用法律更新意见 8/2010-WP179 更新，176/16/EN，WP 179 update，http://ec.europa.eu/justice/data-protection/article-29/documentation/opinion-recommendation/files/2015/wp179 _en_update.pdf，5。

指出，根据第 4（1）（a）条，适用的法律是该公司设立地的法律，即欧盟法。值得注意的是，这一案例与在欧盟单一机构的背景下进行处理的情况有关。① 在同一《意见》中，第 29 条数据保护工作组还分析了这样一个案例：一个来自欧盟外的互联网服务供应商在多个欧盟成员国设有机构，位于匈牙利的数据中心只参与技术维护，位于不同欧盟成员国的商业办事处负责组织一般的广告活动，而在爱尔兰的办事处是欧盟内从事有效处理个人数据活动的唯一机构。得出的结论是，爱尔兰办事处的活动触发了欧盟数据保护法的适用，在爱尔兰办事处活动范围内进行的数据处理适用爱尔兰数据保护法，无论处理是在葡萄牙、意大利或任何其他成员国进行。另外，匈牙利的数据中心在处理用户数据时也必须遵守爱尔兰的数据保护法。工作组还解释了设在其他成员国的商业办事处的适用法律。如果他们的活动仅限于一般的非针对用户的广告活动，不涉及处理用户的个人数据，则不受欧盟数据保护法的约束。如果处理数据的活动范围涵盖其机构设立所在的其他国家（如为了商业目的向用户和潜在用户发送有针对性的广告），则必须遵守当地的数据保护法。② 这与谷歌的被遗忘权案的判决不一致，欧盟法院在被遗忘权案中指出，《个人数据保护指令》第 4（1）（a）条并不要求有关

---

① Article 29 Data Protection Working Party. Opinion 8/2010 on applicable law, 0836-02/10/EN WP 179: 14; 根据欧盟法院对谷歌被遗忘权案判决与适用相关适用相关法律更新意见 8/2010-WP 179 更新，第 2 页，如果企业在欧盟设有多个机构，那么依据"不可分割的联系"，其社交网络可能根据第 4（1）（a）条受相应成员国法律的约束。

② Article 29 Data Protection Working Party. Opinion 8/2010 on applicable law, 0836-02/10/EN WP 179: 16—17.

机构自己处理个人数据,只要求在机构的"活动范围中"进行。[①]如果欧盟法院的分析与检察长伯特在脸书粉丝专页案中的意见不同,那着实令人惊讶。但也引发了一个有趣的政策思考,即脸书爱尔兰的存在已经确保欧盟法律适用于脸书在欧盟的业务,不需要对《个人数据保护指令》的地域范围进行宽泛的解释,以保护欧盟本土公司免受脸书竞争优势的影响,保证其基本权利得到有效而全面的保护。[②] 事实上,脸书粉丝专页案的困境在于适用德国法律还是爱尔兰法律,而不是适用德国法律或非欧盟成员国的法律。

在技术层面上,谷歌被遗忘权案的推理与界定欧盟竞争法适用范围所采用的理论存在某些相似之处。欧盟法院强调了两家公司在网络搜索和广告活动上的经济联系,从而"顺藤摸瓜",[③] 在"单一经济体"的概念上定夺。[④] 同样,评论也指出,欧盟法院的解释与效果原则相兼容,[⑤] 属于客观属地管辖范畴。[⑥]

2. "设备"的标准

第4(1)(c)条规定,如果控制者"使用位于成员国领土上的自动设备或其他设备",无论其是否在其他地方设立机构,都应

[①] 欧盟法院2014年5月13日的判决,谷歌西班牙公司和谷歌公司诉西班牙数据保护局和马里奥·科斯特亚·冈萨雷斯案,案件C-131/12, ECLI:EU:C:2014:317,第52段。

[②] SVANTESSON, 2016:216.

[③] STUTE, 2015:662.

[④] 请参阅欧盟法律顾问贾斯金恩在2013年6月25日谷歌西班牙公司和谷歌公司诉西班牙数据保护局和马里奥·科斯特亚·冈萨雷斯案中的意见,案件C-131/12, EU:C:2013:424,第66段。

[⑤] ALSENOY, KOEKKOEK, 2015:109.

[⑥] TAYLOR M. Permissions and prohibitions in data protection jurisdiction [C]. Brussels privacy hub working paper.2016,2(6):14. http://brusselsprivacyhub.eu/BPH-Working-Paper-VOL2-N6.pdf.

适用执行《个人数据保护指令》的成员国的法律。为确保第 4 条的一致性,避免数据保护法适用中的漏洞,如果欧盟内存在控制者机构,且该机构不是第 4(1)(c)条所述的相关机构,或数据处理不是在此类机构的"活动范围下"进行,则不应阻止第 4(1)(c)条的适用。①

《个人数据保护指令》第 4(1)(c)条中的"使用位于成员国领土上的自动设备或其他设备"的标准似乎与履行地原则有些接近,区别在于,在竞争法的执行中使用的是经济设备,而在数据保护案件中关注的是技术设备。

第 29 条数据保护工作组在提供有关《个人数据保护指令》第 4(1)(c)条的指南时指出,只有当网站在欧盟以外设立但使用欧盟境内的设备保护个人数据处理(特别是数据收集)时,才能最大限度保护个人权益。工作组对"机构"和"设备"的解释采取了相对谨慎的态度。"设备"的定义排除了仅用于过境运送目的的设备,如网络后台、电缆等。② "使用"的概念预设了两个要素:控制者的某种活动和控制者处理个人数据的明确意图。③ 此外,第 29 条数据保护工作组阐明,对于"控制者使用设备处理个人数据"

---

① Article 29 Data Protection Working Party. Opinion 8/2010 on applicable law, 0836-02/10/EN WP 179: 29.

② 第 29 条数据保护工作组关于确定欧盟数据保护法对非欧盟网站在互联网上处理个人数据的国际适用工作文件: Article 29 Data Protection Working Party. Working document on determining the international application of EU Data Protection Law to personal data processing on the Internet by non-EU based web sites, 30 May 2002, 5035/01/EN/Final, WP 56: 9[EB/OL].[2018-01-06].http://ec.europa.eu/justice/dataprotection/-article29/documentation/opinion-recommendation/files/2002/wp56_en.pdf.

③ Article 29 Data Protection Working Party. Opinion 8/2010 on applicable law, 0836-02/10/EN WP 179: 29.

的认定,并不取决于控制者是否对"设备"拥有实际所有权甚至控制权,并举了两个例子:(a)一家在欧盟境外成立的公司,通过位于欧盟的由用户个人电脑创建并存储在同一台电脑上的cookies(储存在用户本地终端上的数据)收集个人数据,或(b)一家在欧盟境外成立的广告公司与搜索引擎公司签订合同,使用java脚本连接到用户的个人电脑,以收集个人数据来为该特定用户显示个性化广告。在这两种情况下,工作组将用户的个人电脑视为"控制者使用的设备"①。没有理由从"设备"中排除不纯粹用于过境目的的设备,如分组交换机和调制解调器。只要用户的个人电脑或其他电子设备位于欧盟,则立即触发欧盟个人数据保护法的适用。这一做法在技术层面受到了批评,② 被称为"多此一举、功能失调"③,而也有人认为,坚持与欧盟区域的"物理连接"充分证明了这一触发条件的合理性。④

从上例可以看出,个人电脑的位置才是关键,使用电脑的个人不必是欧盟公民,也不一定实际居住在欧盟。因此,受影响的个人可能是美国或中国国民,他们将享有与任何欧盟公民同等水平的个人数据保护。虽然可能被视为欧盟数据保护法的长臂管辖,但根据

---

① Article 29 Data Protection Working Party. Opinion 8/2010 on applicable law, 0836-02/10/EN WP 179: 10—12.

② MOEREL L. The Long arm of EU Data Protection Law: does the data protection directive apply to the processing of personal data of EU citizens by websites worldwide? [J]. *International Data Privacy Law*, 2011, 1(1): 28, 38.

③ SVANTESSON D J B. The extraterritoriality of EU data privacy law—its theoretical justification and its practical effect on U.S. businesses[J]. *Stanford Journal of International Law*, 2014, 50(1): 53, 73.

④ MAIER B. How has the law attempted to tackle the borderless nature of the Internet? [J]. *International Journal of Law and Information Technology*, 2010, 18(2): 163.

非歧视原则，这是合理的，即所有人，无论国籍，都应享有数据保护的权利。[1]

其他一些案例也可以说明《个人数据保护指令》的适用范围。比如，一家位于新西兰的公司在包括欧盟成员国在内的全球范围内使用汽车收集无线网络接入点的信息，向客户提供地理定位服务，这一行为往往涉及个人数据的处理。根据第4（1）（c）条，《个人数据保护指令》的适用将以两种方式触发：第一，在欧盟境内街道上行驶时收集无线网络信息的汽车可视为设备；第二，向个人提供地理定位服务时，控制者也将使用个人的移动装置（通过安装在设备中的专用软件）作为设备，以提供设备位置的实际信息。另一个例子与云计算有关，在云计算中，个人数据被处理并存储在世界各地的服务器上。数据的具体定位并不确切，可能随着时间的推移而改变，但这对于法律适用并不具有决定性影响。根据第4（1）（c）条，只要相关"设备"位于欧盟领土上即可。这里举一个云服务提供商作为数据控制者的例子。某云服务提供商提供一个在线议程，用户可上传所有的个人会议，云服务为其提供诸如会议和联系人同步之类的增值服务。重要的是，"设备"的使用是在欧盟境内进行。[2] 由于担心对"设备使用"条款的解释倾向于扩大《个人数据保护指令》的适用范围，可能导致欧盟数据保护法适用于与欧盟仅存在有限联系的案件（如在欧盟境外设立的控制者使用欧盟境内的

---

[1] Article 29 Data Protection Working Party. Working document on determining the international application of EU Data Protection Law to personal data processing on the Internet by non-EU based web sites, 30 May 2002, 5035/01/EN/Final, WP 56: 7.相关评论见 MOEREL, 2011: 29.

[2] Article 29 Data Protection Working Party. Opinion 8/2010 on applicable law, 0836-02/10/EN WP 179: 21-22.

设备，处理非欧盟居民的数据），第29条数据保护工作组对该标准的适用提出了进一步的条件，将特定关联因素限定在特定地域内的个人上，旨在为未来的数据保护框架带来更大的确定性。[1] 以下部分将揭示《通用数据保护条例》是如何解决这些问题的。

（二）《通用数据保护条例》的适用范围

《通用数据保护条例》为欧盟的个人数据保护监管方案带来了重要变化。除了出台针对整个欧盟市场的法律、增加罚款、加强许可条件以及其他一些实质性和程序性的变化外，《通用数据保护条例》的生效还意味着扩大欧盟数据保护法的适用范围。

可能因为《通用数据保护条例》的地域适用范围不够明确、"设备的标准"应用不尽如人意，也可能是由于谷歌的被遗忘权案对"机构活动范围内"数据处理的解释招致了批评，立法者倾向于通过引入改进的或创新的规则以提高法律一致性和确定性。《通用数据保护条例》第3条从3个层面对"地域适用范围"进行了限定：机构、主体所在地和国际法。《通用数据保护条例》为自然人提供保护，无论其国籍或居住地。[2]

1. "机构"的标准

根据第3（1）条，《通用数据保护条例》适用于在欧盟内部设立的数据控制者或处理者对个人数据的处理，不论其实际处理行为是否在欧盟内进行。该条款进一步说明，设立机构意味着通过稳定的安排真实有效地开展活动，无论是以分支机构或具有法人资格的

---

[1] Article 29 Data Protection Working Party. Opinion 8/2010 on applicable law, 0836-02/10/EN WP 179: 24.

[2] 《通用数据保护条例》第14条。

子公司的形式开展活动。① 这基本上是《个人数据保护指令》第 4（1）（a）条内容的延伸，其明确指出处理不需要在欧盟境内进行，似乎不过是对前一规定的简单重申。

根据《个人数据保护指令》第 4 条，数据处理只适用于控制者，而根据《通用数据保护条例》第 3（1）、（2）条，数据处理不仅适用于控制者，也适用于处理者。这两个概念在两个法律文书中的内涵基本相同：数据控制者决定数据处理的目的和方式，数据处理者则代表控制者来处理个人数据。② 通过增加处理者的设立地点作为标准，扩大《通用数据保护条例》的适用范围。最大覆盖范围由下面"主体位置"标准来保证。

2."主体位置"标准

《通用数据保护条例》第 3（2）条规定，本条例适用于如下相关活动中的个人数据处理，即使数据控制者或处理者不在欧盟设立：（a）为欧盟境内的数据主体提供商品或服务，无论此类商品或服务是否要求数据主体支付对价；或（b）对发生在欧盟境内的数据主体的活动进行监控。

上述（a）项和（b）项有一个共同的要求，对"欧盟境内"个人数据的处理。这是最终的立法选择，放弃了先前关于个人"须居住在欧盟境内"的提案，③ 旨在解决《个人数据保护指令》中

---

① 《通用数据保护条例》第 22 条。
② 将《个人数据保护指令》第 2（d）和第 2（e）条与《通用数据保护条例》第 4（7）和第 4（6）条进行比较。有关这些概念的更多信息，请参见第 29 条数据保护工作组关于"控制者"和"处理者"概念的第 1/2010 号意见：Article 29 Data Protection Working Party. Opinion1/2010 on the concepts of "controller" and "processor", 00264/10/EN WP 169, 16 February 2010.
③ 至少西班牙语版本错误地保留了早期表述"须居住在欧盟境内"。

"设备"标准的影响范围问题，特别是其可能适用非欧盟居民。[1] 虽然确定个人是否居住在欧盟可能存在困难，但确定个人的所在地更是难上加难。即便有些应用程序（如地理定位器）有助于实现这一任务，但并不总是使用甚至没法用。自然人的位置可能比居住地的位置更容易发生改变。这就产生了时间上的冲突：如果数据处理过程中位置发生变化怎么办？例如，相关主体在开始处理数据（例如收集并记录数据）时不在欧盟境内，但不久之后回到欧盟并在欧盟境内完成大部分数据处理工作（例如构建、咨询或传播数据）。反之亦然，处理开始时位于欧盟境内的人员可以改变其所在地，大部分处理数据的时间留在欧盟境外，直到完成处理才返回欧盟。假设在现有规则下最大限度地适用欧盟法律是符合利益的，那么至少有两种可能的方法：一种是诉诸法律的部分适用，使主体在欧盟境内时进行的处理操作受欧盟法律管辖，而主体在欧盟境外进行的处理操作则不受管辖；另一种是整体的方法，只要主体在处理过程中的任何时候位于欧盟境内即欧盟法律适用。从表面上看，尽管部分适用的方法似乎更具预见性，对控制者和处理者的负担也更小，但在实践中，可能产生与整体方法相同的结果。因此，即便遵循"较小恶原则"，也无法在两者之间作出选择。

（b）项的附加条件在某种程度上表明，立法者倾向于采用部分的方法。"对发生在欧洲范围内的数据主体的活动进行监控"这样的措辞，可以理解为将适用范围限制在"行为发生在欧盟境内"。这里使用地点范围而非时间范围的表述可能完全是出于偶然，但立法者确实没有指明这两种条件下的具体时间。从整体上看，（b）项

---

[1] TAYLOR, 2016, 2(6): 21-22.

的条件显然是为了界定具体商业活动与欧盟存在的地域联系。(a)项中的条件是"为欧盟境内的数据主体提供商品或服务",其中"数据主体"限定为"欧盟境内的数据主体",整句的内容是"在欧盟向欧盟境内的〔……〕此类数据主体提供商品或服务"。所以,最后一个短语"在欧盟"描述的是"提供商品或服务",而不是"数据主体",后者已经被"此类"一词修饰。因此,将相关时刻与向有关数据主体提供商品或服务的时刻联系在一起,并不是从该条款的措辞中得出的。在(a)项和(b)项中,立法者的明显意图是略微缩小原本宽泛的地域适用范围。这种宽泛范围背后的意图是确保自然人根据《通用数据保护条例》有权获得的保护不被剥夺,即使控制者或处理者不在欧盟境内。

根据第3(2)(a)条,如果数据处理涉及在欧盟向欧盟境内的数据主体提供商品或服务,则无论是否涉及支付行为,均应适用《通用数据保护条例》。为了确定控制者或处理者是否向处于欧盟的数据主体提供商品或服务,《通用数据保护条例》序言建议,应查明控制者或处理者是否有意图向一个或多个欧盟成员国的数据主体提供服务。① 可能受第29条数据保护工作组的启发,② 《通用数据保护条例》引入了"目标指向"原则,旨在进一步缩小管辖范围。

---

① 《通用数据保护条例》第23条。

② Article 29 Data Protection Working Party. Opinion 8/2010 on applicable law, 0836-02/10/EN WP 179:24.有人建议,"可执行性"不是目标,而是更适合缩小欧盟数据保护法的地域范围的标准。 参见 KUNER C. Extraterritoriality and regulation of international data transfers in EU Data Protection Law[J]. International data privacy law, 2015, 5(4):236,244-245.

到目前为止,目标指向原则①已在欧盟法院的司法实践中得到采用,这种实践与确定互联网活动产生的义务的国际管辖权有关,最引人注目的是帕默尔案②和足球数据有限公司案③。案件判定,消费者能够通过境外商家网站获取产品信息不足以构成在该成员国开展商业活动的条件。同样地,仅仅在欧盟境内访问控制者、处理者或中介机构的网站,或通过电子邮件或其他联系方式联系,或使用控制者所在的第三国的通用语言,都不足以证明控制者或处理者有明确的意图在欧盟境内提供服务。相反,如果使用某个或多个欧盟成员国的语言或货币,并以该种语言订购商品和服务,或涉及欧盟境内的客户或用户,则可能证明控制者有明确的意图向欧盟境内的数据主体提供商品或服务。④ 尽管采用在消费者和知识产权案件中经过测试的现成的互联网解决方案看似为不错的选择,但不确定是否能确保预期的法律确定性。其主要缺陷在于测试的主观性和数据保护方面各标准的非适用性。⑤ 然而,有学者认为,将各种"目标指向"标准调配在一起,"可以提供一种强有力的,或至少不那么脆弱的,与触发管辖权的联系"。⑥

---

① 有关在另一种情况下定位但仍与本次讨论相关的意图的分析,请参见 KUNDA I. Competencia Judicial Internacional Sobre Violaciones de Derechos de Autory derechos Conexos en Internet[J]. Anuario Español de Derecho Internacional Privado, 2014(13):457-485。

② 欧盟法院,2010 年 12 月 7 日的判决,彼得·帕默尔诉里德雷·卡尔·施吕特有限责任公司和阿尔彭霍夫酒店公司诉奥利弗·海勒案,合并审理案件 C-585/08 and C-144/09,EU:C:2010:740,第 47 段及其后段落。

③ 欧盟法院,2012 年 10 月 18 日的判决,足球数据有限公司、苏格兰超级联赛有限公司、苏格兰足球联赛和 PA 体育英国有限公司诉斯波特雷达股份公司案,案例 C-173/11,EU:C:2012:642,第 33 段及其后段落。

④ 《通用数据保护条例》第 23 条。

⑤ SVANTESSON, 2015, 5(4):231-232.

⑥ TAYLOR, 2016, 2(6):18.

如果处理与"监控此类数据主体在欧盟境内的行为"有关，则非欧盟境内的控制者或处理者对欧盟境内数据主体的个人数据处理也受《通用数据保护条例》管辖。为了确定数据处理行为是否可被视为"对数据主体的监控行为"，立法者在《通用数据保护条例》序言中建议，要确定是否通过互联网对自然人进行跟踪，并通过客户画像等手段作出决策或分析或预测个人偏好、行为和态度。[①] 然而，该条款似乎存在循环。其中"只要其行为发生在欧盟境内"的部分似乎是多余的，因为"欧盟境内的数据主体"的一般条件已经涵盖这一层意思。很难想象一个人的行为发生在欧盟境内，而这个人却不在欧盟。如果这个条件是指在欧盟范围内"生效"的行为，情况就完全不同了，但这与条款的意思相去甚远。[②] 学者对《通用数据保护条例》第3（2）条规定进行界定时所得出的结论逐渐从属地问题向自然人问题倾斜。[③]

3. 国际法依据

《通用数据保护条例》第3（3）条规定，本条例适用于在欧盟之外设立，但基于国际公法成员国的法律对其有管辖权的数据控制者的个人数据处理。这与《个人数据保护指令》第4（1）（b）条的规定完全对应，即《通用数据保护条例》适用于在欧盟以外设立的控制者，如欧盟成员国的外交使团、大使馆或领事馆，或悬挂欧盟成员国旗帜的船只和飞机。

---

① 《通用数据保护条例》第24条。
② 有令人信服的论据表明《通用数据保护条例》不属于修正的效果原则的范畴。TAYLOR，2016，2(6)：19。
③ 见Taylor，2016，2(6)：23；以及SVANTESSON D J B. *Extraterritoriality in Data Privacy Law*[M]. Copenhagen：Ex Tuto Publishing，2013：141-142。

四、结语

考察欧盟竞争法和数据保护法地域适用范围相关规则的发展历程，可以看出，技术进步和社会发展为商业模式、结构、规模和战略带来了深刻变革，相关规则随之发生了重大变化。欧盟成员国共同构成了一股重要的经济力量，所追求的价值也得到了欧盟宪法或国际社会认可，[1] 欧盟法律范围不断扩大，得益于比较法的发展以及国际公法原则的逐步放宽。

虽然在竞争法领域，单一经济体原则已经确立，并为欧盟竞争法提供了相对广泛的地域适用范围，但其规定外国公司必须在欧盟境内设有子公司，导致适用受限。履行地原则将管辖权进一步延伸至适用于欧盟境外公司所签订的禁止性协议，但前提是这些协议需在欧盟境内实施。这种"变相的效果原则"[2] 是对修正的效果原则的铺垫。修正的效果原则就外国公司在境外签订和实施面向非欧盟客户但对欧盟市场有影响的协议是否属于欧盟竞争法管辖范畴的问题提供了肯定的解答，但前提是所涉效果具有直接性、实质性和可预见性。

在数据保护方面，《个人数据保护指令》的适用法律方案在

---

[1] 虽然个人数据保护权被视为一项人权（有时被赋予不同的概念或法律标签），但在欧盟，自由竞争被视为一项宪法价值。De STREEL A. The antitrust activism of the European Commission in the telecommunication sector[A]. LOWE P, MARQUIS M. *European Competition Law Annual* 2012: Competition, Regulation and Public Policies[C]. Oxford: Hart Publishing, 2014: 197.

[2] BASEDOW J. International antitrust: from extraterritorial application to harmonization[J]. *Louisiana Law Review*, 2000, 60(4): 1040.

《通用数据保护条例》实施后发生了变化。尽管国际法的标准保持不变，且"机构"的触发条件仅稍作完善，但"设备"的触发条件件已被一个完全不同的概念所取代，该概念集合了两项要求——"数据主体在欧盟境内"和"数据处理者与控制者在欧盟的活动有关"。这两项要求与目标指向原则相结合，要求控制者有意图向欧盟成员国的数据主体提供服务，并采取行动实现这一意图，仅仅提供接触途径是不足以证明意图的。这三大要素的总体目标是将更多的非欧盟公司纳入《通用数据保护条例》的保护伞下，以确保欧盟境内的所有个人都能无差别地享受上述基本权利。

但是，欧盟法律领土范围的扩大同时带来了合规性问题。《通用数据保护条例》也许能提供一站式服务，但这种服务是有代价的。同样，欧盟在创建和维护竞争性市场结构方面的期望看似有利于大型的、成熟的、持久的市场参与者，实际上可能使其身陷巨额诉讼。到目前为止，美国公司受到的影响最大，但可以预见的是，未来来自中国和印度等其他大型经济体的公司可能成为焦点。因此，对于那些想努力进入或继续留在全球市场的非欧盟国家的公司来说，紧跟欧盟法律（包括竞争法和数据保护法领域）的相关发展动态，并根据相应的要求调整商业战略、计划和政策，才是明智的选择，否则可能承担行政处罚和民事责任的风险。当然，有些公司设法找到一种新的商业方法以规避欧盟法律的管辖，但如同骆驼穿过针眼，不可能实现。

第五篇
外国法解释和实质性法律协调

第六章 "一带一路"倡议背景下的域外法查明问题

霍政欣

一、引言

域外法内容的确定是涉外民事诉讼的重要组成部分,也是令法官颇感头痛的一项任务。事实上,即使在 2011 年 4 月 1 日《中华人民共和国涉外民事关系法律适用法》(由中华人民共和国第十一届全国人民代表大会常务委员会第十七次会议通过)实施后,中国法院查明并适用域外法的案件仍仅占所有涉外案件的 6%,其重要原因之一就是无法查明外国法。① 由此,域外法查明被认为是中国提高涉外民事司法质量的障碍。

中国正在积极推进"一带一路"倡议,该倡议的成功在一定程度上取决于中国与"一带一路"沿线国家之间高效的司法协助关系。在此背景下,中国法院应对域外法展现更友好的态度,特别是当国际私法规则涉及外国法律制度时。如果"一带一路"沿线国家

---

① 王徽,沈伟.论外国法查明制度失灵的症结及改进路径:以实证与法经济学研究为视角[J].国际商务(对外经济贸易大学学报),2016(5):137.

发现,尽管国际私法要求适用他国法律,中国法院却将其拒之门外,他们一定会对中国在互利共赢的理念下推进"一带一路"倡议的诚意产生怀疑。因此,如果域外法查明的问题得不到妥善解决,不仅中国的国际民事司法质量会受到质疑,"一带一路"倡议的顺利推进也将受到威胁。

本章的目的有二:一是系统回顾中国关于域外法查明的立法和司法实践,深入探究中国法院在查明"一带一路"沿线国家法律方面所面临的挑战;二是总结"一带一路"倡议下域外法查明中存在的问题,并提出相应建议。本章包括引言、结语在内共有六个部分。其中,第二部分将考察我国最高人民法院关于域外法查明的现行立法和司法解释。第三部分将回顾2011年以来我国在域外法查明方面的司法实践,并对其中存在的问题进行批判性分析。第四部分将概述"一带一路"倡议下,中国法院进行域外法查明所面临的挑战。第五部分将对中国法院为克服在域外法查明过程中出现的问题所作出的最新努力进行评析。最后总结全文,提出建议。

二、我国立法和司法解释中的域外法查明

在中国,关于域外法查明的最早规定可以追溯到1988年,最高人民法院作为人民法院组织法[①]规定的司法解释工作的承担者,

[①] 最高人民法院在适用法律过程中对具体应用法律问题所作的解释,被称为"司法解释"。 最高人民法院发布的司法解释文件虽然不是立法文件,但具有普遍约束力。 FENG L. *Constitution Law in China*[M].London:Sweet & Maxwell,2000:221. CHEN H Y. *An Introduction to the Legal System of the People's Republic of China*[M]. 3rd ed. Singapore:LexisNexis. 2004:118-128.

讨论通过了《最高人民法院关于贯彻执行〈中华人民共和国民法通则〉若干问题的意见（试行）》[以下简称《关于贯彻执行〈民法通则〉若干问题的意见（试行）》]。

根据《关于贯彻执行〈民法通则〉若干问题的意见（试行）》第193条规定，对于应当适用的外国法律，可通过下列途径查明：①由当事人提供；②由与我国订立司法协助协定的缔约方的中央机关提供；③由我国驻该国使领馆提供；④由该国驻我国使馆提供；⑤由中外法律专家提供。通过以上途径仍不能查明的，适用中华人民共和国法律。

第193条列举了确定域外法内容的5种方法，为我国法官适用域外法提供了帮助。但有几点值得讨论。第一，没有明确说明一般情况和具体情况下由谁负责举证的问题。第二，措辞上用"可"而不是"应当"，意味着在得出无法查明适用的外国法律的结论之前，没有必要对上述方法进行一一校验。而且这5种方法均为说明性而非穷尽性的。例如，2005年，江苏省无锡市中级人民法院根据《德国民法典》中译本确定了德国民法的内容，① 2006年，上海市第一中级人民法院通过在线法律数据库律商网查明了特拉华州的法律，② 等等。第三，该意见明确指出，在无法确定外国法律的情况下，中国法院不会适用最可能得以确定的法律，而是适用中国法律。

中国于2010年10月28日颁布了新中国第一部国际私法《中华人民共和国涉外民事关系法律适用法》（以下简称《法律适用

---

① 阿伦德娱乐科技有限公司诉斯文·沃普乐案（2005），锡民三初字第029号。
② 黄进，杜焕芳.中国国际私法司法实践研究：2001—2010[M].北京：法律出版社，2014：210。

法》），自2011年4月1日[1]起施行。《法律适用法》的颁布是中国立法史上的里程碑，标志着中国在立法者和学者们多年的不懈努力下终于实现了法律冲突规则的现代化。因此，《法律适用法》自实施后，便成为中国国际私法的主要渊源。

《法律适用法》共8章52条，每一章的标题都概括了该章适用的领域和范围。[2] 其中，涉及域外法查明的条款位于第一章"一般规定"中，其中第10条规定：

涉外民事关系适用的外国法律，由人民法院、仲裁机构或者行政机关查明。当事人选择适用外国法律的，应当提供该国法律。不能查明外国法律或者该国法律没有规定的，适用中华人民共和国法律。

仔细阅读上述条款可以发现，其与《关于贯彻执行〈民法通则〉若干问题的意见（试行）》第193条相比，发生了一些有趣的变化。第一，《法律适用法》第10条反映了大陆法系的传统，其明确规定，作为一般原则，法院或其他准司法机构应依职权确定域外法的内容。第二，说明了当事人对确定所选择的法律内容承担举证责任的具体情形（即当事人选择域外法作为准据法）。该条规定的依据是，既然当事人已就适用法律达成一致，便可以合理推定其熟悉涉案法律并拥有足够材料确定其内容，因此要求当事人承担举证责任是合乎逻辑的。第三，鉴于现代科学技术的发展和世界各国之间的密切交流，未列举查明域外法的具体方法。没有列出具体方

---

[1] 参见《中华人民共和国涉外民事关系法律适用法》，2010。
[2] 有关《法律适用法》的详细讨论，请参阅 HUO Z X. An imperfect improvement: the New Conflict of Laws Act of the People's Republic of China[J]. *International and Comparative Law Quarterly*, 2011, 60(4): 1065-1093。

法增加了条款的灵活性，反过来又有助于查明域外法。

与《关于贯彻执行〈民法通则〉若干问题的意见（试行）》第193条相比，《法律适用法》第10条毋庸置疑是一个重大的进步，但却忽略了中国学者提出的一个主张，即在域外法无法查明或查明后没有相关立法的情况下，不应自动适用中国法律。他们之所以持有这种观点，是担心千篇一律地适用法院地法会助长多年来在中国司法实践中盛行的"返家趋势。"[①]

2012年12月28日，最高人民法院公布了《关于适用〈中华人民共和国涉外民事关系法律适用法〉若干问题的解释（一）》（以下简称《解释（一）》），[②] 试图对《法律适用法》第一章中的抽象条款作出具体解释，并增设新的规定以弥补法律漏洞。

最高人民法院承认，域外法查明是中国法院提高涉外案件审判效率的主要障碍，认为有必要对其作出具体规定。因此，《解释（一）》的规定更为详细，其中第17条规定：

人民法院通过由当事人提供、已对中华人民共和国生效的国际条约规定的途径、中外法律专家提供等合理途径仍不能获得外国法律的，可以认定为不能查明外国法律。

当事人应当提供外国法律，其在人民法院指定的合理期限内无正当理由未提供该外国法律的，可以认定为不能查明外国法律。

值得特别强调的是，与《关于贯彻执行〈民法通则〉若干问

[①] 有关《法律适用法》的详细讨论，请参阅 HUO Z X. An imperfect improvement: the new Conflict of Laws Act of the People's Republic of China[J]. International and Comparative Law Quarterly, 2011, 60(4): 1065-1093.

[②] 最高人民法院关于适用《中华人民共和国涉外民事关系法律适用法》若干问题的解释（一），法释〔2012〕24号。

题的意见（试行）》第193条相比，《解释（一）》第17条赋予了中国法官更大的自由裁量权，体现在以下两个方面：第一，人民法院依职权查明域外法内容的，应当依照《法律适用法》第10条和《解释（一）》第17条的规定履行职责（尽管没有列出具体方法）；第二，当事人负责查明域外法的，应当在人民法院规定的合理期限内履行义务，否则将面临其选择的法律无法查明的后果。显然，最高人民法院试图以赋予法官广泛的自由裁量权来提高司法效率。

鉴于无法查明域外法将导致法院地法自动适用，本文认为，《解释（一）》第17条会加剧"返家趋势"。

由于中国法官普遍不熟悉外国法律，《解释（一）》第18条规定，人民法院应当听取各方当事人对应当适用的外国法律的内容及其理解与适用的意见，当事人对该外国法律的内容及其理解与适用均无异议的，人民法院可以予以确认；当事人有异议的，由人民法院审查认定。这样的规定显然是为了减轻中国法官的负担，从而提高司法效率。[①]

三、中国法院审理的涉及域外法查明的案件

自《法律适用法》实施以来，中国法院偶尔援引该法第10条

---

① HUO Z X. Two steps forward, one step back: a commentary on the Private International Law Act of China[J]. *Hong Kong Law Journal*, 2013(43): 685-711.

来查明域外法的内容。通过对中国裁判文书网①、北大法宝②、律商网③等在线法律数据库进行系统检索，共查询到 29 起需要中国法院查明域外法的案件（截至 2017 年 6 月 30 日）。

近年来，中国法院审理的国际私法案件数量极大，这 29 起案件无法涵盖所有涉及域外法查明的案例。但是，它们具有一定的典型性，可以说明中国法院对域外法的态度，以及《法律适用法》第 10 条在司法实践中的实际效用，为进一步研究奠定坚实的基础。案件详情见下表。

---

① http://wenshu.court.gov.cn/.
② http://en.pkulaw.cn/.
③ www.lexisnexis.com.cn/zh-cn/products/lexis-china.page.

案件名称及编号	判决日期	审判法院	准据法	适用法	适用该法的理由
香港上海汇丰银行有限公司诉鸿发国际包装制品有限公司（2016）粤0391民初611号	2017年6月28日	深圳前海合作区人民法院	中国香港法（当事人意思自治）	中国香港法	当事人主张适用中国香港法。
关世军诉李正建（2016）云民终795号	2017年5月23日	云南省高级人民法院	缅甸法（当事人意思自治）	中国法	当事人未提供缅甸法。
匈牙利出口信用保险有限公司诉夏景军等保险人代位求偿权纠纷案（2015）浙甬商外初字第181号	2017年3月24日	浙江省宁波市中级人民法院	匈牙利法	匈牙利法	法院委托华东政法大学查明匈牙利法律的内容。
高明国际贸易有限公司诉华恒国际实业有限公司（2016）浙民终246号	2016年12月29日	浙江省高级人民法院	澳大利亚法（当事人意思自治）	澳大利亚法	当事人主张适用澳大利亚法。
东明中油燃料石化有限公司与德力西能源私人有限公司运输合同纠纷案（2016）鲁民终1891号	2016年12月28日	山东省高级人民法院	英国法（当事人意思自治）	中国法	尽管原告提供了夏礼文律师事务所所主张的英国法，但法院并未采纳。

续表

案件名称及编号	判决日期	审判法院	准据法	适用法	适用该法的理由
恒生银行（中国）有限公司顺德支行与耀德金属装饰工程有限公司等金融借款合同纠纷案（2015）佛中法民二初字第32号	2016年12月15日	广东省佛山市中级人民法院	中国香港法（当事人意思自治）	中国法	当事人未提供中国香港法。
厉汉柳与陈双伟民间借贷纠纷案（2016）浙1121民初803号	2016年11月28日	浙江省青田县人民法院	塞尔维亚法（当事人意思自治）	中国法	当事人未提供塞尔维亚法。
原告张祖桥与被告张明生、戴开荣合伙协议纠纷案（2016）湘1202民初1744号	2016年10月26日	湖南省怀化市鹤城区人民法院	加纳法（当事人意思自治）	中国法	当事人未提供加纳法。
东亚银行股份有限公司诉朗电有限公司及众担保人融资租赁合同纠纷案（2016）粤0391民初第713号	2016年11月15日	深圳前海合作区人民法院	中国香港法（当事人意思自治）	中国香港法	当事人主张适用中国香港法。

续表

案件名称及编号	判决日期	审判法院	准据法	适用法	适用该法的理由
香港永丰国际有限公司与蒙杰投资有限公司、刘国华、赵玲、刘保华、新疆鼎旺锦矿业有限公司、新疆鼎旺矿业有限公司、新疆天汇通利工业科技有限公司企业借贷纠纷案（2015）乌中民三初字第64号	2016年8月19日	新疆维吾尔自治区乌鲁木齐市中级人民法院	中国香港法（当事人意思自治）	中国香港法	当事人主张适用中国香港法。
中国人民财产保险股份有限公司四川省分公司与云南宏星物流股份有限公司保险人代位求偿权纠纷案（2015）云高民三终字第86号	2015年11月12日	云南省高级人民法院	老挝法（当事人意思自治）	中国法	当事人未提供老挝法的内容。
上诉人福贡县腾鸿外贸有限责任公司与被上诉人陈孝顶、原审第三人练华胜建设工程施工合同纠纷案（2015）怒中民三终字第3号	2015年10月28日	云南省怒江傈僳族自治州中级人民法院	缅甸法（当事人意思自治）	中国法	当事人未提供缅甸法。

续表

案件名称及编号	判决日期	审判法院	准据法	适用法	适用该法的理由
大宇造船海洋株式会社诉先锋荣耀公司海事债权确权纠纷案（2014）厦海法确字第1号	2015年1月25日	厦门海事法院	巴拿马法（当事人意思自治）	巴拿马法	原告主张适用经过公证的巴拿马法。
江河创建集团股份有限公司与鑫宏达集团股份有限公司、中国建设银行股份有限公司徐州城中支行建设工程施工合同纠纷案（2014）苏民终字第0205号	2014年7月4日	江苏省高级人民法院	沙特阿拉伯法	中国法	无法查明沙特阿拉伯法。
义乌市堆正进出口有限公司诉现代商船株式会社海上货物运输合同纠纷案（2014）甬海法商初字第639号	2014年6月13日	宁波海事法院	墨西哥法（当事人意思自治）	中国法	当事人未提供墨西哥法。
雷健与曾新梅、周伟华民间借贷纠纷案（2014）深中法民终字第274号	2014年6月10日	广东省深圳市中级人民法院	中国香港法	中国法	当事人未提供中国香港法。

续表

案件名称及编号	判决日期	审判法院	准据法	适用法	适用该法的理由
闽东丛贸船舶实业有限公司诉瓦锡兰瑞士有限公司船舶物料和备品供应合同纠纷案（2014）厦海法商初字第212号	2014年5月27日	厦门海事法院	瑞典法（当事人意思自治）	瑞典法	当事人主张适用瑞典法。
邓剑华与陈滨松合同纠纷案（2014）中中法民四终字第6号	2014年4月3日	广东省中山市中级人民法院	中国香港法	中国香港法	法院依职权查明中国香港法。
张震与阿里巴巴集团控股有限公司纠纷案（2012）杭滨商外初字第53号	2013年11月28日	浙江省杭州市滨江区人民法院	开曼群岛法（当事人意思自治）	中国法	当事人未提供开曼群岛法。
许翎与阿里巴巴集团控股有限公司纠纷案（2012）杭滨商外初字第52号	2013年11月28日	浙江省杭州市滨江区人民法院	开曼群岛法（当事人意思自治）	中国法	当事人未提供开曼群岛法。
卢胜苏与万宁石梅湾大酒店有限公司等股权转让纠纷案（2013）琼民三终字第75号	2013年11月18日	海南省高级人民法院	英国法（当事人意思自治）	中国法	当事人未提供英国法。

157

续表

案件名称及编号	判决日期	审判法院	准据法	适用法	适用该法的理由
广东库高投资管理有限公司与港澳国际海南投资有限公司债权转让合同纠纷案(2013)琼民三终字第79号	2013年9月10日	海南省高级人民法院	中国香港法（当事人意思自治）	中国法	当事人未提供中国香港法。
张某某与法国航空公司旅客运输合同纠纷案(2013)沪一中民一（民）终字第1689号	2013年9月4日	上海市第一中级人民法院	《蒙特利尔公约》（当事人意思自治）	《蒙特利尔公约》	中国是《蒙特利尔公约》的缔约方。
龙钟永、永亚企业（私人）有限公司等申请海事债权登记（2013）武海法商字第00845号	2013年8月19日	武汉海事法院	新加坡法（当事人意思自治）	中国法	原告申请适用中国法律，而被告未出庭。
海程邦达国际物流有限公司与烟台众联实业有限公司海上货物运输合同纠纷案(2013)鲁民四终字第7号	2013年7月17日	山东省高级人民法院	美国法（当事人意思自治）	中国法	当事人未提供美国法。

续表

案件名称及编号	判决日期	审判法院	准据法	适用法	适用该法的理由
赛奥尔航运有限公司与唐山港陆钢铁有限公司申请海事强制令损害赔偿纠纷案（2012）津高民四终字第4号	2012年12月12日	天津市高级人民法院	英国法（当事人意思自治）	英国法	当事人提供了英国法的内容，法院依职权进行了确认。
张雨筠居间合同纠纷案（2012）沪一中民一（民）终字第2158号	2012年10月12日	上海市第一中级人民法院	中国香港法（当事人意思自治）	中国法	当事人未提供中国香港法。
国际金融公司与浙江玻璃股份有限公司、冯光成金融借款合同纠纷案（2010）浙绍商外初字第76号	2011年11月2日	浙江省绍兴市中级人民法院	纽约法（当事人意思自治）	中国法	当事人未提供纽约法。
××公司与陈××劳务（雇佣）合同纠纷案（2010）浦民一（民）初字第26514号	2011年10月8日	上海市浦东新区人民法院	明尼苏达州法（当事人意思自治）	中国法	当事人未提供明尼苏达州法。

159

上表所列的 29 起案件中，28 起应适用域外法，1 起应适用中国加入的国际公约。这 28 起案件都有必要向中国法院证明外国法律的内容。这些案件能否以及如何查明域外法，为观察中国法院对域外法的实际态度以及《法律适用法》第 10 条在司法实践中的效用提供了绝佳机会。

上表也显示，28 个案件中只有 9 个最终适用了域外法。其余 19 起案件，适用中国法律而非外国法律的理由相同，即无法查明原本适用的域外法。此外，在这 19 起案件中，有 16 起以"当事人未提供相关外国法"为由，认定域外法无法查明。相比之下，在适用域外法的 9 起案件中，由当事人查明相关域外法的案件有 7 起。换言之，在这 28 起应查明域外法的案件中，法院依职权确认域外法内容的案件只有 2 起。

通过分析上表中的案例，可以得出以下结论：第一，域外法查明总体上来说是中国法院的一大难题。尽管国际私法规则涉及外国法律制度，但无法查明域外法是适用中国法律的一个主要原因。第二，即使《法律适用法》第 10 条规定，作为一般原则，法院应依职权确认外国法律的内容，但其实施后，中国法院查明域外法的内容仍有困难。因此，在大多数情况下，当事人承担着域外法查明的举证责任。第三，当事人选择适用外国法律的，原则上应提供其内容，否则必须接受其选择的法律无法查明的后果。值得注意的是，如果双方就相关外国法律的内容达成一致，中国法院只会简单地确认后进行适用。如果一方提交了外国法律的内容，而另一方对其真实性提出质疑，或者双方对所选择的域外法内容存在分歧，中国法院极有可能得出无法查明域外法的结论。第四，在外国法律适用需采用当事人意思自治以外的法律选择规则时,中国法院更有可能依职权确认外国法律的内容,如匈牙利出口信用保险有限公司诉夏景军等保险人代位求偿权纠纷案①。应当强调的是,尽管在这种情况下不要求当事人查明外国法律,中国法院仍有可能在没有提供详细解释的情况下得出无法查明域外法的结论,这一点在江河创建集团股份有限公司与鑫宏达集团有限公司、中国建设银行股份有限公司徐州城中支行建设工程施工合同纠纷案②中得到了生动体现。该案根据《法律适用法》第 14 条,原告的行为能力应由沙特阿拉伯法律管辖,但法院以沙特阿拉伯法律无法查明为由,认定应适用中国法律。遗憾的是,该结论并没有经过任何详细的推理或分析。因此,即使当事人无须承担《法律适用法》第 10 条规定的举证责任,若当事人未能查明该法律,则该外国法律极有可能不予适用。

从以上案例可以看出,《法律适用法》第 10 条与《解释(一)》第 17、18 条共同作用,明显助长了司法实践中的"返家趋势"。由此看来,本文第二部分表达的担忧并非空穴来风。2012 年以来,中国新一代领导人承诺加大对外开放程度,③并积极推进"一带一路"倡议,在此背景下,这种"返家趋势"显然不合时宜。

四、"一带一路"倡议下域外法查明之难

2013 年 9 月,中国国家主席习近平提出了"丝绸之路经济带"倡议,同年 10 月,又提出了"21 世纪海上丝绸之路"倡议,统称

---

① (2015)浙甬商外初字第 181 号。
② (2014)苏民终字第 0205 号。
③ 新华网.中国头条:中国开启新一轮改革开放.2015-09-23.

为"一带一路"倡议。该倡议借用古代丝绸之路的历史符号,融入了新的时代内涵,既是维护开放型世界经济体系,实现多元、自主、平衡和可持续发展的中国方案,也是深化区域合作,加强文明交流互鉴,维护世界和平稳定的中国主张。①

目前,"一带一路"倡议已涵盖 150 多个国家,旨在沿着古贸易路线建立连接亚洲与欧洲和非洲的贸易和基础设施网络。2021年,中国企业在"一带一路"沿线国家新签署对外承包工程项目合同 6257 份。跨境合同数量持续增加。除了基础设施及相关项目,"一带一路"地区物流和海运行业的发展势头同样良好。但是,"一带一路"带来重大机遇的同时,也伴随着引发法律纠纷的重大风险,尤其当签订商业合同的当事双方来自不同的法律制度和传统背景时,产生纠纷的风险更大。

"一带一路"相关的纠纷案件激增,给中国法院带来了前所未有的挑战。最高人民法院时任副院长贺荣在接受《中国日报》专访时表示,"与'一带一路'建设相关的涉外案件上升较快,案件审理也面临严峻挑战"②。在"一带一路"倡议的背景下,涉外纠纷中查明外国法律将是摆在中国法院面前更大的难题。

第一,由于相关纠纷的性质和类别繁多,查明外国法律的内容变得更加棘手。根据最新统计,近三年来,中国法院审理的"一带一路"倡议相关案件不仅涉及合同、侵权、家庭和继承问题,还涉及见索即付保函、国际保理、私募股权基金、海外上市公司股票期

---

① 推进"一带一路"建设工作领导小组办公室.共建"一带一路":理念、实践与中国的贡献[M].北京:外文出版社,2017:4.
② CAO Y. Courts handling "a boom" of Belt and Road cases[N/OL]. [2017-08-12]. www.chinadaily.com.cn/china/2017twosession/2017-03/15/content_28559326.htm.

权、环境污染、跨境并购、劳资纠纷、电子商务、跨境合同项目、国际物流、外币和金融监管、保税贸易纠纷，等等。① 案件类型复杂，查明域外法的难度随之增加。

第二，由于"一带一路"沿线国家之间的政治、经济、文化和历史差异巨大，其法律制度也迥然不同，其中一些或者对中国法官而言完全陌生，或者中国法院鲜少涉及。因此，查明这些国家的法律非常困难。

现代中国法律很大程度上是以欧洲大陆法系为基础的，因此中国法官对欧洲国家的法律更熟悉。尽管英美法在本质上有别于中国的法律体系，但它对于中国法院较易适用。主要原因如下：首先，英语是当今中国最流行的外语，中国人在理解英语国家的法律时几乎没有语言障碍；其次，主要的在线法律服务网站，如律商网（LexisNexis）、万律（West law）、法学全文数据库（Heinonline）等，提供了获取英美法域判例法、法规、行政法典、报纸和杂志文章、公共记录、法律期刊、法律评论、论文、法律表格和其他信息资源的便捷途径。

相比之下，"一带一路"沿线国家的法律在中国法庭上的举证难度更大。首先，部分"一带一路"沿线国家，特别是中东、中亚等地区，属于伊斯兰法系，对于中国法官和律师来说完全陌生。其次，由于语言障碍、制度不透明、缺乏在线法律数据库等，许多"一带一路"沿线国家的法律仍不为外界所了解。最后，与西方发达国家的法学院不同（它们接收了大量的中国法学生），大多数

---

① 石俭平. 外国法查明："一带一路"背景下的新思考[J]. 理论与现代化，2016（6）：100.

"一带一路"沿线国家对中国法学生的吸引力不大。因此,中国研究这些国家法律的专家相当有限也就不足为奇。

第三,迄今为止,中国尚未建立有效机制,通过双边或多边国际条约查明"一带一路"沿线国家的法律。截至2016年底,中国已与24个"一带一路"沿线国家签订了民事或刑事司法协助双边条约,也就是说,中国尚未与其他沿线国家签署此类条约。现有的司法协助双边条约侧重于送达、取证和承认判决或裁决,而域外法查明仍或多或少被忽视。①

鉴于此,如果国际私法规则指定"一带一路"沿线国家的法律为准据法,中国法院查明其内容绝非易事。中国法官在决定如何查明外国法律以及根据中国现行法律和司法解释可否查明外国法律方面拥有很大的自由裁量权,如果不能有效遏制"返家趋势",国际私法的目的将难以实现,"一带一路"倡议也会招致风险。

五、中国法院关于域外法查明的最新努力

令人欣慰的是,中国最高人民法院已经意识到"一带一路"倡议给中国法院带来的挑战。2015年6月16日,最高人民法院发布了《最高人民法院关于人民法院为"一带一路"建设提供司法服务和保障的若干意见》(以下简称《意见》)的政策文件。②《意见》涵盖跨境刑事、民商事、海事以及自由贸易区相关司法问题,

---

① 中华人民共和国司法部.民事司法协助简论[EB/OL].[2017-8-12].www.moj.gov.cn/sfx-zws/node_219.htm。

② 最高人民法院,《关于人民法院为"一带一路"建设提供司法服务和保障的若干意见》,法发〔2015〕9号。

也涉及对仲裁的司法审查。值得特别强调的是，在第 7 条中，最高人民法院明确要求人民法院"充分尊重当事人选择准据法的权利，积极查明和准确适用外国法，消除沿线各国中外当事人国际商事往来中的法律疑虑"①。

显然，第 7 条表明，最高人民法院已清楚认识到法律冲突问题以及域外法查明的重要性，特别是对"一带一路"倡议顺利实施的重要性，这恰恰揭示了最高人民法院对"返家趋势"的焦虑。

《意见》发布以来，中国各级法院采取应对措施，积极查明并准确适用域外法。到目前为止，取得的进展可概括如下：

首先，中国法院与国内一流大学或社会机构合作，建立了专门的学术平台以提供域外法查明服务，如：2014 年，最高人民法院和中国政法大学在北京共同建立外国法查明研究中心；2015 年，最高人民法院和深圳蓝海中心在深圳共同成立港澳台和外国法律查明基地；② 2014 年，上海高级人民法院和华东政法大学在上海共同成立

---

① 第 7 条规定如下：依法准确适用国际条约和惯例，准确查明和适用外国法律，增强裁判的国际公信力。要不断提高适用国际条约和惯例的司法能力，在依法应当适用国际条约和惯例的案件中，准确适用国际条约和惯例。要深入研究沿线各国与我国缔结或共同参加的贸易、投资、金融、海运等国际条约，严格依照《维也纳条约法公约》的规定，根据条约用语通常所具有的含义按其上下文并参照条约的目的及宗旨进行善意解释，增强案件审判中国际条约和惯例适用的统一性、稳定性和可预见性。要依照《涉外民事关系法律适用法》等冲突规范的规定，全面综合考虑法律关系的主体、客体、内容、法律事实等涉外因素，充分尊重当事人选择准据法的权利，积极查明和准确适用外国法，消除沿线各国中外当事人国际商事往来中的法律疑虑。要注意沿线不同国家当事人文化、法律背景的差异，适用公正、自由、平等、诚信、理性、秩序以及合同严守、禁止反言等国际公认的法律价值理念和法律原则，通俗、简洁、全面、严谨地论证说理，增强裁判的说服力。

② 中新社.最高人民法院港澳台和外国法律查明基地落地深圳前海 [N/OL].（2015-09-20）[2017-08-12]. http://www.chinanews.com/gn/2015/09-20/7533945.shtml.

外国法查明中心。[①] 过去几年的司法实践表明，这些学术平台有效地帮助了法官和当事人确认或查明域外法，尤其是"一带一路"沿线国家的法律。例如，表格中列出的匈牙利出口信用保险有限公司诉夏景军等保险人代位求偿权纠纷案[②]，就是由华东政法大学外国法查明中心对匈牙利法的相关内容进行的查明。

其次，最高人民法院计划建立面向下级法院的与"一带一路"倡议相关的案例指导与参考制度，包括示范性案例、指导性案例和精选案例（即由最高人民法院遴选的案例），以引导和限制法官的自由裁量权。例如，为了给中国法官在审理"一带一路"相关案件时提供更详细的指导，最高人民法院自2015年起定期发布《人民法院为"一带一路"建设提供司法服务和保障的典型案例》，[③] 这些典型案例旨在促进域外法的准确适用。

这些努力的方向是正确的，但还远远不够。

因此，应当采取更加有效的措施，一方面促进域外法查明，另一方面限制中国法官在适用《法律适用法》第10条时的自由裁量权。

六、结语

国际私法的目的是维护国际民商事交往的安全和繁荣。国际私法能否发挥效用，取决于能否准确确认并适用恰当的法律，特别是

[①] 高院与华政签订外国法查明专项合作纪要[EB/OL].（2014-12-25）[2017-08-12].http://shfy.chinacourt.org/article/detail/2014/12/id/1523989.shtml.
[②] （2015）浙甬商外初字第181号。
[③] 最高人民法院发布第二批涉"一带一路"建设典型案例[EB/OL].（2017-05-15）[2017-08-12].www.chinacourt.org/article/detail/2017/05/id/2863082.shtml.

外国法律。因此，外国法律适用对"一带一路"倡议非常重要。

尽管中国当局正在采取措施，应对中国法院查明域外法过程中的各种问题，但仍需加倍努力，应对"一带一路"倡议背景下的挑战。希望以下建议能助力中国当局完善立法和司法政策，遏制危险的"返家趋势"。无论是中国还是外国，特别是"一带一路"沿线的国家，都能从中受益。

第一，中国政府应采取措施，加快形成"一带一路"倡议框架下的司法协助制度。现阶段，中国当局应说服更多的"一带一路"沿线国家与中国签署司法协助条约。其中，互通法律信息和协助查明对方国家的法律应该是此类条约所涵盖的重要问题。从长远来看，建立多边司法协助制度注定是一项艰巨而漫长的任务，但其对"一带一路"倡议的意义非同小可。

第二，鉴于在线法律数据库在查明外国法律方面的重要性，加上涵盖"一带一路"倡议相关国家法律信息的数据库的缺乏，本文建议中国政府考虑与伙伴国合作创建"一带一路"在线法律数据库，其中应包含沿线国家的立法、判例法等重要法律信息。一旦建立了这样的数据库，查明"一带一路"沿线国家的法律将会容易很多。

第三，最高人民法院应制定具体规则，落实《意见》，监督中国法院：

充分尊重当事人选择准据法的权利，积极查明和准确适用外国法，消除沿线各国中外当事人国际商事往来中的法律疑虑。

正如本章第三部分的案例分析所示，"返家趋势"很大程度上是由于中国法官误解甚至不当使用《法律适用法》第 10 条以及

167

《解释（一）》第 17、18 条所致。因此，最高人民法院有必要制定司法解释来限制中国法官的自由裁量权。其要点如下：

1. 非当事人选择的国际私法规则涉及域外法时，法院应依职权查明该域外法的内容。在这种情况下，由法官承担域外法查明的责任。法官不能仅以当事人未提供相关外国法律的内容为由，就认定无法查明域外法。

2. 如果当事人选择适用外国法律，应当承担查明该国法律的责任。但是，需要满足某些条件，才能得出域外法无法查明的结论。首先，法院应该给予当事人一个合理期限来提交他们选择的域外法。"合理期限"是一种灵活的表述，应当提供必要的解释以支持其合理性。此外，如果当事人有正当理由要求法院延长期限，应当准许。

3. 如果当事人对其提交的域外法内容存在分歧，法院应自行查明，应慎重得出域外法无法查明的结论。

4. 在任何情况下，域外法无法查明的结论都必须有详细的推理和解释来支撑。若没有充分解释就判定域外法无法查明，当事人可以提起上诉。

第四，为使提供域外法查明服务的学术平台更好地发挥建设性作用，最高人民法院应建立健全相关机制，以规范相关机构职能与运作。以下问题须纳入考虑：（1）此类机构中域外法专家资格的认定；（2）此类机构提交的关于外国法律内容的意见的性质和分量；（3）查明域外法的费用分配；（4）此类机构提交的外国法律内容出现错误时的责任认定和补救措施。如若这些问题得不到妥善解决，此类机构将无法在帮助中国法院查明域外法中发挥重要作用。

第七章 "一带一路"：一法可行吗？

布鲁诺·泽勒

一、引言

2013年底，中华人民共和国国家主席习近平提出建设"丝绸之路经济带"的设想，成为"一带一路"倡议的重要组成部分。此后，该倡议下的各项工程发展势头强劲。例如，2017年4月末，首趟由英国伦敦出发的火车驶抵中国。截至2023年，跨大洲列车已在中欧之间累计开行超2万趟。中国关注欧洲并非偶然，因为欧盟是中国最大的贸易伙伴。事实上，我们会看到由中国资助的欧洲项目大幅增长。

除了为欧洲的项目提供资金，中国还在丝绸之路沿线的中亚国家投资基础设施建设，中国与这些国家的贸易额不断增长，甚至超过了他们与另一个重要贸易伙伴——俄罗斯的贸易额。[1]

但是，有一个问题悬而未决：法律制度如何与物流业的新发展

---

[1] WILSON W T. China's huge "One Belt, One Road" Initiative is sweeping central Asia[EB/OL]. The National Interest,（2016-07-27）[2017-07-10], http://nationalinterest.org/feature/chinas-huge-one-belt-one-initiative-sweeping-central-17150.

相结合？世贸组织的法律制度不影响货物转载，货物转载不是难题。然而，货物一旦被卸下，新的货物被装载，问题将变得复杂。从本质上讲，运输经验需要复制。关键是海关如何运作这一模式？

因此，本章将探究丝绸之路沿线国家不同法律体系间的相互作用如何影响国家之间的贸易往来。从本质上讲，供应链中相互作用的不同法律体系将处于同一多样性水平。只要跨国法律无法生效，特别是不被商业界接受，且不被纳入全球法律体系，就不可能建立真正无缝的贸易体系。例如，《联合国国际货物销售合同公约》（维也纳，1980年）拥有84个成员国，是协调和统一国际贸易最重要的国际公约，但法律顾问们却常常将该公约排除在管辖国际销售交易的法律之外。欧盟始终未能颁布一项通用的合同法，尽管做过无数次尝试，但最终都没有实现。

如果国际统一私法协会和联合国国际贸易法委员会（简称"贸易法委员会"）能得到授权制定必要的统一贸易法，将非常有益。此外，亚洲地区的自由贸易协定和双边投资条约仍过于多样化，无助于为多边贸易扫清障碍。边境上烦琐的海关程序既昂贵又耗时，入境后商人还需面对陌生的法规和条例，可谓困难重重。

要实现丝绸之路的经济价值，必须进行法律改革，实现国内贸易法律的协调统一。此外，信用证和提单免责条款等方面出现法律协调的新现象，35个国家中有超过75个海外经贸合作区。[①] 但合作区通过在区域内制定税收和创造就业机会，并不能简化跨境法律，降低成本，需要在国内法范围内通过协调来全面解决这些问题。

[①] ZHONG N. Belt and Road driving growth [N/OL]. *China Daily*, (2016-02-24) [2017-07-10]. www.chinadaily.com.cn/business/chinadata/2016-02/24/content_23614444.htm.

二、丝绸之路——对贸易和投资的影响

"一带一路"倡议正在惠及亚洲，需要大量投资以保证其顺利实施和有效运作。为此，中国政府提出了六大经济走廊：

陆上，共同打造新欧亚大陆桥，发展中蒙俄、中国-中亚-西亚、中国-中南半岛、中巴、孟中印缅等经济走廊……海上以重点港口为节点，共同建设畅通安全高效的运输大通道。①

中国正在为各类项目建设提供融资，中资银行也逐步将其影响力扩大到"一带一路"市场，"一带一路"倡议有更宏大的设想。②巴基斯坦的发展很好地展现了其发展速度与规模。

瓜达尔港可以开辟一条能源和贸易走廊，从海湾穿过巴基斯坦到中国西部。中巴经济走廊将使中国大陆直通印度洋，原本从天津经马六甲海峡和印度周边到达波斯湾有近13000公里的海上航程，港口建成后，从喀什到瓜达尔港仅有2000公里的公路行程。③

美国退出跨太平洋伙伴关系协定，可能有助于推动中国的"一带一路"项目。④约翰斯·霍普金斯大学高级国际问题研究学院的

---

① WADE G. China's "One Belt, One Road" Initiative[EB/OL]. Parliament of Australia, [2017-08-19].www.aph.gov.au/About_Parliament/Parliamentary_Departments/Parliamentary_Library/pubs/BriefingBook45p/ChinasRoad.

② 同上。

③ The Indian Express. China–Pakistan Economic Corridor: Pakistan's road of high hopes[N/OL].(2016-04-18)[2017-07-10]. http://indianexpress.com/article/explained/cpec-pakistan-china-nawaz-sharif-xi-jinping-2758111/.

④ The Wharton School of the University of Pennsylvania. Where will China's "One Belt, One Road" Initiative lead?[EB/OL].[2017-08-19].http://knowledge.wharton.upenn.edu/article/can-chinas-one-belt-one-road-initiative-match-the-hype/.

博特利尔先生表示：

> 恐怕美国和整个西方都低估了它（"一带一路"倡议）的重要性。这是一个非常积极的倡议，也是中国的重要愿景。它体现了中国以符合其自身和全球经济长远利益的方式，与其邻国、欧洲、拉丁美洲以及非洲国家合作。①

从美国主动派代表团前往北京出席"一带一路"高峰论坛可以看出，美国的态度正在转变。②

三、"一带一路"——澳大利亚的参与尝试

尽管澳大利亚不是"一带一路"沿线国家，但近年来中国对澳大利亚的投资大幅增加。例如，中国的私人投资者租赁了经北领地进入澳大利亚的达尔文港口。③

"一带一路"倡议可以成为中国企业在澳投资的加速器，澳大利亚企业在华投资也会增加。"一带一路"倡议可能为澳大利亚工

---

① 同上。
② WU W, ZHUANG P H, LAU S. US to send top adviser to China's Belt and Road Summit as part of Sino-US Trade Deal[EB/OL]. *South China Morning Post*,（2017-07-06）[2017-08-19].www.scmp.com/news/china/diplomacy-defence/article/2094085/us-send-top-adviser-chinas-belt-and-road-summit-part.
③ 澳大利亚北领地政府将达尔文港的使用权以每年5.06亿美元的租金转让给了中国岚桥集团，为期99年。中方全额支付租金，获取达尔文东臂港土地和设备80%的所有权，北领地政府保留了港口20%的所有权，岚桥需要为20%的保留股权选择一名澳大利亚投资者。协议于2018年终止。ABC. Chinese company Landbridge to operate Darwin Port under ﹩506m 99-year lease deal[EB/OL].（2015-10-14）[2017-10-27]. www.abc.net.au/news/2015-10-13/chinese-company-landbridge-wins-99-year-darwin-port-lease/6850870.

业在第三国发展带来机遇。① 其他优势包括:②

1. 让澳大利亚工业界了解"一带一路"倡议的意图,以及与特定行业和地区相关的项目实例。

2. 让中国企业了解澳大利亚产业中具有强大竞争力的领域,加以借鉴并直接应用于中国及"一带一路"沿线国家中的优势领域。

为了处理与"一带一路"相关的问题,澳大利亚成立了一个非营利性组织——澳中"一带一路"产业合作中心,为澳大利亚产业提供信息。③ 该组织得到了行业团体的大力支持。④ 时任中国商务部副部长兼国际贸易谈判副代表的张向晨先生在访问墨尔本时表示,中澳自由贸易协定是一个良好的开端,应进一步开展工作,使澳大利亚充分了解"一带一路"。⑤

2016年,中国国家主席与澳大利亚总理在北京共同探讨了"一带一路"相关议题,习近平主席重申,希望双方做好"中方

---

① DONG J, WANG X, COOPER G. One Belt One Road: opportunities for Asia[EB/OL]. Australian Institute of International Affairs, (2016-10-04) [2017-08-19]. www.internationalaffairs.org.au/australianoutlook/one-belt-one-road-opportunities-for-australia/.

② 同上。

③ 该倡议得到了澳大利亚政府和澳中理事会的支持。 www.australiachinaobor.org.au/,2017年7月10日访问。

④ 澳中"一带一路"产业合作中心共有12家来自澳大利亚的企业和行业机构。参见澳中"一带一路"产业合作中心,www.australiachinaobor.org.au/#team。

⑤ 澳中"一带一路"产业合作中心和澳大利亚中国总商会在维多利亚州墨尔本接待中国商务部副部长兼国际贸易谈判副代表张向晨先生: Australia-China Belt & Road Initiative. ACOBORI and CCCA host Chinese Ministry of Commerce Vice-Minister and Deputy China International Trade Representative Mr Zhang Xiangchen in Melbourne, Victoria [N/OL]. Media Release, (2017-02-21) [2017-07-10]. www.australiachinaobor.org.au/mediareleases/ViceMinisterMediaReleasev.pdf.

'一带一路'倡议同澳方'北部大开发'的对接"①。这些举措表明澳大利亚并未被排除在"一带一路"之外,也说明中国认可西澳大利亚州和昆士兰州资源贸易的重要性。同年,中国企业集团上海中房置业与澳大利亚财团联手,以3.865亿澳元收购澳大利亚的标志性庄园基德曼公司。② 基德曼是澳大利亚最大的畜牧公司,总面积77,300平方公里,占澳大利亚国土面积的1%,据说每年可生产15,000吨牛肉。堪培拉是否能够迎接挑战,开发有吸引力的项目,还有待观察。

四、"一带一路"——明确法律上的挑战

鉴于铁路线途经的位置,"一带一路"建设需要克服以下双重挑战:第一,铁路、公路、航运等基础设施是否足够安全和妥当,以创建一个无缝衔接的运输网络?第二,也是本章探讨的重点,即基础设施的发展是否与运输路线沿线的法律改革相匹配?

政治上的不确定性和投资风险是主要问题。"一带一路"倡议涉及的国家有一半以上低于投资级别,③ 其经济和基础设施尚未完善。主权债务将在政治不稳定的国家中发挥重要作用,正如目前在

---

① RABY G. Northern Australia takes its place on Xi Jinping's New Silk Road Map [EB/OL]. *Financial Review*,(2016-05-11)[2017-10-27]. www.afr.com/opinion/columnists/northern-australia-takes-its-place-on-xi-jinpings-new-silk-road-map-20160511-gos84v.

② BBC. Australia Kidman bid: Gina Rinehart and Shanghai CRED make new offer[N/OL]. (2016-10-10)[2017-07-10].www.bbc.com/news/business-37604087.

③ Moody's Investor Service. Moody's: China's Belt and Road Strategy—credit positive for emerging market sovereigns [EB/OL]. [2017-07-10]. www.moodys.com/research/Moodys-Chinas-Belt-and-Road-Strategy-Credit-Positive-for-Emerging—PR_331106.

中东地区所看到的那样。迈克尔·坎和贝琳达·严指出：

中国一直热心支持包括利比亚在内的发展中国家的基础设施建设。其国有企业和私营企业凭借强大的经济实力、知识技术和相对低廉的劳动力成本，在房地产和建筑、铁路、石油、电信等重要行业领域进行投资。中国政府和利比亚政府为此签订了双边条约和协议，投资总价值超过200亿美元。2011年，利比亚爆发动乱，给中国在利比亚的企业造成冲击和损失。[1]

尽管如此，商品、资本和消费品的双边贸易仍在加速进行。中国在工业产能方面投入巨资，并且在可预见的未来将继续投入，这并不令人惊讶。

贸易的未来——或者更准确地说，贸易的发展——在很大程度上取决于"一带一路"的成功，无论是私人投资还是政府投资，"一带一路"都将为他们带来确定的回报。

五、法律环境概况

工业界面临的挑战不仅限于基础设施、金融和贸易等一般领域，还有为项目安全提供支撑与保障的法律方面。良好的法律环境可以帮助简化国际贸易法，进一步放宽贸易。

基本合同是国际贸易的基础。任何与运输、金融、争端解决和法律冲突有关的问题均可从合同入手进行解决。在国际公法层面，

---

[1] KAN M, YAN B. China's investment in Libya[J/OL]. *The African Business Journal*, [2017-10-27]. www.tabj.co.za/northern_africa/michael_kan_and_belinda_yan_assess_what_chinese_investors_will_n.html.

世贸组织的影响力也不容小觑。在美国诉中国稀土案[1]中，中方的稀土出口政策被裁定为违反了世贸组织的相关条例，中方在世贸组织仲裁庭进行辩护。世贸组织争端解决结果有助于提高贸易政策的透明度，中国为适应世贸组织的要求所作出的努力就是一个例证。[2]另外，与"一带一路"相关的一个重要事实是，"一带一路"沿线的许多国家曾是世贸组织处理争端时控告的第三方，包括印度、阿曼、沙特阿拉伯、越南、阿根廷、澳大利亚、印度尼西亚、土耳其、俄罗斯联邦等。[3]

此处需要对公法和私法的有关问题加以说明。如前文所述，"一带一路"背景下的公法问题与世贸组织的合规性以及自由贸易协定和双边投资条约的激增和建立有关。私法领域关注的则是合同问题，例如管辖权问题和管辖法律的确定问题。

本章将讨论采用通用合同模式作为首选方案的效用问题。

（一）投资风险

考虑到高额的跨国投资，投资保护是一个密切相关的问题。国际投资争端解决中心旨在提供投资保护，"一带一路"经济走廊沿线的大多数国家都已正式签署《关于解决各国和其他国家国民之间投资争端的公约》（1965年3月18日，华盛顿）。但是，除了一国终止双边投资条约的可能性外，仍然存在对未加入和未批准《国际

---

[1] 世界贸易组织.中国关于稀土、钨、钼出口相关措施案（DS431）专家组报告[EB/OL].[2017-10-27]. www.wto.org/english/tratop_e/dispu_e/cases_e/ds431_e.htm.

[2] 世界贸易组织.中国关于稀土、钨、钼出口相关措施案（DS431/432/433）专家组报告[EB/OL].[2017-10-27]. www.wto.org/english/tratop_e/dispu_e/cases_e/1pagesum_e/ds431sum_e.pdf.

[3] 世界贸易组织.中国关于稀土、钨、钼出口相关措施案（DS431）专家组报告[EB/OL].[2017-10-27]. www.wto.org/english/tratop_e/dispu_e/cases_e/ds431_e.htm.

投资争端解决中心公约》情况的担忧。厄瓜多尔就是如此：

2017年5月3日，厄瓜多尔国民议会批准了终止其与阿根廷、玻利维亚、加拿大、智利、中国、意大利、荷兰、秘鲁、西班牙、瑞士、美国和委内瑞拉的双边投资条约的提案。厄瓜多尔宣布打算以其认为更有利的条件就这些条约以及其他投资条约重新开展谈判。①

包括俄罗斯在内的大多数中亚国家都面临着巨大的运营和信贷风险，国际投资争端解决中心发挥着重要作用。② 这是根据经济学人智库的一份报告得出的结果。国家信用风险评级是通过评估主权、货币、银行业、政治和经济结构的风险得出。③ 主权风险是其中一个重要指标。委内瑞拉"油价下挫、经济低迷，难以偿还其560亿美元的贷款，也很难获得其他贷款"④。哈萨克斯坦等国的政治议程日趋民族主义，外国企业应考虑在可行的情况下雇佣哈萨克斯坦公民。⑤

印度已经暂停外国投资促进委员会的工作，并终止了与主要贸易伙伴的双边投资协定。在这种情况下，还须考虑印度在双边投资

---

① Debevoise & Plimpton. Ecuador to terminate investment treaties[EB/OL].（2017-05-11）[2017-07-10]. www.debevoise.com/~/media/files/insights/publications/2017/05/20170511a_ecuador_bit.pdf.
② The Economic Intelligence Unit. Prospects and challenges on China's "One Belt, One Road"（a risk assessment report, 2015）[EB/OL]. [2017-07-10]. https://static1.squarespace.com/static/529fcf02e4b0aa09f5b7ff67/t/554c49cee4b06fc215162cb4/1431062990726/One+Belt%2C+One+Road.pdf.
③ 同上。
④ 同上，10。
⑤ 同上，11。

条约方面的动态。① 相关部门处理投资审批事宜:"鉴于行业监管机构在审查投资方案时可能会从狭隘的角度看待具体的行业问题,希望政府能够利用前外国投资促进局官员的专业知识,以缓解过渡期。"②

印度不参与"一带一路"倡议,对其不利,使其失去首选投资国的地位。自1994年以来,尽管印度与美国的双边投资条约谈判因投资国争议解决方案问题受阻,其仍与80多个国家签署了双边投资条约。③ 投资者担忧的是,"2016年,印度政府还要求25个现有双边投资条约的缔约方(包括中国、墨西哥和土耳其)根据印度的联合解释性声明修订双边投资条约"④。

(二) 自由贸易协定

中国顺应国际上区域经济一体化的大趋势,积极开展与贸易伙伴的自由贸易协定谈判,取得了很大进展。在2002年,中国的第一个自由贸易协定,和东盟达成的自由贸易协定开启了中国自由贸易协定事业新征程。截至2023年,中国已经达成了22个自由贸易协定,和29个国家和地区签署了这些协定。

---

① Debevoise & Plimpton. India disbands the FIPB and Endangers BITs: one step forward, two steps back? [EB/OL]. (2017-06-30)[2017-07-10]. www.debevoise.com/~/media/files/insights/publications/2017/06/20170630_india_disbands_the_fipb_and_endangers_bits_one_step_forward_two_steps_back.pdf.

② Debevoise & Plimpton. India disbands the FIPB and Endangers BITs: one step forward, two steps back? [EB/OL]. (2017-06-30)[2017-07-10]. www.debevoise.com/~/media/files/insights/publications/2017/06/20170630_india_disbands_the_fipb_and_endangers_bits_one_step_forward_two_steps_back.pdf.

③ BASU N. US junks Bilateral Investment Treaty talks[EB/OL]. The Hindu Business Line,(2017-06-28)[2017-10-28]. www.thehindubusinessline.com/economy/policy/us-junks-bilateral-investment-treaty-talks/article9740501.ece.

④ Debevoise & Plimpton, 2017.

尽管自由贸易协定可以促进贸易往来，但与同一国家缔结众多不同规则的自由贸易协定，难以满足监管要求，不利于中小企业发展。有时启动滞后时间长达十年，没有效益积累。最重要的是，与自由贸易协定有关的效益积累仅限于边境地区，很难使距边境较远的地区受益，因此催生了通用合同法。

(三) 合同事项

目前已有许多国际公约和示范法，但合同法领域仍缺乏真正的一致性，管辖法律和相关管辖权的适用问题仍然存在。如果双方协商一致，可以指定贸易中通用的法律和司法管辖区。例如，许多商品销售选择适用英国法，指定伦敦为仲裁地，以解决交易争端。伦敦法院在处理海事纠纷方面积累了丰富的经验。但就基础货物销售合同而言，情况并非如此。

在此有两个问题需要解决：合同设计的审查和统一合同法的采用。为了获得利益最大化，两种途径需要相互协调。弗里德林格等认为：

事实上，2016年诺贝尔经济学奖得主奥利弗·哈特已经提出，大多数合同都是不完整的。我们认为，当今商业环境复杂多变、不可预测，供需变化很快。市场威胁来自各个方面，包括新的竞争者、客户的炒作、颠覆性的技术、监管和不可预测的事件，如油价的剧烈波动。从本质上讲，我们正在处理越来越多未知或不可知的问题。因此，必须设计关系合同机制，不是为了回避现实，而是为了应对现实。交易合同还没有构建一个当今环境所需要的灵活协作机制。①

鉴于中欧走廊沿线商业的复杂性，随着"一带一路"在国际贸易中开辟新机遇，从而推动新经济体的崛起，关系合同可能变得十分重要。

1. 关系合同

关系合同被描述为：

在灵活的合同框架内，基于社会规范和共同确定的目标，建立商业关系的具有法律效力的书面合同，在商业交易之前优先考虑利益保持一致的关系。②

它从本质上将社会规范作为文化元素纳入了正式合同。亚洲地区十分重视这一点，例如在中国，人们希望通过友好协商、寻找双方都能接受的解决方案重新谈判合同，而不是通过诉讼。

关系合同是正式合同，因此包含了欧洲奉行的形式主义观点。合同通常建立在价格和权利的基础上，但也涉及问题解决、同事关系以及个人关系。经济学家和心理学家也一直关注设计一个成功的关系合同应注意的因素。③ 简而言之，关系合同的目标应基于结果

---

① FRYDLINGER D, et al. Unpacking relational contracts [EB/OL]. Knoxville：Haslam College of Business, University of Tennessee：16.[2017-10-27]. www.vestedway.com/wp-content/uploads/2016/10/Unpacking-Relational-Contracting_v19.pdf.

② 同上，第5页（原文中的斜体字）。

③ KAHNEMAN D. Thinking, fast and slow [M]. NY：Farrar, Straus and Giroux, 2011；HELPERS, HENDERSEN R. Management practices, relational contracts, and the decline of General Motors[J]. *The Journal of Economic Perspectives*, 2014, 28(1)：49; VITASEK K, et al. Unpacking collaborative bidding：harnessing the potential of supplier collaboration while still using a competitive bid process[M/OL]. Knoxville：The Haslam College of Business, The University of Tennessee. [2017-10-27]. www.vestedway.com/wp-content/uploads/2017/08/Unpacking-Collaborative-Bidding_2017.pdf.

或产出，例如提高客户满意度或获得市场份额。[①] 但是基于结果的最终目标必须考虑风险分配及市场变化等因素。与市场和战略相关变化的发生往往不可避免，必须在关系合同中内置转移优先事项的能力。[②] 注重最终目标的最好实例就是"一带一路"倡议，中国正投资数十亿美元创建一个贸易网络——尽管发展阶段成本高昂——但长期而言，将有益于国家。

关系合同并不是一个仁慈的典范。利润仍然重要，否则交易停滞不前。关系合同的目的是建立持续的利益一致性：

> 创建关系合同的过程使合同双方能够解决商业谈判中最棘手的部分——价格/价值谈判。根据指导原则，合同双方将有义务和动力去寻找一种不使用权利的、尊重忠诚和公平的模式，即平等对待双方的利益、风险和回报按比例分配的模式。[③]

从定义上看，"一带一路"倡议将创建一个复杂的机遇网络，在寻找业务增长所需的相关经济资产时，达成战略协议成为必要。正如弗里德林格等所指出的：

> 关系合同不会也不应该取代交易合同。有必要将交易合同和关系合同纳入一个更加全面的体系中，以解释两者的特点，包括何时

[①] FRYDLINGER D, et al. 2016: 31.
[②] 同上。
[③] 同上，第32页。

需要适用何种合同模式。①

跨国承包可以通过统一销售法得到进一步改善和合理化。除了降低法律成本外,双方当事人将依赖于相同的合同结构。《联合国国际货物销售合同公约》作为一项公约,应与作为示范法的《国际统一私法协会国际商事合同通则》结合使用。

2. 协调统一的合同法

欧洲已完成三个版本的统一合同法的制定,分别为《欧洲合同法原则》《共同参考框架草案》和《欧洲共同销售法》,但最终尚未达成一致。亚洲接受《联合国国际货物销售合同公约》的情况并不理想,南亚国家都尚未接受该公约。"一带一路"倡议的参与国众多,短期内也难以制定出一部统一的合同法。由于中国作为"一带一路"的推动者,同沿线许多欧洲国家一样是公约国,沿线的非公约国可能会被说服采用《联合国国际货物销售合同公约》,使其成为合同的管辖法。简而言之,该公约可以成为"一带一路"范围内的法律选择。以设备和机械出口为支撑的基础设施投资和建设是合同的重要内容。

迄今为止,已有88个国家将《联合国国际货物销售合同公约》

---

① 如参见 KAHNEMAN D. Thinking, fast and slow[M]. NY: Farrar, Straus and Giroux, 2011; HELPERS, HENDERSEN R. Management practices, relational contracts, and the decline of General Motors[J]. *The Journal of Economic Perspectives*, 2014, 28(1): 49; VITASEK K, et al. Unpacking collaborative bidding: harnessing the potential of supplier collaboration while still using a competitive bid process[M/OL]. Knoxville: The Haslam College of Business, The University of Tennessee. [2017-10-27]. www.vestedway.com/wp-content/uploads/2017/08/Unpacking-Collaborative-Bidding_2017.pdf,第42页。

引入其国内法律体系，其重要地位不言自明。① 据估计，全球80%的货物贸易可能都受《联合国国际货物销售合同公约》管辖。② 缔约国逐步取消保留意见，有助于该公约发挥国际协调的作用。起草者在设计统一规则时的意图须时刻铭记：③

将社会、经济和法律制度的差异考虑在内，将有助于减少国际贸易的法律障碍，促进国际贸易的发展。

即使大部分"一带一路"国家批准了《联合国国际货物销售合同公约》，但各国的法律体系也需要一段时间适应新制度。如越南近期批准了《联合国国际货物销售合同公约》，该国合同植根于成文法，法国的殖民影响难以避免。经济学人智库对此做了如下说明：

法官并不在乎自相矛盾，对其他法庭的裁决不以为然。也很少有过往的案例可以用来提醒外国投资方提防潜在的商业陷阱。合同谈判的过程可能很漫长，政府的立项许可批复也往往遭延误。建议在越南经营的企业应考虑是否可以在合同中加入由新加坡仲裁法院解决争议的条款。在交由法庭判决或通过仲裁解决合同问题前，建议企业先尽可能尝试所有的谈判途径。④

---

① The United Nations Commission on International Trade Law. Status：United Nations Convention on Contracts for the International Sale of Goods (Vienna 1980)[EB/OL].[2017-10-27].http:// uncitral. un.org/en/texts/salegoods/conventions/sale_of_goods/cisg.

② SCHWENZER I, KEE C. International Sales Law——The Actual Practice[J]. *Penn State International Law Review*, 2011, 29(3)：428.

③ The United Nation Commission on International Trade Law. United Nations Convention on Contracts for the International Sale of Goods [EB/OL].[2017-10-27]. https://uncitral.un.org/sites/uncitral.un.org/files/media-documents/uncitral/en/19-09951_e_book.pdf.参见前言第3段.

④ The Economic Intelligence Unit, 2015：11.

但《联合国国际货物销售合同公约》不是一部法典，其中的空白仍需由国内法填补，这降低了普通合同法的效率。另一个问题是，《联合国国际货物销售合同公约》虽发挥作用，但许多公司仍然排除其适用。其中一个误解是，在许多情况下，法律界没有认识到，对公约和示范法的正确解释可以产生经济效益，因为它减少了学习不同法律制度的规则或聘请熟悉外国法律适用的律师的需要。早在1980年，上议院在福瑟吉尔诉君主航空公司案①中就注意到了统一规则的优势，该案对《统一国际航空运输某些规则的公约》（1929年10月12日，简称《华沙公约》）进行了解释。斯卡曼勋爵总结道：

国际公约所载规则是国际会议的结果。如果案件如本案一样，在私法领域内运作，那么将由外国法院审理。统一性是大多数国际公约的目的，同理，统一国际航空运输规则是《华沙公约》的目标。我们的法官必须能像其他缔约国的兄弟法官一样求助于相同的解释工具。任何其他观点的弊端都可以在本案中得到说明。拒绝为其他缔约国提供这种工具将是对统一规则的破坏性打击，从而违背了签署和颁布公约的目的。不仅如此，我们的法官实现立法目的的能力也将受到限制，其判决在其他缔约国管辖范围内的说服力也将被削弱。②

这一说明与中国政府实施"一带一路"倡议的愿景不谋而合。"一带一路"倡议想获得成功，必须简化物流，同时简化运输和合同所产生的法律问题。有两个问题需要考虑，合同法的区域协调是

---

① [1981] A.C. 251.
② [1981] A.C. 294.

否有助于有效减少贸易壁垒，以及是否应该扩大《联合国国际货物销售合同公约》的适用范围。

就第一个问题而言，欧洲的失败尝试以及对亚洲合同法原则的消极接受表明，在合同法的统一进程中，这不是一条成功之路。①

至于第二个问题，2013 年，维拉诺瓦会议断然拒绝了在联合国国际贸易法委员会第 45 次会议上瑞士倡议的扩大《联合国国际货物销售合同公约》适用范围的意见。② 以协定的方式克服该公约中的一些漏洞的建议同样注定要失败。③ 以上提议都需要各国批准，而可能出现的问题是，《联合国国际货物销售合同公约》存在两个保留意见，这起码无助于销售法的全球统一。最好的例证是航运法，1924 年 8 月 25 日在布鲁塞尔签署的《统一提单的若干法律规定的国际公约》（《海牙规则》），经 1968 年 2 月 23 日在布鲁塞尔签署的议定书和 1979 年 12 月 21 日在布鲁塞尔签署的议定书（《海牙维斯比规则》）修正后，仍然在该领域占主导地位。但《联合国海上货物运输公约》（汉堡，1978 年 3 月 31 日）（《汉堡规则》）只得到少数国家认可批准。就 2009 年 9 月 23 日在鹿特丹签署的《联合国全程或部分海上国际货物运输合同公约》（《鹿特丹规则》）而言，至少在可预见的未来，还没有迹象表明这一公约会生效。

由于没有比简单接受《联合国国际货物销售合同公约》更优越

---

① HAN S Y. Principles of Asian Contract Law: an endeavour of regional harmonisation of contract law in East Asia[J]. *Villanova Law Review*, 2013(58): 589. ZELLER B. Regional harmonisation of contract law—is it feasible? [J]. *Journal of Law, Society and Development*, 2016, 3(1): 85.

② LOKEN K. A new global initiative on contract law in UNCITRAL: right project, right forum? [J]. *Villanova Law Review*, 2013(58): 509.

③ PETROVIC J, et al. The exclusion of the validity of the contract from the CISG: does it still matter? [J]. *Journal of Business Law*, 2017(2): 101-120.

的办法，对区域协调问题的思考尚未找到突破口。① 任何区域合同原则仅为示范法，需要纳入合同才具有法律效力。

一个更好的提议是，除了《联合国国际货物销售合同公约》，还将《国际统一私法协会国际商事合同通则 2010》纳入合同。赫伯特·克隆克教授支持将这两者结合起来解读，他说：

我们看到，《联合国国际货物销售合同公约》是所有关于具体合同法的现代公约之母，而《国际商事合同通则》是现代一般合同法的（不可避免的）软法律来源。这两份文书既不是竞争关系，也不是迥异，而是相辅相成，甚至更有可能是一种富有成效的共存关系。……《国际商事合同通则》显然具有解释补充的功能，因为其涉及一般合同法的广泛专题，无论是《联合国国际货物销售合同公约》还是其他现有或未来的专门针对特定类型交易的公约都不敢触及这些专题。②

国际统一私法协会建议的示范条款如下：

本合同应受经《国际统一私法协会国际商事合同通则 2010》解释和补充的《联合国国际货物销售合同公约》管辖。

(2010)③

---

① ZELLER B. The development of a global contract law: still a dream? [A]// UNIDROIT (ed). Eppur si muove: the age of uniform law: essays in honour of Michael Joachim Bonell to celebrate his 70th birthday (volume 2)[C]. The International Institute for the Unification of Private Law, 2016: 1179. ZELLER B, 2016, 3(1): 85.

② KRONKE H. The UN Sales Convention, The UNIDROIT Contract Principles and the way beyond[J]. *Journal of Law and Commerce*, 2005(25): 458-459.

③ International Institute for the Unification of Private Law. Model Clauses for the Use of the UNIDROIT Principles of International Commercial Contracts[EB/OL]. [2017-10-28]. www.unidroit.org/instruments/commercial-contracts/upicc-model-clauses.

该条款最适合用于将《联合国国际货物销售合同公约》作为合同准据法的情形。在其他情况下，应在条款中加入国内管辖法，以填补《联合国国际货物销售合同公约》和《国际商事合同通则》留下的空白。这两本文书都不是法典，各国在批准过程中无法就纳入某些原则达成一致（如第4条中的合同有效性），不可避免地会出现空白。[①]

《国际商事合同通则》确实包含了《联合国国际货物销售合同公约》内容之外，但与合同订立有关的事项，如代理人的权限、同意的缺陷、合同抵销等。尤其是根据《国际商事合同通则》处理第三方权利的问题。[②] 这种处理方式以民法的格言"任何人不得为他人缔约"为范本，即引用《瑞士债法典》第112（1）条：

以自己的名义，为第三人之利益而设定债务的债权人，有权为第三人之利益而请求履行债务。[③]

如果免责条款试图保护供应链中的所有参与者，如独立承包商，那么这一方面极为重要。参与者仍然遵守合同相对性原则，即非合同关系当事人不能主张合同上的权利（即不能从中受益），更不负担合同中规定的义务。该原则通过邓洛普轮胎有限公司诉塞尔复里奇有限公司案在英国法中被正式确立为一项基本原则。[④]

---

　① 《联合国国际货物销售合同公约》第4条规定："本公约仅适用于销售合同的订立以及卖方和买方因此种合同而产生的权利和义务。 特别是，本公约除非另有明文规定，与以下事项无关：（a）合同的效力，或其任何条款的效力，或任何惯例的效力；（b）合同对所售货物所有权可能产生的影响。"
　② 参见《国际统一私法协会原则》第5.2.1条—第5.2.6条。
　③ 瑞士民法典联邦修正案（第五编：瑞士债法典），www.admin.ch/opc/en/classified-compilation/19110009/201704010000/220.pdf。
　④ [1915] A.C. 847.

3. 协调合同的解读

无论是关系合同还是其他合同，都不是完整的。对合同的解释，可能是诅咒，也可能是祝福，[①] 这都无法避免。

解释工具各不相同，取决于所选择的法域。但有一个既定事实，在不断变化的环境中，因为书面合同具有决定性，所以将"完整协议条款"纳入合同并不同书面合同本身一样明智。

基于诚信和主观意图，《联合国国际货物销售合同公约》《国际商事合同通则》以及解释合同与当事人行为的原则，对于按照当事人的意愿解释合同具有极大的帮助。与普通法相反，《联合国国际货物销售合同公约》第 8 条和《国际商事合同通则》第 4.1 条至第 4.8 条允许考虑当事人在缔约前、缔约中或缔约后的谈判中所表达的主观意图。前者第 8 条实际上重复了后者中的规定：

1. 为本公约的目的，一方当事人所作的声明和其他行为，应依照他的意旨解释，如果另一方当事人已知道或者不可能不知道此意旨。

2. 如果上一款的规定不适用，当事人所作的声明和其他行为，应按照一个与另一方当事人同等资格、通情达理的人处于相同情况中，应有的理解来解释。

3. 在确定一方当事人的意旨或一个通情达理的人应有的理解时，应适当考虑到与事实有关的一切情况，包括谈判情形、当事人之间确立的任何习惯做法、惯例和当事人其后的任何行为。

第一个问题用以区分当事人的主客观意旨。第 8 条第 1 款指示

---

① EORSI G. General provisions[A]//GALSTON NM, SMITH H. International sales: the United Nations Convention on Contracts for the International Sale of Goods[C]. NY: Bender, 1984: paras 2-1-2-36.

法院首先调查主观意旨，只有在第1款不适用的情况下才能适用第2款的客观意旨。

唯一的区别在于，第8条第1款依赖于双方当事人证明存在"意见一致"，而第8条第2款则依赖于在第一种方式无法提供答案的情况下进行"通情达理的人"测试。由于这两种方法都是针对同一个问题——当事人的行为和陈述，因此从逻辑上看，在尝试客观方法之前，应首先解决主观问题。

每一方的陈述都需要经过客观的检验，才能被视为事实。在跨国环境中，该方法优于普通法方法，因为在普通法中只适用客观方法，即口头证据规则。[①] 麦克劳克伦提出了一个尖锐的问题：

为什么允许当事人"一致否定"某一特定含义的事实证据，而不允许当事人"一致接受"某一特定含义的事实证据？[②]

《联合国国际货物销售合同公约》和《国际商事合同通则》对这一问题的回答是，首先审查当事人的主观意旨，以确定当事人之间已经确立的特定含义是什么。第8条第3款对如何确定当事人的意旨进行了解释。通过使用诸如"包括""确定意旨"等术语来替代解释，表明法院可以自由地确定当事人的意图，直至当事人满

[①] 如果合同已转化为书面形式，则当事人之间所发生的情况，无论是在书面文件作出之前还是在其准备期间，均不得以增加或减少书面合同或者在任何事项上变更或损害书面合同的性质为目的提供口头证据。 这就是所谓口头证据规则的经典解释，这一规则实际上适用于所有外部证据，无论是口头证据还是其他证据，而且，在某些方面，它是一项实体法规则，而不仅仅是一项证据规则。 MCKENDIRCK E. Goode on commercial law[M]. 4th ed. Penguin Books, 2010: 101.

[②] MCLAUCHLAN D. Common assumptions and contract interpretation[J]. Law Quarterly Review, 1997(113): 237, 242.

意。基于这一点，蒂维卡通公司诉格哈德·舒伯特股份有限公司案[1]就很有趣。其中有一项合并条款内容如下：

此报价包含我方的全部报价。根据本协议下达的任何订单，上述规定完全取代之前的任何通信、报价或协议。除书面规定并明确构成本报价的一部分之外，双方之间不存在与本报价中产品有关的任何协议。[2]

根据普通法，这样的条款是有效并且可执行的，因为口头证据规则承认合并条款是完整的书面文件。但根据《联合国国际货物销售合同公约》，对包括合并条款在内的整个合同的解释适用第8条。问题在于，当事人主观上知道或不应不知道合同条款是什么。凯西（Casey J.）指出，"只有当这两家公司都有意旨受'合同条款与条件'中所载的合并条款约束时，合并条款才能生效"[3]。法院进一步指出，先前的外部证据可能具有无视包含合并条款的样板语言的效力，因此它胜过书面合并条款本身。[4]

美国科罗拉多州地方法院在阿尔法普莱发展公司诉荷兰装载机公司及史蒂文·迈克尔·斯瓦特克案[5]中指出了两个重要的事实：第一，"《联合国国际货物销售合同公约》的文本和评注表明，当事人之间的书面文件并不能确定其协议的条款"[6]；第二，"书面形

---

[1] No 00 Civ. 5189（RCC），美国纽约南区地方法院，全文可在 http://cisgw3.law.pace.edu/cases/060823u1.html 获得，2017年7月10日访问。

[2] 同上。

[3] 同上。

[4] 同上。

[5] 民事诉讼 NO.09-cv-01763-WYD-KMT，美国科罗拉多州地区法院，全文可在 http://cisgw3.law.pace.edu/cases/100706u1.html 获取。

[6] 同上。

式是确立和解释合同条款时需要考虑的诸多情况之一，但仅是其中之一"①。

其表面上可能表明《联合国国际货物销售合同公约》并没有促进确定性，因为书面文件并不是合同条款的决定性证据，主观观点甚至可以改变合同条款。但事实上，合同从来不是完整的，当事人的所有意图并非锁定在一个合同中，好比一个人给朋友写信不会写双方都知道的事实。同宾夕法尼亚东区美国地方法院在 ECEM 欧洲化学品销售公司诉普罗莱特公司案中的陈述一样：

> 根据《联合国国际货物销售合同公约》，《美国统一商法典》关于书面文件是完全完整还是部分完整的标准查询没有多大意义，因此法院在解释合同条款时较少受到"四角规则"的约束。②

法院考虑的不是条款的清晰度，而是当事双方是否有意将其他明确的条款纳入其合同义务。凭借第 8 条规定，如果合并条款及其他条款或条件与当事人的意旨相违背，则不能对其作出字面解释。在 MCC 大理石陶瓷中心有限公司诉新阿哥斯蒂诺陶瓷有限公司案③中，法院根据该规定明确裁定：

> 买方并没有打算同意形式合同背面的条款，承认卖方的代表知道买方的主观意旨使本案完全符合《联合国国际货物销售合同公约》第 8 条第 1 款的规定，因此要求法院在解释双方行为时考虑买

---

① 民事诉讼 No.09-cv-01763-WYD-KMT，美国科罗拉多州地区法院，全文可在 http://cisgw3.law.pace.edu/cases/100706u1.html 获取。

② 民事诉讼 No. 05-3078，美国宾夕法尼亚州东区地区法院，全文可在 http://cisgw3.law.pace.edu/cases/100129u1.html 获取。 引用自意大利克劳迪娅制鞋商诉奥利维里鞋业有限公司案（美国纽约南区地方法院），1998 U.S. Dist. Lexis 4586。

③ No. 97-4250（美国第十一巡回上诉法院），全文可在 http://cisgw3.law.pace.edu/cases/980629u1.html 获取。

方的证据。[①]

上述借鉴了普通法司法管辖区的判例法对第 8 条的解释。其清楚表明，当事人的真实意旨可以得出，且合同的四角规则不构成约束。第 8 条第 3 款的确说明了在解释合同时可以考虑的情况。图尔高州上诉法院（高等法院）将四角规则[②]作为第 8 条第 3 款的一部分纳入：[③]

根据《联合国国际货物销售合同公约》第 8 条第 3 款，对一方当事人的实际意图以及接受者的观点进行调查时，必须考虑所有相关情况，如前文提及的当事人之间确立的习惯做法、惯例和当事人其后的任何行为……该公约要求在解释时考虑合同的整体性。各条款必须被视为合同不可分割的一部分，应结合上下文而不是孤立地加以解释。

六、结语

像中国规模如此巨大的"一带一路"项目，不仅给企业调整其交易方式带来挑战，而且促使企业制定新的法律框架以面对新的机遇。各国政府需要针对挑战调整自由贸易协定和双边投资条约，同时酝酿大规模的新经济建设计划。

---

① No. 97-4250（美国第十一巡回上诉法院），全文可在 http://cisgw3.law.pace.edu/cases/980629u1.html 获取。

② ZELLER B. Four-corners-the methodology for interpretation and application of the UN Convention on Contracts for the International Sale of Goods [EB/OL].[2017-07-10].http://cisgw3.law.pace.edu/cisg/biblio/4corners.html.

③ ZBR.2006.26 瑞士图尔高州上诉法院建材案。英文译本可在 http://cisgw3.law.pace.edu/cases/061212s1.html 获取。

第七章 "一带一路"：一法可行吗？

"一带一路"倡议可能成为开启新的跨国法律格局的一大机遇。协调统一的法律不仅适用于边境地区，也适用于内陆地区。《联合国国际货物销售合同公约》和《国际商事合同通则》是建立协调统一的合同法的完美工具，也有助于扩大"一带一路"沿线的供应线。关系合同作为谈判中的不变因素，最适合利用统一的合同法。《联合国国际货物销售合同公约》与示范法相结合的重要性在于它涵盖了丝绸之路沿线的众多司法管辖区，并将为建立国际经济新秩序作出贡献。

第八章　泰国冲突法规范、中国"一带一路"倡议与东盟贸易便利化：协调差异、走向共赢

吉提瓦·春切姆赛

一、引言

　　自中国政府实施"一带一路"建设、重新开辟通往世界的新贸易路线起，全球迎来繁荣机遇。泰国及大多数东盟国家受邀参与。为了开展这一项伟大事业，各方积极筹划基础设施建设，如开通连接各国的公路和铁路，以响应"新丝绸之路倡议"。这类有形的基础设施的建成，将促进沿线各国互联互通。毫无疑问，这样的建设可以在一定时间范围内完成。

　　然而，监管性基础设施建设和跨国跨区域网络中的法律体系和制度建设，在公路、铁路运输网络拓展中是否需要制定统一的法律或建立协调的法律体系，以促进东盟地区"一带一路"沿线国家的贸易流动？更具体地说，是否需要在东盟成员国之间制定集体公共政策？如果国际私法或冲突法的功能是确定唯一一个（联系最密切

的)国家法以管辖跨国交易所产生的法律问题,那么法律的适用会变得困难,因为法院地法会为法律选择提供潜在的规避手段。而若采用"我国优先"策略,则可能导致一种尴尬的局面,即多个国家的法律可适用,判决结果取决于适用了哪国法律。

尽管可获取的学术资源有限,本章仍试图阐明"一带一路"倡议和东盟贸易便利化背景下公共政策和法律冲突之间的联系。引言之后,详细阐述政策与法律之间的冲突,以及东盟成员国和中国之间政策的关联,这种关联为共同道路奠定基础。接着,指出有关冲突法的法律问题,这些问题可能不利于区域间硬基础设施建设,重点讨论公共政策、相关规定和法律冲突等问题。最后,尝试作出诊断、提出对策,尽可能协调冲突规则差异,并呼吁学界进一步参与相关探讨。

二、政策和法律:共同道路上的软基建

对于"一带一路"沿线国家来说,构建一个共同的法律体系,无论是作为联系各国的硬基础设施还是软基础设施,都是重大挑战。由于"市场需要法律基础设施提供保障"[1],而法律设施需要政治意愿的推动,[2] 因此,相关国家间的集体政治决心将推动区域法律基础设施改革,进而推动市场发展。

---

[1] FRANKEL T. The legal infrastructure of markets: the role of contract and property [J]. *Boston University Law Review*, 1993,73(3): 404. KNIGHT E S. Legal infrastructure for the new global marketplace[J]. The international lawyer, 2000,34(1): 211-221.

[2] POSNER R A. Creating a legal framework for economic development[J]. *The World Bank Research Observer*, 1998,13(1): 1.

众所周知,东南亚具有多元化特征。各国的法律传统因政府管辖领域和划分单位的不同而迥异,个性化特点突出。为了应对法律冲突问题,偶尔出现要求统一和协调实体法或国际私法的呼声,但目前进展不大。①东盟政策协商、凝聚共识、推行软性法律机制的区域发展方式已得到充分体现。而基于规则的硬性法律机制似乎不大适用。本文建议,确立坚定的共同政策目标是迈向区域法律基础设施和市场建设的第一步。

(一) 东盟的集体政策目标和承诺

基于各项软性机制,东盟共同体针对中国倡议的间接性(即使不是直接的)集体政策目标进展较为顺利。在合作过程中,贸易便利化不断推进。《东盟经济共同体蓝图2015》提出以下"贸易便利化"设想:

简便、协调、标准化的贸易、关税,程序、信息流动能够在东盟内部降低交易成本,以增强出口竞争性,建成稳定、繁荣的单一市场和生产基地,实现区域内货物、服务、投资等自由流动。②

随着愿景转化为行动,③《东盟经济共同体蓝图2025》在肯定

---

① HARDJOWAHONO B. *The Unification of Private International Law on International Commercial Contracts within the Regional Legal System of ASEAN*[M]. [S.L.]: Hephaestus Publishers, 2005. BELL G. Harmonisation of contract law in ASIA – harmonising regionally or adopting global harmonisations—the example of the CISG[J]. *Singapore Journal of Legal Studies*, 2005: 362 – 372. RAJAGUKGUK E. Harmonization of law in ASEAN countries towards economic integration[J]. *Journal Hukum Internasional*, 2012, 9(4): 529 – 537. WONG J. On legal harmonisation within ASEAN[J/OL]. *Singapore Law Review*, 2013/2014: 5 [2017-12-15]. www.singaporelawreview.com/juris-illuminae-entries/2015/on-legal-harmonisation-within-asean.

② 《东盟经济共同体蓝图2015》,第16段。

③ 同上。

第八章　泰国冲突法规范、中国"一带一路"倡议与东盟贸易便利化：协调差异、走向共赢

前期工作成效与经验的基础上，对第二阶段的工作提出建议。①"加快和深化实施贸易便利化"②是当前的目标。战略措施的经济目的是加强参与全球价值链。在运输便利化合作方面，"提高东盟运输的连通性、效率、一体化、安全性和可持续性，以加强东盟的竞争力，促进区域包容性增长和发展"③的愿景也已成为目标。这些政策措施可以确保东盟对"一带一路"建设作出更大的贡献。

在东盟法律基础设施发展方面，若干国际和区域文书发挥了重要作用。根据《东盟宪章》宣布的建立东盟单一市场的政策目标，④东盟贸易便利化框架已被采纳。这一区域性框架相当于世界贸易组织的《贸易便利化协定》和世界海关组织的《关于简化和协调海关制度的国际公约修正案议定书》[《京都公约》（修正本）]。框架范围涵盖以下一般领域：（1）海关和运输便利化；（2）贸易法规和程序的透明度；（3）标准和一致性；（4）私营部门参与和商业便利化，以及具体领域如：东盟单一窗口、东盟海关和过境系统、东盟贸易存储库、东盟范围的自我认证系统，以及东盟投资、服务和贸易解决方案等。⑤为了推动这一框架运作并加强东盟成员国之间的协调，东盟贸易便利化联合磋商委员会已经成立。此外，在运输方面，东盟还宣布实施《东盟货物跨境便利化框架及技术议定书》和《东盟货物过境便利化框架协议》，⑥进一步

---

① 《东盟经济共同体蓝图 2025》，第 9、10 段。
② 同上，第 24 段。
③ 同上，第 46 段。
④ 《东盟宪章》，第 1（5）条。
⑤ 东盟贸易便利化框架，第 5 段。
⑥ 参见《东盟货物跨境便利化框架及技术议定书 1998》和《东盟货物过境便利化框架协议 2009》。

197

强化其在区域内外建立一体高效的物流和运输系统的意愿和决心。《东盟交通运输战略计划2016—2025》宣布了东盟经济共同体内外的运输网络计划。以上框架的实施,将有助于推进该区域基础设施建设,加强与中国的交流合作,共同打造跨境贸易枢纽网络。

(二) 泰国:冲突法的最新发展

泰国对全球和区域发展的态度与东盟类似。贸易便利化已成为该国应对区域和国际发展的战略计划之一。根据泰国第12次国家经济社会发展计划(2017—2021年),发展贸易便利化基础设施和物流运输系统达到国际标准,被列为泰国发展战略中"发展经济、加强可持续竞争力战略"的重要部分。① 在这一战略指导下要求各级政府部门采取更积极的行动,加强和促进贸易,注重以支持措施而非控制手段开展实施。此外,"推进基础设施、物流、交通设施建设战略"也是提高泰国贸易便利化机制竞争力和效率的重要手段。

泰国一直积极推行发展战略,与联合国专门机构——世界银行集团公布的经商便利措施相关建议契合。泰国成立法律改革委员会,广泛审查和改革可能妨碍商业活动、给人民生活造成负担以及过时的法律法规。② 世界银行《2018年营商环境报告:改革以创造就业》对全球190个经济体的营商环境进行评估和排名,泰国排名较上一年跃升22位,至第26位。此外,泰国被列为"全球年度营

---

① 国民经济和社会发展计划,www.nesdb.go.th/nesdb_en/ewt_w3c/main.php?filename=develop_issue,2017年12月29日访问。

② Thailawreform.go.th,www.thailawreform.go.th,2017年12月15日访问。

商环境改善力度最大的 10 个经济体之一"[①]。

政策和法律是东盟，特别是泰国的软基础设施，遵循同样的发展路径。东盟的"同一个愿景，同一个共同体"应与"一带一路"有着相同的理念，因此，政策冲突和监管竞争可能会减少。但最近的一项实地调查研究[②]表明，尽管有集体政策目标指导和相关法律文书管辖，但法律冲突仍在发生。柔性的政策统一可以通过合作实现，但法律制度的统一化并非易事。例如，就泰国和东盟其他成员国之间的贸易便利化问题而言，尽管各国都加入了世贸组织的《贸易便利化协定》和东盟贸易便利化框架，但它们的法律法规各不相同。由于执行法律法规的差异显著，区域一体化只有通过广泛层面的合作才可能得以实现。

三、冲突法：指向差异化的法律选择

在法律冲突仍然存在的情况下，为了维持该区域各国的共同发展，可以制定集体政策目标。一项由经济学家和律师联合开展的研究发现，东盟的贸易流动极有可能受到法律的阻碍。[③] 东盟国家过时的、不兼容的、低效的法律法规，不发达的统一协调机制以及与

[①] World Bank. Thailand moves up in global doing business ranks（2017）[R/OL].[2017-12-15]. www.worldbank.org/en/news/press-release/2017/11/01/thailand-moves-up-in-global-doing-business-ranks. World Bank. Doing business2017: equal opportunity for all, a World Bank Group Flagship Report（14th ed）[R].

[②] TANGTIPONGKUL K, et al. Analysis of the effects and utilization of agreements and cooperative frameworks related to economics and international trade in ASEAN community[J]. LJI Business Management Journal, 2018(9): 30.

[③] 同上。

跨境贸易有关的法律冲突,[①] 给跨国商业运营造成极大不便。泰国和东盟新成员国涉及国际贸易的法律中,仲裁法是唯一一个在一定程度上实现了体系化的领域,所有东盟成员国都是1958年《承认及执行外国仲裁裁决公约》的缔约国。[②] 影响国际贸易其他（如海关、运输、知识产权、仲裁以外的争议解决、销售等）领域的法律都欠完善,而经济增长和法律制度相互关联、相互作用,[③] 不可避免地导致法律冲突,这种冲突势必影响东盟地区"一带一路"建设的推进。

(一)"一带一路"背景下的冲突法

当代冲突法的特点是个性化而非协调化。而协调是解决国家间法律分歧的重要方法,其实现需要运用适当的连接点、采取合理的法律监管。冲突规范因其差异化的解决方法和复杂的运作体系而受到抨击,[④] 此外法院地法的普遍存在也导致东盟司法体系在确定适用法律时存在潜在问题。在东盟10个成员国中,冲突规则及其应用的可操作性也是困难之一。

在东盟的区域法律领域中,已有大量研究涉及国际商业合同相

[①] TANGTIPONGKUL K, et al. Analysis of the effects and utilization of agreements and cooperative frameworks related to economics and international trade in ASEAN community[J]. *LJI Business Management Journal*, 2018(9): 30.

[②] The United Nations Commission On International Trade Law. Status: Convention on the Recognition and Enforcement of Foreign Arbitral Awards (New York, 1958) [EB/OL]. [2017-12-17]. http://uncitral un.org/en/texts/arbitration/conventions/foreign_arbitral_awards/status2.

[③] OGUS A. The importance of legal infrastructure for regulation (and deregulation) in developing countries[J]. *Philippine Journal of Public Administration*, 2003(47): 251; KLERMAN D M. Legal infrastructure, judicial independence, and economic development[J]. Global Business & Development Law Journal, 2007(19): 427.

[④] HARDJOWAHONO, 2005.

第八章　泰国冲突法规范、中国"一带一路"倡议与东盟贸易便利化：协调差异、走向共赢

关法律的协调问题。[①] 本文将客观评价法律协调所取得的成就，如果"我国优先"策略仍大行其道，协调的效率和效果将大大降低。为了避免这种个体化的操作，应该在各国之间建立一种区域性的方法，特别要避免冲突法的差异化和复杂化，这包括但不限于典型的规避手段，因为法律规避很可能导致案件适用法律诉讼所在国的法律，而不是相关外国法。

关于利用传统冲突规则作为法律规避手段，本文将讨论以下具有争议但不可避免的问题。

1. 反致

2. 外国法证明

东盟成员国是否应该注意到其他成员国的法律，而不是要求提供其法律证据？

3. 公共政策

下文将试图说明东盟地区公共政策整体化的可能性。换言之，法院地的公共政策是否仍然是规避适用其他成员国法律的有力工具？

这个问题需要从东盟贸易便利化的角度，特别结合参与"一带一路"的背景来解答。问题在于，一个国家的法院地法是否应被地

[①] HARDJOWAHONO, 2005.另见 LIM Y N. Towards a uniform conflict of laws regime in ASEAN governing international commercial transactions: uniformization of choice of law rules in contract and tort [D]. LLM thesis, McGill University, 2000; ZELLER B. Facilitating regional economic integration: ASEAN, ATIGA and the CISG [C]// SCHWENZER I H, SPAGNOLO L. *Towards Uniformity*: *the 2nd Annual MAA Schlechtriem CISG Conference*. Chicago: Eleven International Publishing, 2011; HAN S Y. Principles of Asian Contract Law: an endeavor of regional harmonization of Contract Law in East Asia[J]. *Villanova Law Review*, 2013(58): 589.

区性的法院地法所取代,如果被视为补充,那么东盟或东盟各国的准据法都应作为法院地法的补充。

为了使冲突法有效发挥作用,必须在适当情况下适用外国法,而不是规避外国法的适用。然而,泰国的情况却大不相同。根据泰国佛历2481年《国际私法》(以下简称泰国《国际私法》)[①],一些冲突法规则时常被用作规避手段,如拒绝证明外国法、援引本国公共政策等,而没有根据反致原则或其他冲突法规则进行裁决的案件。

(二) 冲突法中的法律冲突

三种法律规避手段——反致、外国法证明和公共政策并不相容。在东盟共同体的多元法律体系中,冲突法规范中的冲突经常发生。此部分试图阐明这三种手段在泰国及其他东盟国家的应用。

1. 反致

泰国《国际私法》第4条规定:"适用外国法时,如依该外国法应适用泰国法,则适用泰国国内法,而不适用泰国冲突法规则。"这一规定的实际含义就是法律规避。如果外国法是管辖法,那么外国法律体系中的冲突法规则也应是管辖法的一部分。但如果根据外国冲突法,案件应由泰国法管辖,则泰国相关实体法适用。关于反致这一法定条款,没有任何司法界定。近来以泰语发表的相关研究

[①] 目前还没有一本完整解释该法案的英文版教科书。撰写本文时,作者正在对此进行研究。有关总结性解释,见 THONGPACKDEE C, SUCHARITKUL V [A]// LEYDA A C. *Asian Conflict of Laws*: *East and South East Asia* [C]. Amsterdam: Kluwer, 2015: 233;有关泰国合同冲突法的比较研究,见 PIVAVATNAPANICH P. Choice of law in contract and Thai private international law: a comparative study [EB/OL]. [2017-12-19]. www.thailawforum.com/articles/choiceoflaw3.html。

第八章　泰国冲突法规范、中国"一带一路"倡议与东盟贸易便利化：协调差异、走向共赢

主张部分废除反致原则（即使不是全部废除）。①

东盟其他国家对反致的接受各不相同。越南与泰国类似，反致是一种民法传统，立法明确接受以缓解形势出现的反致，但《越南民法典》（2005）忽略了反致的另一种形态——转致。② 缅甸虽属普通法系，其冲突法规则没有对反致作出规定；③ 马来西亚则借鉴英国普通法，原则上接受反致。④ 菲律宾是混合法系，其反致原则可能通过司法裁决得以接受。⑤ 尽管如此，亚洲国际私法原则应废除反致，且外国法应仅限于外国的实体法，而不包括冲突法。⑥

2. 外国法证明

泰国最受欢迎的冲突法条款可能是泰国《国际私法》第 8 条，其规定如下：

法院不能充分认定适用的外国法时，适用泰国国内法。

泰国法院的许多判例法显示，由于在泰国法庭上无法证明外国

---

① CHUNCHAEMSAI K. The abolition of renvoi doctrine in conflict of laws[J]. Thammasat Law Journal, 2017(46)：69.

② NGUYEN T H T. Private International Law in Vietnam：On General Issues, Contracts and Torts in light of European Developments [M]. Heidelberg：Mohr Siebeck, 2016：56.

③ BRIGGS A. Private international law in Myanmar[M]. University of Oxford, Faculty of Law, 2015：77.

④ HICKLING R H, Wu M A. Conflict of Laws in Malaysia [M]. Singapore：Butterworths Asia, 1995：32.

⑤ COQUIA J R. A restatement of conflict of laws (private international law) for the Philippines[J]. Philippine Law Journal, 1992(67)：121, 127. AQUINO R C. Elements of Philippine Private International law[M]. 3rd ed. London：Central Books Ltd, 2016：151.

⑥ CHEN W Z, GOLDSTEIN G. The Asian principles of private international law：objectives, contents, structure and selected topics on choice of law[J]. Journal of Private International Law, 2017(13)：411, 423.

法的内容,① 许多可能适用外国法的案件没有适用外国法。造成这一事实的原因可能是一切举证责任由当事人承担,这种责任太重而没有执行到位;也可能是立法规定本身含糊不清,或法院的举证标准不明确。

亚洲国际私法原则提出依职权查明外国法。泰国法律界的通常做法与之不同。泰国的外国法实施中,举证责任由诉讼当事人承担。马来西亚和菲律宾与泰国相似,但当事人举证的执行可能更具体、更频繁。② 缅甸的法律制度也有类似的规定,法官既没有权利也没有义务依职权适用外国法律。越南的冲突法规范没有硬性规定,而是采取一种介于临时性和强制性制度之间的折中方法。③

3. 公共政策④

法院排除或规避外国法适用的最后手段是公共政策或公共秩序,或者用泰国的术语来说是"公共秩序和善良风俗"。泰国《国际私法》第5条规定:"外国法的适用,应以不违反泰国公共秩序和善良风俗为限。"如果外国法违反了泰国的公共秩序和善良风俗,国内法将取代外国法。

亚洲国际私法原则对强制性规则的特别规定与欧洲法类似,但限制性较小。⑤ 越南和缅甸有关冲突法的论著也对强制性规则与公

---

① 参见泰国最高法院第 530/2568 号判决,第 1950/2529 号判决,第 3223/2525 号判决和第 3537/2546 号判决。
② 参见 HICKLING,WU,1995:44 和 AQUINO,2016:100。
③ NGUYEN,2016:48。
④ 这一点将在下文详细阐述。
⑤ CHEN,GOLDSTEIN,2017(13):430;此外,还可参见欧洲国际私法规则关于合同义务适用法律的(EC) 593/2008 号条例(《罗马条例Ⅰ》)和关于非合同义务适用法律的(EC) 864/2007 号条例(《罗马条例Ⅱ》)第16条。

共政策在法律适用上的差异进行了论述。① 然而，泰国的冲突法没有关于强制性规则的具体规定。当强制性规则优先于外国法时，它们将作为公共政策规定的范围直接适用。只要与案件有关的泰国法律或强制性法规源自泰国的公共秩序或善良风俗，就应适用。这类强制性法律法规不能对外国法进行司法认知。

公共政策例外在各国法律体系的冲突法规则中有着不同的适用。其适用不仅是一般法律选择程序的例外，因为在一般法律选择程序的例外情况下会选择本地法。② 如果没有限制，而公共政策的适用范围扩大，法院地的公共政策就会凌驾于法院地的国际私法之上。③ 马来西亚、缅甸、菲律宾都使用"公共政策"④ 一词，越南的国际私法术语则是"法律的基本原则"⑤。"公共政策"这一通用术语的使用取决于不同社会的许多不同因素。

四、冲突法中的公共政策机制：共同道路还是分道扬镳？

一个国家的冲突法有各种逃避手段，其中公共政策成为一个主要关注问题。从一开始，东盟公共领域就合作制定了贸易便利化和参与"一带一路"的集体政策目标。但各国法律的差异性造成各种

---

① 分别参见 NGUYEN，2016：61；BRIGGS，2015：79，100。

② MILLS A. The dimensions of public policy in private international law[J]. Journal of Private International Law，2008(4)：201，209。

③ NUTTING C B. Suggested limitations of the public policy doctrine[J]. Minnesota Law Review，1935(19)：196。

④ 参见 HICKLING，WU，1995：3，50；BRIGGS，2015：82；AQUINO，2016：136。

⑤ NGUYEN，2016：60。

冲突，妨碍共同政策的执行。冲突法之间的冲突并未调和差异，反而加速了问题的产生。这一部分试图说明区域化和个性化之间的冲突所导致的法律和政策不一致的情况。

(一) 公共政策之个体主义方法

为了维护或保护法院地的公共利益，法院地法律可能取代应当适用的外国法。公共政策可能涵盖各种法律来源下各种类型的规则、标准和条例，其定义和范围无法明确界定。即使在欧洲国际私法中，法院地的"公共政策"一词也没有得到准确定义。为了控制公共政策的破坏性适用，不少统一冲突法公约都以"明显违反法院地公共政策"作为限制。① 为推进区域一体化，有"根据普通法，不存在'欧洲公共政策'这一概念"② 之说：

公共政策原则具有模糊性，其危险在于，不同的国内法规则产生不同的解释，从而为适用法院地法提供借口，最终违背国际私法的根本宗旨。③

如果真是如此，那么"公共政策理论从来都只是一种逃避手段"④。除非将其整体区域化，否则公共政策机制的应用将成为一国针对特定时刻的某项法律行为的个别处理。

泰国最高法院关于时效法律问题的第 1583/2511 号判决是关于这一问题的重要声明。事实如下：双方同意合同受丹麦法律管辖。

---

① 如《罗马条例Ⅰ》第 21 条、《罗马条例Ⅱ》第 26 条。 VAN CALSTER G. *European Private International Law*[M]. 2nd ed. Oxford：Hart Publishing, 2016：235, 273.

② BRIGGS A. *The Conflict of Laws*[M]. 3rd ed. Oxford：Oxford University Press, 2013：211.

③ FAWCETT J, CARRUTHERS J M, NORTH P. *Cheshire, North & Fawcett：Private International Law*[M]. 14th ed. Oxford：Oxford University Press, 2008：121.

④ HARTLEY T C. *International Commercial Litigation：Text, Cases and Materials on Private International Law*[M]. 2nd ed. Cambridge：Cambridge University Press, 2015：567.

第八章　泰国冲突法规范、中国"一带一路"倡议与东盟贸易便利化：协调差异、走向共赢

根据泰国《国际私法》第13条，选择外国法是适用的。然而，关于时效问题的规定是，如果时效或法定时效与泰国公共秩序或善良风俗有关，则当事双方商定的丹麦法律选择不适用，案件由泰国国内法管辖。通过适用第5条，法院得以规避外国法的适用。总之，只要涉及泰国公共秩序或善良风俗的争议或索赔，外国法律就不能适用。换言之，选择外国法处理争议违反泰国的公共政策。然而，根据《泰国民商法典》[①]和《民事诉讼法》，诉讼时效被视为实质性的，而非程序性的。[②] 如果当事人没有以时效为抗辩理由，法院不能以时效作为驳回诉讼的理由；[③] 在《民事诉讼法》中，时效不属于公共秩序和善良风俗的法律问题。因此，索赔仍然可以提交法院，但对于时效届满的请求权，债务人有权拒绝按请求权履行债务。[④] 即使债务清偿人不知道请求权已过诉讼时效，[⑤] 也要按已过诉讼时效的请求权清偿债务，无论清偿多少，债务清偿人不得请求返还。法律规定的时效，当事人不得通过约定排除适用、延长或缩短。[⑥] 泰国将时效视为公共秩序范围，这种做法一直有争议。

泰国将时效期纳入公共政策的做法可能让读者感到好奇。例如，在斯洛伐克共和国布拉迪斯拉发法院判决的一个案件中，时效期限到期的问题被认为只受外国法律的管辖，即奥地利法律。没有

[①] 英文译文来自：CHUTIWONG K, et al. The Civil and Commercial Code: English version[M]. Rev. ed. Krung Thep Maha Nakhon: Winyuchon, 2016.
[②] 普通法系将时效分为程序性的和实质性的。见 FAWCETT, CARRUTHERS, NORTH, 2008: 80。
[③] 《泰国民商法典》第193/29条。
[④] 《泰国民商法典》第193/10条。
[⑤] 《泰国民商法典》第193/28条。
[⑥] 《泰国民商法典》第193/11条。

关于公共政策例外情况的报告。① 欧洲国际私法规定,根据欧洲法规,适用于合同的法律应特别规定"诉讼时效"②。因此,诉讼时效和诉讼限制是实质性问题,不受法院地法的约束,③ "在外国法下,无论这种规定被视为实质性的还是程序性的,都无关紧要"④。这一问题不属于法院地的公共政策或强制性规则范围。再看看另一个大陆的情况,美洲国家组织批准的1994年《美洲国家间国际合同法律适用公约》也为外国法开放,主要管辖"诉讼时效和失效"⑤。问题是,如果"一带一路"的法律诉讼中提出诉讼时效和限制问题,东盟会发生什么?

关于诉讼时效是实体法还是程序法,马来西亚冲突法的学术著作⑥讨论很多。传统的英国普通法认为,诉讼时效是程序法问题,受法院地法管辖。缅甸虽属普通法系,但其认定则不同,它将时效的形式分为程序性时效规则和实质性时效规则两类。前者限制了一方当事人的司法执行,只能由缅甸法处理,后者是对索赔的实质性

---

① 《法规判例法》判例946, *Krajský súd v Bratislave*, 26CB/114/1995(2005年10月11日),www.uncitral.org/clout/clout/data/svk/clout_case_946_leg-2599.html.

② 《罗马条例Ⅰ》第12(1)(d)条、《罗马条例Ⅱ》第15(h)条规定,根据该条例,适用于非合同义务的法律应特别规定"义务可能终止的方式以及时效和限制规则,包括与时效或限制期的开始、中断、中止有关的规则"。

③ ROGERSON P. *Collier's Conflict of Laws*[M]. 14th ed. Cambridge: Cambridge University Press, 2013: 299, 345. DICKINSON A. *The Rome Ⅱ Regulation: the Law Applicable to Non-contractual Obligations*[M]. Oxford: Oxford University Press, 2008.

④ CARRUTHERS J. Has the forum lost its grip? [A]//AHERN J, BINCHY W. *The Rome Ⅱ Regulation on the Law Applicable to Non - contractual Obligations: a New International Litigation Regime*[C]. Leiden: Martinus Nijhoff, 2009: 44.

⑤ 第14(d)条。 BURMAN HS. International conflict of laws, the 1994 Inter-American convention on the law applicable to international contracts, and trends for the 1990s[J]. *Vanderbilt Journal of Transnational Law*, 1995(28): 367, 380.

⑥ HICKLING, WU, 1995: 35.

第八章　泰国冲突法规范、中国"一带一路"倡议与东盟贸易便利化：协调差异、走向共赢

辩护，在某些情况下受外国法管辖。[①] 在菲律宾，时效被定性为程序法问题，其规定期限将适用于涉外案件。[②]

此外，新加坡有立法规定：

如果索赔受外国法管辖，适用外国法不与新加坡公共政策冲突，也不给当事人造成不必要的麻烦，则适用该外国法而非新加坡法对时效期限的规定。[③]

另一个似乎为外国规定性法律的适用提供了空间的国家是越南，因为其冲突法规定，涉外民事关系的诉讼时效法规将受适用于争议的法律管辖。[④]

泰国及其他东盟国家的人民应如何处理与诉讼时效有关的法律问题或诉讼？他们是否应该在适用外国法或外国时效法的国家申请审判，还是应该去一个始终以诉讼地法为主导的国家？这些问题涉及案件事实和有关国家法律对时间期限的规定，因此不容易得到肯定性的答案。东盟在这些问题上的情况类似于一位非洲学者所揭示的情况。在非洲国家，有一项既定原则，即"程序问题由法院地法管辖，实质问题由外国法管辖，因此时效期限应定性为程序性问题

---

① BRIGGS, 2015：69.

② AGUILING-PANGALANGAN E. Philippines [A]//LEYDA A C. *Asian Conflict of Laws：East and South East Asia*[C]. Amsterdam：Kluwer, 2015：288（引用 *Cadalian v Philippine Overseas Employment Association*, GR No L-104776（1994））. AQUINO, 2016：146.

③ KUMAR H, TOH J. Singapore[A]// LEYDA A C. *Asian Conflict of Laws：East and South East Asia*[C]. Amsterdam：Kluwer, 2015：209.（援引《外国时效期限法2012》第3（1）、4（1）条）.

④ TRINH NTX, HULL K. Vietnam[A]// LEYDA A C. *Asian Conflict of Laws：East and South East Asia*[C]. Amsterdam：Kluwer, 2015：288（参见《越南民法典》第777条）.

还是实质性问题,一直存在争议,仍有待观察"①。在此地区开展跨国法律业务的律师必须面对挑选法院的问题。② 实际上,要求诉讼当事人牺牲自己的利益,在与诉讼关系最密切的国家发起诉讼,即使他们不得不因时效而败诉,也可能过于苛刻。

为了解决这一矛盾局面,有三种选择可供参考,即个体主义方法、区域性方法和全球性方法。第一种方法,各国修改各自的国内法,避免监管竞争,③ 采取统一的时效期。这一方法的困难在于,各国都希望从监管竞争中获益。如果法律多样性能够降低到一个调和的水平,那么区域性方法会成为可能。如果难以达成区域协议,就加入国际法律框架,如《联合国国际货物买卖时效期限公约》(1974年,纽约)。④ 加入国际公约也可能引起问题,"亚洲(或东盟)国家是否应该采纳这些主要由西方或国际组织起草的折中方案?或是否应在商业或其他领域讨论亚洲(或东盟)特有的问题"⑤?

东盟要发布区域性法律框架或以区域为整体加入国际公约组

---

① OPPONG R F. *Private International Law in Commonwealth Africa*[M]. Cambridge: Cambridge University Press, 2013: 10-11.
② 关于这一问题的一般性解释,见 BELL A S. *Forum Shopping and Venue in Transnational Litigation*[M]. Oxford: Oxford University Press, 2003.
③ 关于这一问题的一般性讨论,见 MURPHY D D. *The Structure of Regulatory Competition: Corporations and Public Policies in a Global Economy*[M]. Oxford: Oxford University Press, 2006; 具体讨论见 VOGENAUER S. Regulatory competition through choice of contract law and choice of forum in Europe: theory and evidence[J]. *European Review of Private Law*, 2013(21): 13。
④ 迄今为止,没有任何东盟国家加入该公约。该公约的文本和详细信息可在以下网址查阅: www.uncitral.org/uncitral/en/uncitral_texts/sale_goods/1974Convention_limitation_period.html。
⑤ BELL, 2005. CHIANALE A. The CISG as a model law: a comparative law approach[J]. *Singapore Journal of Legal Studies*, 2016: 29.

织，需要所有东盟成员国达成共识。为了形成这种共识，区域内支持以上三种方法中任何一种的舆论不可或缺。为了获得这样一种整体性的支持，形成集体公共政策至关重要，这是东盟区域一体化所特有的一个问题。

（二）公共政策之整体主义方法

在共同目标、宗旨和基本原则的指导下，东盟共同体由东盟安全共同体、东盟经济共同体和东盟社会文化共同体三个部分组成。这是否意味着东盟国家之间存在集体政策？如果东盟成员国之间没有协调的法律、法规和公共政策，是否能实现"维护地区和平与稳定"①"加强区域经济整合"②"通过合作提高人民生活质量"③等目标？对于渴望和相信东盟一体化的人来说，东盟公共政策已经通过《东盟宪章》、东盟共同体蓝图及其他宣言制定。这些需要转化为冲突法中的公共政策机制。是否应该在区域内就冲突法中公共政策的集体定义、覆盖范围、适用、限制、解释等达成共识？法院地对正义和公平的看法④是否应该从区域内的相关规定中得到补充？"保护特定社会民族共同体的规避手段""某些国家基本原则的优越性"以及"国家的接近性、相对性和违反公共政策的严重性"⑤是否受到区域共同体原则和价值观的影响？

---

① 《东盟政治安全共同体蓝图 2025》，第 1 段。
② 《东盟经济共同体蓝图 2025》，第 2 段。
③ 《东盟社会文化共同体蓝图 2025》，第 1 段。
④ WURMNEST W. Ordre public (public policy)[A]//LEIBLE S. *General Principles of European Private International Law*[C]. Amsterdam: Wolters Kluwer, 2016: 305.
⑤ JUNNGAM N. Public policy in international investment law: the confluence of the three unruly horses[J]. *Texas International Law Journal*, 2016(51): 45, 63-64. PIIR R. Application of the public policy exception in the context of international contracts—The Rome Ⅰ Regulation[J]. *Juridica International*, 2015(23): 26, 30; Mills, 2008.

与欧盟一样，要求东盟国家完全废除公共政策手段，是"朝着错误方向迈出的一步"，与欧洲相比，东盟国家"远远没有实现私法的实质性同步"。[①] 在东盟的法律多元化中，公共政策机制的存在仍很必要。相比之下，在经济领域，如果东盟的公共政策稳定可操作，将大大促进区域内外冲突法的适用。

谈到冲突法的战略模式，有四种选择。以下将从准整体主义方法和整体主义方法两个层面对四种选择展开阐述。

1. 准整体主义方法

首先，协调一致的个体主义方法可以是所有国家都适用法院地法，如缅甸、马来西亚、菲律宾和泰国。如果诉讼时效在所有国家都被归为广泛的公共政策范围，则法院地法应始终有效。打个比方，根据这一方法，一辆卡车或列车在中国和东盟之间行驶，需要知道它在11个国家中的哪一个停靠，并在哪里进行诉讼。

其次，协调一致的个体主义方法也可以是所有国家都适用外国法，如新加坡和越南。如果诉讼时效在所有国家都被归为广泛的公共政策的范围之外，则外国的适用法律应始终有效。基于这种方法，上面的比方则延续为，一辆卡车或列车在中国和东盟之间行驶，不需要知道它将在11个国家中的哪个停下来并提起诉讼，但它必须非常注意适用的法律。

2. 整体主义方法

再次，区域性方法是所有国家共同制定东盟关于时效的法律冲突规则。在这种情况下，诉讼时效可视为广泛的公共政策范围之内或之外。这种方法能否实现取决于能否通过区域磋商达成共识。打

[①] WURMNEST, 2016：310.

第八章　泰国冲突法规范、中国"一带一路"倡议与东盟贸易便利化：协调差异、走向共赢

个比方，一辆卡车或列车在中国和东盟之间行驶，不需要知道它将在哪站停靠并提起诉讼，也不需要确定适用的法律，只需考虑两个主要的法律体系——中国的法律体系和东盟的法律体系。

最后，全球性方法是所有国家都成为国际公约（如果有的话）的成员。在这种情况下，诉讼时效将完全受国际法律框架的约束。这种方法能否实现需要整个区域的共同承诺。如果中国能加入这样一个国际框架，卡车或列车在交通网络中的平稳运行可以得到保证，法律的实质性和一致性可以得到巩固。

上述四种方法的选择，很大程度上由东盟关于时效法的公共政策决定。东盟采取的方法，无论是个体主义的、区域性的还是全球性的，必须确保其法律能为"一带一路"沿线的贸易便利化提供支持。东盟通常采用协商和共识的方式，或者借鉴中华人民共和国公共政策中的相关法律来选择方法。根据《中华人民共和国涉外民事关系法律适用法》，公共政策机制是其基本原则之一。这一原则被表述为"社会和公共利益"[1]；另一条款作为公共政策的补充，允许直接适用中国的强制性规则。[2] 关于诉讼时效的冲突法问题，中国支持民法传统，诉讼时效被归为实质法而非程序法，因此受准据

---

[1] 第5条规定："外国法律的适用将损害中华人民共和国社会公共利益的，适用中华人民共和国法律。"另见 ZHANG M. Codified choice of law in China: rules, processes and theoretic underpinnings[J]. *North Carolina Journal of International Law and Commercial Regulation*, 2011,37(1): 105; HUO Z X. An imperfect improvement: the new conflict of laws act of the People's Republic of China[J]. *International and Comparative Law Quarterly*, 2011(60): 1065, 1073; TU G J. China's new conflicts code: general issues and selected topics[J]. *American Journal of Comparative Law*, 2011,59(2): 570。

[2]《中华人民共和国涉外民事关系法律适用法》第4条规定："中华人民共和国法律对涉外民事关系有强制性规定的，直接适用该强制性规定。"

法而非法院地法管辖。①

五、结语

本章试图结合"一带一路"倡议背景,追溯法律冲突监管制度对东盟,尤其对泰国的重要性。统一东盟区域政策,改革冲突法中的公共政策机制,是解决整个"一带一路"法律冲突的关键因素。

公共政策例外情况的法律,无论是国际的、区域的还是国家的,都会对跨国活动产生重大影响。为了避免法律冲突,更好地协调法律制度,应遵循"三步走"战略。第一步,共同道路上的各国应相互形成政策目标和承诺。第二步,在整体进程中加强法律适用。必须考虑法律冲突规则本身产生的冲突,并不断减少乃至消除冲突。应特别考虑冲突法中的规避手段,以尽可能协调差异。第三步,关于公共政策的法律问题,应打破国界壁垒,加快区域一体化进程。与公共政策有关的冲突问题,诉讼时效就是一个明显的例子。如果不加以解决,其他更复杂的问题将更得不到妥善处理。

为推动"一带一路"建设持续发展并取得成果,需要协调一致的支持性法律制度,更重要的是,对待公共政策要采取整体主义方法,而不是个体主义方法。国际、区域和国家间的合作是基础,否则无法实现或维持真正的共同利益。在东盟背景下,政策目标和承诺已较为完善,并得到成员国的广泛认可,尽管其实际运作仍存

---

① 《中华人民共和国涉外民事关系法律适用法》第7条规定:"诉讼时效,适用相关涉外民事关系应当适用的法律。"也可见 ZHANG, 2011(47):110; TU, 2011(59):571; Bu Y S. Chinese Civil Law[M]. Munich: C H Beck, 2013, ch3.

疑。东盟贸易便利化框架是这一集体化路径中的关键因素,但目前没有具体证据表明在法律和监管方面已达成和谐合作。个体主义方法仍是当前主要趋势。因此,需要在法律冲突中采取更加集体化的方式,包括但不限于逃避手段,如公共政策例外情况,特别是诉讼时效或诉讼限制。为了克服多样性,实现真正的经济一体化,东盟共同体的法律、法规和政策应该与东盟成员国的法律、规章和政策具有同等的重要性。东盟国家的法院地法应以东盟法院地法作为补充。这一呼吁当然也针对泰国和泰国的法律冲突规则。

第九章 "一带一路"倡议下国际私法打击跨国腐败与提高反腐标准的重要性

托马斯·约翰里希·古拉蒂*

一、引言

"一带一路"倡议,由中国国家主席习近平于2013年9月、10月提出,之后不断得到完善。这是一项雄心勃勃的倡议,旨在建立一个互联互通的贸易区,以推动亚洲、欧洲、大洋洲、非洲等国家之间的合作。

中国希望通过这一倡议,在该区域乃至全球范围内开展基础设施建设,帮助数百万人改善民生福祉。[①] 这是中国作为负责任大国的体现。

随着"一带一路"倡议促进贸易增长,加强反腐败建设将成为

---

* 感谢尼萨迪·佩雷拉女士(Ms Nishadee Perera)在本文写作中提供的宝贵意见。

[①] The National Development and Reform Commission, Ministry of Foreign Affairs, and Ministry of Commerce of the People's Republic of China, with State Council authorization. Full text: vision and actions on jointly building Belt and Road [R/OL]. CRIENGLISH. com, [2017-11-11]. http://english.cri.cn/12394/2015/03/29/2941s872030.htm.

一个中心议题。由于中资银行（或由中国牵头的多边开发银行）正在或有望为"一带一路"基础设施项目提供贷款及其他形式的资金支持，必须纳入考虑防止资金滥用的制衡手段和跨境腐败案件的监管制裁。

围绕这一议题所产生的系列问题相当复杂，包括应制定哪些反腐标准，由谁监督标准的实施，违反现有和未来反腐标准的民事和刑事后果如何判定，以及如何跨境执行民事处罚或监管制裁等。这些问题涉及司法管辖权和法院选择、适用法律、判决的承认和执行以及司法合作等方面。因此，在"一带一路"背景下探讨国际私法能否以及可以在多大程度上在这一领域发挥作用，恰逢其时。

本章主要探讨国际私法可能为国际反腐败框架建立所作出的贡献，特别是在加强"一带一路"参与国之间司法合作上的贡献。在此基础上提出，国际私法不仅能够而且必须作为全球治理和监管框架的一部分发挥更大作用，该框架不仅涉及分配效应，而且进行实质性规范，包括规范强有力的（监管）执行制度。然而，由于围绕"一带一路"倡议的许多细节仍不明确，本章将继续提出问题，而不作详细解答。本章将根据其他相关国际法律文书，如海牙国际私法会议的文书，列出适用于该领域的部分现行国际规定，并探讨这些规定的效力。

二、腐败问题上的司法合作

国际社会对"一带一路"的最大担忧在于基础设施建设中可能

存在的腐败问题。① 因此,从民商事司法合作的角度看待国际私法至关重要,这一角度通常被称为国际私法的第四维度或第四支柱。首先,本章简要说明为何必须处理和解决腐败问题;其次,考察制定和采用何种战略以便在反腐问题上建立和加强司法合作。但是,必须认识到这样一个事实,即"一带一路"倡议仍处于初级阶段,相关建议只是一个参考起点。本章提出的问题在不断发展变化,要将建议转化为实践还有很多工作要做。

三、打击"一带一路"项目中腐败行为的必要性

腐败的腐蚀性众所周知。联合国前秘书长科菲·安南在《联合国反腐败公约》前言中指出:

腐败犹如瘟疫,腐蚀着人类社会,它破坏民主、法治、人权,使市场畸形、人民生活受损,并引发有组织犯罪、恐怖主义及其他威胁人类安全的隐患。腐败是世界性的,但在发展中国家尤其具有

---

① SHEEHAN S. The problem with China's One Belt, One Road Strategy[EB/OL]. *The Diplomat*,(2017-03-24)[2017-11-10]. https://thediplomat.com/2017/05/the-problem-with-chinas-one-belt-one-road-strategy. XIAO Q, et al. China's SilkRoad cuts through some of the world's riskiest countries[N/OL]. *Bloomberg News*,(2017-10-26)[2017-11-1]. www.bloomberg.com/news/articles/2017-10-25/china-s-new-silk-road-runs-mostly-through-junk-rated-territory. CHANG P. One Belt, One Road, total corruption[EB/OL]. Deutsche Welle (translated by China Change).(2017-05-18)[2017-11-08]. https://chinachange.org/2017/05/18/one-belt-one-road-total-corruption/. EISENMAN J, STEWART D T. China's New Silk Road is getting muddy[EB/OL]. *Foreign Policy*,(2017-01-09)[2017-12-13]. http://foreignpolicy.com/2017/01/09/chinas-new-silk-road-is-getting-muddy/. WRAGE A. Companies engaging in China's Belt and Road Project must address bribery risks[EB/OL]. *Forbes*.(2017-10-12)[2017-12-17]. www.forbes.com/sites/alexandrawrage/2017/10/12/companies-engaging-in-chinas-belt-road-projects-must-address-bribery-risks/#72c1c534f52c.

破坏性。腐败对穷人造成更大的伤害，因为腐败转移本来用于发展的资金，破坏政府提供基本服务的能力，助长不平等和不公正现象，以及阻碍外国投资和援助。腐败是经济表现不佳的主要因素，并且是减贫和发展的主要障碍。①

"一带一路"建设中贿赂、欺诈、回扣、挪用公款等腐败风险普遍存在，主要原因有二：首先，大型基础设施项目容易引发各种腐败行为；其次，正如多份报告所指出的，实施或计划实施"一带一路"项目的国家是潜在腐败活动的高风险地区。

中国于2017年5月提出了"廉洁之路"倡议，郑重呼吁"加强国际反腐合作，让'一带一路'成为廉洁之路"。② 并已采取初步措施，例如，中国的中央纪委监察部与世界银行共同举办了加强国际合作共建廉洁之路研讨会。③ 不过研讨会的效果仍不明朗。虽然建设"廉洁之路"的出发点和举措受到欢迎，但是有待继续推进，建立完善的基于规则的系统秩序，支撑一个以强有力的实施措施为特色的全面反腐制度。

四、针对"一带一路"项目的反腐败制度

如果没有一个全面的反腐败制度，"一带一路"倡议的理念不

---

① 《联合国反腐败公约》，2003年12月9日开放供签署，2349/41（2005年12月14日生效）。

② WRAGE A. Companies engaging in China's Belt and Road Project must address bribery risks[EB/OL]. *Forbes*.（2017-10-12）[2017-12-19]. www.forbes.com/sites/alexandrawrage/2017/10/12/companies-engaging-in-chinas-belt-road-projects-must-address-bribery-risks/#72c1c534f52c.

③ 同上。

大可能实现。以下讨论将从现有制度的优劣开始。

(一) 现行的反腐败制度——业已充分或仍需吸取教训？

在过去几十年里，国际社会在全球和区域两级制定了较为全面的反腐败制度。① 首先是《联合国反腐败公约》，包括中国在内的世界主要大国都是该公约的缔约国，还有经济合作与发展组织的《反对在国际商务交易活动中行贿外国公职人员公约》，以及欧洲委员会的《反腐败民法公约》。这些公约可以为"一带一路"项目反腐败制度的制定提供一个起点。

当然，不足之处仍然存在。首先，一些主要公约的地理覆盖范围相当有限。虽然有几个亚洲国家加入了《联合国反腐败公约》，② 但亚洲仍然是少数几个没有区域反腐败制度的地区之一。近期加入"一带一路"倡议的几个国家都位于亚洲地区，全面实施《联合国反腐败公约》的迫切需要显而易见。③ 此外，这些公约主要侧重于将腐败行为定性为刑事犯罪。例如，经合组织《反对在国际商务交易活动中行贿外国公职人员公约》禁止在国际商业交易中贿赂外国

---

① 预防和打击腐败的多边协议还包括美洲国家组织于 1996 年 3 月 29 日通过的《美洲国家反腐败公约》、欧洲联盟理事会于 1997 年 5 月 26 日通过的《打击涉及欧洲共同体官员或欧洲联盟成员国官员的腐败行为公约》、经济合作与发展组织于 1997 年 11 月 21 日通过的《反对在国际商务交易活动中行贿外国公职人员公约》、欧洲委员会部长委员会于 1999 年 1 月 27 日通过的《反腐败刑法公约》、欧洲委员会部长委员会于 1999 年 11 月 4 日通过的《反腐败民法公约》和非洲联盟国家和政府首脑于 2003 年 7 月 12 日通过的《非洲联盟预防和惩治腐败公约》。

② 该公约有 183 个缔约国，包括巴基斯坦、孟加拉国、斯里兰卡、蒙古国和缅甸等"一带一路"沿线国家。

③ 大多数亚洲国家都不是经合组织《反对在国际商务交易活动中行贿外国公职人员公约》的成员国，请参阅 www.oecd.org/daf/anti-Briefit/WGBRatificationStatus.pdf。

公职人员，①《联合国反腐败公约》将行贿受贿定为刑事犯罪，②并要求各国将其他形式的腐败活动定为刑事犯罪，包括挪用公款③、影响力交易④和滥用职权⑤等。

这种侧重刑事定罪的现象并不意外。出于多种原因，包括政治上的权宜、各方辞令和利益，国际社会往往倾向于关注反腐在刑事上的"法律和秩序"效应，这是反腐斗争的重要一环。但通过强有力的民事和监管措施来打击腐败同样重要，与刑事手段相辅相成。目前对这些措施的研究和理解仍然不足，因此本章接下来的内容将集中探讨从民事方面打击腐败。

(二) 通过民事和监管措施打击腐败

迄今为止，国际社会尚未制定一个全面的框架，为管辖权、适用法律以及民事腐败案件中外国判决的承认和执行等问题提供规则。部分国际文书能为此类案件的司法合作提供相对详细的监管框架。

例如，《联合国反腐败公约》对反腐败的民事法律合作形式提出了设想，但存在一定滞后性。将《联合国反腐败公约》规定刑事事项合作义务的表述与其规定民事案件合作义务的表述进行对比，具有启发意义。《联合国反腐败公约》第43条第1款规定：

缔约国应当依据本公约第44条至第50条的规定在刑事案件中相互合作。在适当而且符合本国法律制度的情况下，缔约国应当考

---

① 《反对在国际商务交易活动中行贿外国公职人员公约》，1997年12月17日开放供签署，[1999] ATS 21（1999年2月15日生效），第1条、第3条和第8条。
② 同上，第15、16条。
③ 同上，第17条。
④ 同上，第18条。
⑤ 同上，第19条。

虑与腐败有关的民事和行政案件调查和诉讼中相互协助。

与民事方面使用的措辞相比，刑事案件中使用的"应当合作"显然对国家给予了更为严格的义务要求。但是，这种区分非常不妥。反腐斗争要取得成功，需要刑事和民事制度相互补充，以提供强有力的反腐败措施，若两者都使用强制性措辞则更为可取。

在这方面，《反腐败民法公约》更进一步，首次尝试在民法领域制定统一的反腐败国际规则。该公约要求成员国在其国内法中规定，"为因腐败行为而遭受损害的个人提供有效的救济（包括获取损害赔偿金的可能性），以维护他们的权益"[1]。如果某项行为属于《反腐败民法公约》的管辖范围，成员国必须规定，因所指控的腐败行为而遭受损失的个人有权提起民事诉讼，以追回该腐败行为造成的任何损失，[2] 包括有权提起诉讼，使腐败行为后订立的任何合同无效。[3] 更重要的是，该公约对腐败的定义相对宽泛，既包括公共部门的贿赂，也包括私营部门的贿赂。[4]

与此相关的是，《反腐败民法公约》规定了各成员国在腐败案件民事诉讼中发展国际合作制度的义务，其中第13条要求各缔约方：

应当依照其均为当事方的关于在民事和商事事项开展国际合作的国际文书以及各自的国内法，就针对腐败行为提起的民事诉讼事

---

[1] 《反腐败民法公约》，第1条。
[2] 同上，第3条；关于赔偿责任制度，见该公约第4条。
[3] 同上，第8（2）条。
[4] 《反腐败民法公约》第2条规定："'腐败'是指直接或者间接地请求、允诺、给予或者接受贿赂或者任何其他不正当好处或期望，以使接受贿赂或者不正当好处或期望的一方不正当地履行职责或做出其所接受的贿赂或者不正当好处期望或要求其做出的行为。"

项开展充分的合作，特别包括送达文件、获取国外证据、管辖权、承认和执行外国判决和关于诉讼费用的裁决。

这一规定为促进该领域内的合作提供了重要的总体要求。这些要求可以通过适当的、现有的国内国际私法和民事诉讼制度得到强化。今后还可以通过成为重要的国际私法文书的缔约方，包括通过海牙国际私法会议制定的文书，很好地、有效地执行这些要求。从这个意义上说，《反腐败民法公约》毫无疑问是一个重要的步骤，实际上是为"一带一路"倡议制定全面制度的一个起点，使现有的全球文书将这些制度联系起来，加强反腐败斗争。然而，《反腐败民法公约》确实还留下了几个重要的问题没有解决。

1. 司法管辖权问题

虽然《反腐败民法公约》对缔约方提供补救和诉诸司法的要求作了规定，但它本身并没有规定具体分配规则。一般而言，一个法院是否会对一个多管辖区案件行使管辖权，取决于管辖区是否符合与该案件联系最密切的标准。连接因素[①]可能关于标的物（即侵权行为或合同）、当事人特征（即所在地或惯常居住地）或当事人选择（默示或明示）。在标的物基础上，连接因素根据所涉问题而有所不同。例如，如果案件被定性为侵权索赔，可能要求索赔人在损害发生的司法管辖区提起赔偿诉讼（损害发生地法）。目前，国际上对连接因素的共识明显不足，标准仍有很大的不确定性。同样，

---

① 连接因素，指冲突规范就范围中所要解决的问题指定应适用何国法律所依据的一种事实因素，比如国籍、住所、惯常居所、侵权行为地等。——译注

当案件被定性为合同纠纷时，也是如此。① 不过在这种情况下，法院可能根据明示或暗示的法院选择作出判定。此外，如果合同当事人居住在两个或两个以上2005年海牙《选择法院协议公约》缔约国的司法管辖区，并且通过明示的法院选择指定缔约国法院，那么他们明示的选择可能使所选法院承担管辖权。但是，除非该公约确实适用，否则无法保证当事人的选择得到优先采纳，也无法保证法院会根据标准来确定其是否拥有管辖权。

由于各种不确定性，更有可能出现多个法院对一个腐败案件行使管辖权从而导致平行诉讼的情况，结果增加了诉讼当事人的成本，甚至可能导致判决相互冲突，从而引发未决诉讼以及以方便法院原则为由拒绝管辖权等问题。当冲突与腐败案件特别相关，② 问题就相当复杂，③ 以前在这方面提供国际标准的尝试均以失败告

---

① 重点是，这里涉及本身属于腐败的合同和通过腐败获得的合同。前者被称为主要合同，这种合同是无效的，不具有法律强制执行效力，《反腐败民法公约》（第8条）和《联合国反腐败公约》（第34条）对此有相关规定。后者为次要合同，指获取合同的过程涉嫌腐败，其法律地位不太明确，参见Kramer，第2.1.3节。

② （不）方便法院原则允许（普通法）法院调查另一个司法管辖区的情况。见Kramer，第3.3节。值得注意的是，根据2005年海牙《选择法院协议公约》，未被选择的法院可以在执行明示协议会导致明显不公正结果的案件中承担管辖权（第6c条）。根据针对该公约的解释报告，这可能包括一方当事人因所选法院存在腐败而无法期望得到公平审判的情况。HART T C, DOGAUCHI M. Explanatory Report to the Convention of 30 June 2005 on Choice of Court Agreements, 61 (para151). [R/OL]. [2017-12-28]. https://assets.hcch.net/upload/expl37final.pdf.

③ KRAMER X E. Approaches to Jurisdiction and Foreign Judgments and the International Fight Against Corruption [A] // International Law and the Fight Against Corruption. Mededelingen van de Koninklijke Nederlandse Vereniging voorInternationaal Recht, Preadviezen 139 (Advisory Report for the Dutch Royal Society of International Law) [C]. Hague: Asser Press 2012, 99-142, at 3.3.

终。[①] 暂且不说主权和豁免权的问题，多法域腐败案件中管辖权的不确定性，有可能使受腐败影响的人失去诉诸司法的机会。

2. 适用法律问题

即使已经确立了各自的索赔管辖权，但应根据哪项法律对该事项进行裁决仍未得到解决。[②] 这个问题非常重要，因为它将制约强制性国内法以及公共政策的适用，包括有关腐败的国内规则的适用。[③]

与管辖权一样，由哪部法律管辖一种关系也是由各个国内法理所承认的相关因素决定的。概括地说，普遍的连接因素通常基于最密切联系，从而推定最适用的法律，如法院地法、原告或被告管辖地法，甚至是完全不同的法律。不过，确定正确的连接因素并不是一门精确的科学，仍存在很大程度的不确定性和不可预测性。

如果当事双方能就适用的法律达成一致，这种不确定性可能会有所降低。在这种情况下，法院可以借助当事人的选择，并依据2015年《海牙国际商事合同法律选择原则》（以下简称《海牙原则》）作出判定。该原则虽然不具有约束力，但促进了国际商事交易中的当事人意思自治，法院在决定腐败案件的法律适用时可以援引。对序言的解释中，该原则可以：

Ⅰ. 20 就如何处理有关法律选择协议的有效性和效力问题，并

[①] 作为其判决项目的一部分，海牙国际私法会议将在适当的时候通过专家组审议这些问题。具体参见海牙总务与政策委员会于2016年3月15日至17日通过的第13项建议。

[②] 芬特曼等指出，国际环境下的金融纠纷诉讼大多涉及管辖权问题，一旦这些问题得到确定，当事方就会着手解决。纠纷很少会导致司法裁决。FENTIMAN R. *International Commercial Litigation*[M]. 2nd ed. Oxford: Oxford University Press, 2015: 9.

[③] 此处请参考 Kramer，第2.1.3节。

在现行法律框架内解决法律选择争端提供指导（……）。"原则"可能特别有助于处理新的情况。[①]

该原则能在多大程度上为解决腐败问题提供此类帮助，需要进一步分析。初步来看，其帮助是有限的。虽然越来越多的人把它作为促进商业和其他活动的法宝，但还没有被全球所接受。此外，《海牙原则》适用于多管辖区商业合同中的适用法律协议。最后，在许多（即便不是所有）司法管辖区内，围绕腐败和相关事项的法律往往具有强制性，凌驾于当事人意思自治或公共政策问题之上。[②]目前可用于处理多法域腐败事项的手段尚不完善，缺乏明确的规则，导致不确定性和对结果的不可预测性。

3. 承认与执行问题

有效承认和执行外国判决至关重要，可以确保诉讼当事人的权利和义务得到司法程序的维护并使诉讼可行，[③]形成的判决禁止翻供或成为既判事项，不能再次提起诉讼，诉讼终结。

就腐败案件而言，问题既涉及针对诸如次级合同（合同获取过程涉嫌腐败）案件的判决，也包括因腐败造成错案的司法判决（即在司法过程中存在腐败行为）。如果能够确立国际管辖权，那么拒绝执行这类案件判决的理由就可能适用。目前，国内法或国际法似乎未对腐败案件的判决理由作出详细规定，因此，现有的理由（如程序公正、欺诈，特别是实质性和程序性公共政策）成为判决的主要依据。关于欺诈，不得不提海牙《选择法院协议公约》的第9 (d) 条。其提供了一个拒绝执行判决的理由，即当该文书所适用的

---

① 2015年海牙《国际商业合同法律选择原则解释》第I.20段。
② KRAMER, 2012.
③ FENTIMAN, 2015.

判决是通过"与程序问题有关的欺诈"获得时。针对该公约的解释报告进一步说明，这种欺诈包括当事人一方试图贿赂法官、陪审员或证人等情况。①

关于公共秩序，评论员注意到，尽管是一个国内概念，但近期发展表明，腐败作为一个跨国公共政策问题正在显现。②同样抛开主权和豁免权问题不谈，这一领域也需要更好的法律指导。指导应包括针对以下两种情况的明确规则：判决涉及通过腐败行为获得合同的情况，以及司法过程出现腐败导致判决有误的情况。

4. 其他问题

还有一系列问题，本章只稍微提及，暂不作进一步探讨。作为国际民事诉讼的一部分，这些问题至关重要且完全属于司法合作的范围。首先，《反腐败民法公约》未对诉讼资格作出明确规定，因而不清楚究竟谁有资格在腐败案件中提起民事诉讼以及如何提起联合诉讼。这一问题具有相当大的实际意义，因为因腐败行为而遭受损害的个人和群体可能非常庞大。

再者，《反腐败民法公约》没有涉及在刑事和民事诉讼同时进行的情况下这两者之间的相互作用问题。从程序效率的角度来看，应该提倡将民法传统管辖区中的刑事和民事案件联合审理。如果司法管辖区不同意联合审理，不仅平行诉讼造成的复杂性会大大增加，而且还需要解决一些随之而来的问题，例如是否应当允许民事

---

① HART T C, DOGAUCHI M. Explanatory Report to the Convention of 30 June 2005 on Choice of Court Agreements, 71（para188）. [R/OL].[2017-12-29]. https://assets.hcch.net/upload/expl37final.pdf.该文是对上述第6（c）条的补充，根据该条，法院可以在外国法院无法进行公平听证（包括腐败听证）的基础上对争议行使管辖权。

② KRAMER, 2012, 4.3.1.参见世界免税品集团有限公司诉肯尼亚共和国案［2006］ICSID, ARB/00/7（ICSID）159。

和刑事程序共享证据。在缺失这种共享规则的情况下，当事人需要在不同的法院分别提供证据。这不仅会导致诉讼成本增加，还会导致程序上的不确定性，因为一个法庭对证据的裁决可能与另一个诉讼程序的裁决相矛盾。

由于《反腐败民法公约》没有涉及这些问题，也没有其他国际文书能够提供相应指导，而这些问题又特别重要，因此制定强有力且令人信服的国际民事诉讼规则势在必行，这些规则可以为腐败案件提供所需的确定性，同时通过保障当事人权利和保护法治的框架提高诉讼效率。

5. 主权与豁免权问题

最后一个问题涉及《反腐败民法公约》在管辖权和豁免权问题上的空缺。虽然《反腐败民法公约》第 5 条规定：

每一缔约国均应当在其国内法中规定适当的程序，以使因公职人员在行使职责中的腐败行为而遭受损害的人能够向国家，或者当缔约方为非国家实体时，向该缔约方的适当机构提出索赔。

"适当的程序"是什么，目前尚不清楚。但至少可以假定，该条款所包含的程序将确保缔约国在因《反腐败民法公约》范围内的行为而遭受损失时，对国家和国家官员中的一方或双方提起的民事诉讼不会援引关于国家豁免的规则（假设管辖权可以以其他方式确立），并且任何其他解释都有可能与该文书的目标和宗旨不一致。然而遗憾的是，在对国家实体提起诉讼时存在重大问题，即要考虑适用国家豁免规则,[①] 抑或适用其他规则,包括国家行为原则。[②]

克莱默指出了这一困难,并从国际礼让的角度进行了阐释。[③] 当法院被要求对涉及国家或国家机关作为被告的腐败案件行使民事管辖权时,就会涉及这些问题,在这些案件中,可能会提及国家豁免权,或者法院被要求对私人行为者之间指责国家行为的案件进行裁决。[④]

还必须指出,虽然趋势是各国已不再适用绝对豁免理论,因此不得就一国的商业活动提出豁免要求,但一些国家仍继续采用绝对豁免的做法。[⑤] 如果"一带一路"基础设施项目中发生大规模的腐败案,而这些项目由中资银行资助,[⑥] 那么不难预见,对国家豁免权采取相当保守的做法可能会导致法院管辖权的程序性障碍,从而影响有效诉诸司法。

显然,与主权和豁免权相关的问题在"一带一路"倡议背景下

[①] 2004 年《联合国国家及其财产管辖豁免公约》第 5 条规定,"一国本身及其财产遵照本公约的规定在另一国法院享有管辖豁免"。 因此,国家,包括国家机构和官员,享有管辖豁免,即使国际私法规则为国际管辖权提供了依据,也不能迫使其在外国法院出庭。

[②] 克莱默(Kramer)解释道:国家行为原则与主权和国家豁免交织在一起,主要在英美法系国家采用,包括英国和美国。 主权国家在其领域内所为的行为,外国法院无权审查其行为的合法性效力。

[③] KRAMER, 2012: 99-142.

[④] 《联合国反腐败公约》第 4 条进一步强化了这些问题。

[⑤] 美国 FG 公司诉刚果(金)案 [2010] FACV 5, 6 & 7(终审法院)。

[⑥] 如前所述,"一带一路"倡议预计耗资 5 万亿美元,主要由中资银行和中国主导的多边金融机构提供资金。 参见 WRAGE A. Companies engaging in China's Belt and Road Projects must address bribery risks[EB/OL]. *Forbes*.(2017-10-12)[2017-12-19]. www.forbes.com/sites/alexandrawrage/2017/10/12/companies-engaging-in-chinas-belt-road-projects-must-address-bribery-risks/#53056bf24f52. 另请注意,预计亚洲基础设施开发银行也将提供资金。 该银行也存在豁免权问题。 这些问题超出了本章的讨论范围。

尤为相关,并有可能阻碍有效司法。现有国际文书没有提供足够有效且明确的规则,因此需要认真考虑解决这方面的管辖权问题。

五、结语

正如前文所说,"一带一路"倡议仍处于起步阶段,提出的结论性建议还有待提高。

对于因腐败活动而遭受损失的个人,必须有符合正当程序之国际标准的适当补救措施和争端解决机制,以提供适当有效的司法救助。

国际私法的协调和合作原则是关键,可为管辖权、适用法律、外国判决的承认和执行以及一些关键性程序问题提供明确答案,表明这一法律领域非常适合为打击腐败提供一个灵活和中立的机制。克莱默简洁地总结道:

今天的现实是,私法是实现政策目标和影响人类行为的重要法律文书。在全球化时代,面对腐败的现实,不仅刑法和国际公法可以表明立场,私法和国际私法也可以发挥作用。

"一带一路"倡议是一项跨越多个不同司法管辖区的大胆举措,要想取得成功,就必须规避腐败风险。中国已经表明了对打造"廉洁之路"的渴望。为实现这一目标,《联合国反腐败公约》和《反腐败民法公约》可以作为建立一个完善的、强大的法律基础设施的灵感来源和主要基石,法律手段是打击腐败的有力补充。海牙国际私法会议开发和采用的现有法律文书通过久经考验的、强大有效的、在全球范围内运作的框架,进一步补充了新兴的法律框架。这

第九章 "一带一路"倡议下国际私法打击跨国腐败与提高反腐标准的重要性

一框架对腐败案件中的具体民事问题进行管辖。显然,所有参与的司法管辖区应成为该组织最相关的民商事程序和法律合作文书的缔约国。

然而,不确定性和差距仍然存在,可能对"一带一路"倡议的成功构成重大风险。这方面还需要有更多的研究,我们建议在现有的框架基础上进一步解决这些问题,并为本章提出的问题提供答案。只有当专门的国际私法分配和合作规则在全球范围内达成一致,为受到腐败活动不利影响的个人寻求合理司法救助才有可能成为现实,全球反腐败斗争才会进入一个新时代。

第六篇
外国法院判决和仲裁裁决的承认

第十章　中国香港在"一带一路"民商事争端解决中的特殊作用

曾劲峰

一、引言

在中国"一带一路"倡议的版图中,香港有着特殊地位。[1] 首先,它是世界金融中心,在"一带一路"项目融资方面起着重要作用。[2] 其次,香港有自己的法律制度,[3] 其独立司法权、[4] 专业高效的司法从业者以及处理与中国内地相关争端的丰富经验都受到广泛赞誉。[5] 因此,香港完全有基础成为处理中国相关诉讼的争端解决中心。最后,也是与本章关联最大的一点,香港及其国际私法规则

---

[1] 关于"一带一路"倡议的背景和目标,参见本书第一章。

[2] The Hong Kong Government. The 2016 Policy Address (Extract) (Belt and Road Initiative) [R/OL]. [2017-11-01]. www.beltandroad.gov.hk/pa2016.html, paras42-48.

[3] 《中华人民共和国香港特别行政区基本法》第8条(1990年4月4日由中华人民共和国第七届全国人民代表大会第三次会议通过,1990年4月4日中华人民共和国主席令第26号公布,自1997年7月1日起实施)(简称《香港基本法》)。

[4] 《香港基本法》第2条。 世界经济论坛发布的《全球竞争力报告》将香港排名全球第13位。 见 World Economic Forum. The Global Competitiveness Report 2017-2018 [R/OL]. [2017-11-01]. www.weforum.org/docs/GCR2017-2018/05FullReport/TheGlobalCompetitivenessReport2017%E2%80%932018.pdf, p. 141.

[5] 博坦尼克公司诉中国联合石油有限责任公司案[2018] HKFC 1424., [65]。

为当事人解决"一带一路"项目中的贸易纠纷提供了诉讼优势。从下文的讨论可以看出，香港这方面优势比其他诉讼地大。

香港回归以来，与中国内地签署了多项司法协助安排，大大促进了争端的解决，[①] 包括《关于内地与香港特别行政区法院相互认可和执行当事人协议管辖的民商事案件判决的安排》（以下简称《协议管辖安排》）、[②]《关于内地与香港特别行政区法院相互委托送达民商事司法文书的安排》（以下简称《送达安排》）、《关于内地与香港特别行政区法院就民商事案件相互委托提取证据的安排》（以下简称《取证安排》）等。其中，《协议管辖安排》尤为重要。长期以来，在与中国相关的争端解决中，商事判决的执行一直存在较大争议，[③] 但香港判决在内地的可执行性使香港作为"一带一路"相关争端解决中心具有独特的优势。

本章将探讨香港如何根据国际私法的三大问题（即判决的执行、管辖权和法律选择），促进"一带一路"倡议中的争端解决，重点将放在《协议管辖安排》上。此外，鉴于中国民事诉讼法中互惠原则的最新进展，[④] 即使不在《协议管辖安排》适用范围内的香

[①] 从回归祖国至 2017 年，香港已与中国内地签署五项法律援助安排。Department of Justice. The Government of the Hong Kong Special Administrative Region. Arrangements with the Mainland and the Macao SAR[EB/OL].[2017-11-01].www.doj.gov.hk/eng/mainland/intracountry.html.

[②] 关于《协议管辖安排》签署的背景，见 ZHANG X C, SMART P. Development of Regional Conflict of Laws: on the Arrangement of Mutual Recognition and Enforcement of Judgments in Civil and Commercial Matters between Mainland China and Hong Kong SAR[J]. Hong Kong Law Journal, 2006(36): 553。

[③] MOSER M J. Dispute resolution in China[M]. Huntingtin, NY: JurisNet, 2012: 381.

[④] TSANG K F. Enforcement of foreign commercial judgments in China[J]. Journal of Private International Law, 2018, 14(2): 262-294.

港判决，现在也可基于互惠原则，在内地得到执行。互惠原则反过来又需要考虑内地判决在香港的执行制度，这一制度正处于发展阶段。

除了讨论香港判决在内地的执行外，本章还将关注香港国际私法的管辖权和法律选择等问题，以促进"一带一路"争端的解决。最后将简要阐述近期签署的《取证安排》的影响。鉴于仲裁牵涉的因素大有不同，本章将不涉及对仲裁的讨论，有待具体研究。[①]

二、香港判决在中国内地的执行

"一带一路"争端在外国判决，但在中国执行，这种方式可以说是所有国际私法问题中最重要的。由于中国及许多"一带一路"国家的法律体系仍处于发展中，[②] 大量与"一带一路"项目相关的诉讼预计将在第三国进行。整个"一带一路"倡议实行中，在中国执行外国判决的情况将会反复出现。然而，迄今为止，在中国执行外国法院作出的商事判决仍相当困难。[③] 如果中国当事人在其他国家或地区没有资产，外国法院针对中国当事人的判决将无法在中国执行，该判决便失去价值。正是在这一背景下，香港的争端解决机制因其判决在内地具有较高的可执行性而体现出显著优势。

---

① 有关香港执行外国仲裁裁决的国际私法规则，见 GIBB A, MORRIS R, TSANG K F. *An Introduction to the Conflict of Laws in Hong Kong*[M]. NY: LexisNexis, 2017: 87-92.

② 尽管中国法治发展迅速，但在外国看来仍存在诸多问题。目前，中国在世界经济论坛最新报告中排名第全球 46 位。见 World Economic Forum, 2017: 91.

③ MOSER, 2012.

(一)《协议管辖安排》

根据中国《民事诉讼法》① 第282条规定，中国法院承认和执行境外判决必须满足以下两个前提条件之一：(1) 存在中国缔结或者参加的国际条约，该条约约定了缔约国可以相互承认和执行其他国家的判决；(2) 存在互惠条件。在60多个"一带一路"国家中，只有22个国家与中国缔结了包含民商事司法协助内容的双边协定。② 根据这些协定成功执行判决的案例很少。③ 香港于2006年签署了具有类似功能的《协议管辖安排》。根据该安排，在民商事案件中，只要判决是由诉讼当事方在协议中指定对相关事项具有排他性管辖权的法院作出，除少数情况外，④ 香港与内地法院将相互执行金钱给付判决。

2008年，香港通过了《内地判决（交互强制执行）条例》(香港法例第597章)，《协议管辖安排》得以施行。中国最高人民法院则于2008年公布《最高人民法院关于内地与香港特别行政区法院相互认可和执行当事人协议管辖的民商事案件判决的安排法释》(《最高人民法院解释》)。⑤ 下面的讨论将集中在《最高人民法院解释》上，因为"一带一路"国家的当事人更有可能在香港处理

---

① 《中华人民共和国民事诉讼法》(中华人民共和国第七届全国人民代表大会第四次会议于1991年4月9日通过，中华人民共和国主席令第44号公布)。

② TSANG KF. Chinese bilateral judgment enforcement treaties [J]. *Loyola of Los Angeles International and Comparative Law Review*, 2017, 40(1): 1, 6-7.

③ 最近报道的一个罕见的成功案例是波兰弗里古波尔股份有限公司申请承认和执行波兰共和国法院判决案，(2013)浙甬民确字第1号（浙江宁波中级人民法院，2014年3月12日）。

④ 《协议管辖安排》第1、3、9条。

⑤ 最高人民法院.《最高人民法院关于内地与香港特别行政区法院相互认可和执行当事人协议管辖的民商事案件判决的安排》法释〔2008〕9号。

中国当事人的争端,并申请在中国内地执行,而不是相反。

为了使《最高人民法院解释》对香港判决有效,判决必须在《协议管辖安排》规定的范围之内,[1] 即限于"内地人民法院和香港特别行政区法院在具有书面管辖协议的民商事案件中作出的须支付款项的具有执行力的终审判决"[2],包括商事合同相关的判决,但不包括雇佣合同[3]和破产清算[4]相关的判决。

判决得以执行最重要的前提条件是符合"书面管辖协议"的要求。《最高人民法院解释》第3条规定,本安排所称"书面管辖协议"是指明确约定香港特别行政区法院对相关民商事合同纠纷具有唯一管辖权的协议。换言之,只要有一项排他性管辖权条款指定香港拥有排他性管辖权即符合要求。

只要香港判决符合管辖权要求,通常可以在中国内地执行,与内地人民法院的判决效力相同。[5] 但第9条规定的情况除外,应当裁定不予认可和执行的情况包括:(1) 排他性管辖协议在香港法律下无效;[6](2) 香港判决已完全履行;[7](3) 中国内地法院对该案享有专属管辖权;[8](4) 未曾出庭的败诉一方当事人未经合法传唤或者虽经合法传唤但未获依法律规定的答辩时间;[9](5) 判决是以

---

[1] 《最高人民法院解释》第1条。
[2] 同上。
[3] 《最高人民法院解释》第3条。
[4] 关于北泰汽车工业控股有限公司申请认可香港特别行政区法院命令案,[2011] 民四他字第19号。
[5] 《最高人民法院解释》第11条。
[6] 《最高人民法院解释》第9(1)条。
[7] 《最高人民法院解释》第9(2)条。
[8] 《最高人民法院解释》第9(3)条。
[9] 《最高人民法院解释》第9(4)条。

欺诈方法取得的;①（6）中国内地法院就相同诉讼请求作出判决,或者外国、境外地区法院就相同诉讼请求作出判决,或者有关仲裁机构作出仲裁裁决,已经为中国内地法院所认可或者执行的;（7）内地人民法院认为在内地执行香港法院判决违反内地社会公共利益。②

总体而言,《最高人民法院解释》的内容和功能与中国签订的大多数其他协议非常相似。③尽管在具体适用范围和特殊例外情况上有所不同,但都遵循了国内司法模式的适用范围、例外情况和执行方式。④

自《最高人民法院解释》生效以来,至少有四起报道案件的内容涉及利用该解释执行香港判决。⑤例如,在百营镍资源有限公司案⑥中,一名香港判定债权人根据《最高人民法院解释》,申请对福建省泉州市的一名中国内地判定债务人执行关于贷款协议的香港

---

① 《最高人民法院解释》第9（5）条。
② 《最高人民法院解释》第9条。
③ TSANG K F. 2018, 14(2): 262-294.
④ TSANG K F. 2018, 14(2): 12-30.
⑤ 百营镍资源有限公司、泉州腾龙煤炭有限公司、肖文龙申请认可和执行香港特别行政区法院民事判决案,［2015］泉民认字第76号（福建省泉州市中级人民法院,2016年2月29日）;卓越投资有限公司、肖文龙申请认可和执行香港特别行政区法院民事判决案,（2016）闽08认港1号（福建省龙岩市中级人民法院,2016年12月12日）;彩虹梦想全球公司申请认可和执行香港特别行政区法院判决案,［2017］鄂72认港1号（武汉海事法院,2017年4月20日）;迅盈控股有限公司与达信管理有限公司申请认可和执行香港特别行政区法院民事判决案,［2014］肇中法民二初字第1号（广东省肇庆市中级人民法院,2015年7月16日）。
⑥ 百营镍资源有限公司、泉州腾龙煤炭有限公司、肖文龙申请认可和执行香港特别行政区法院民事判决案,（2015）泉民认字第76号（福建省泉州市中级人民法院,2016年2月29日）。

判决。泉州市中级人民法院认为，存在指定香港法院的管辖权条款，①因此该判决属于《协议管辖安排》的适用范围。此外，香港判决不属于第9条所规定的例外情况，因此根据《协议管辖安排》，判决可予执行。

尽管成功执行判决的案例报道有限，但这可能与中国的通告制度大有关联。②此外，基于作者对中国十大主要司法管辖区法院执行判决的实证研究，只有中国台湾和澳门的判决在内地成功执行的案例数量超过了香港。③根据《协议管辖安排》，香港判决成功执行的经验有利于其日后延续类似的操作。预计未来的案件将会在《最高人民法院解释》下不断完善执行体系。这些案例也许能够帮助厘清过往案例中未曾讨论过的条款，如在哪些情况下，违反内地社会公共利益可以作为驳回理由。④

尽管《协议管辖安排》将极大便利在香港执行内地法院关于"一带一路"国家作为被告的判决，⑤但由于香港涉及"一带一路"国家被告的情况有限，这类案件并不会很多。如果"一带一路"国家的被告在香港确有资产，有这样额外的纠纷解决途径也是不错

---

① 同上，法院对管辖协议的解释较为宽泛。《最高人民法院解释》第3条规定，管辖协议必须指定香港法院对合同纠纷具有唯一管辖权。但是，根据中国判决中涉及的相关条款，该条款并未明确指定香港法院具有排他性管辖权（"因合同产生的任何纠纷均应受香港法院管辖"）。

② 在2013年最高人民法院开发裁判文书数据库（中国裁判文书网）之前，中国没有裁判文书上报系统。见最高人民法院，《最高人民法院关于人民法院在互联网公布裁判文书的规定》法释〔2013〕26号。

③ TSANG K F, 2018, 14(2)：262-294.

④ 《最高人民法院解释》第9条。

⑤ 中国的判决在"一带一路"国家可能无法执行。但香港将根据《内地判决（交互强制执行）条例》对在香港拥有资产的"一带一路"国家当事人执行中国法院的判决。

的。在吴作程诉梁俪案①中，判定债务人辩称，深圳市中级人民法院作出的判决不应在香港执行，理由是尽管深圳法院已出具证明书，但该判决不是最终判决。香港法院则认为，该判决可以执行，除非判定债务人根据《内地判决（交互强制执行）条例》第6(2)条另有证明，否则深圳法院的证明书在法律上应被认定为终局性证据。② 该案中，判定债务人未能证明存有其他情况。③ 因此，内地法院的判决可根据上述条例予以执行。

此案是该条例下的第一宗，④ 但根据《内地判决（交互强制执行）条例》予以执行的内地判决大多无须经过诉讼程序，因为可执行的内地判决在第5(2)条中有规定。根据法庭记录，在2015年3月5日至2017年3月8日期间，香港法院根据该条例成功执行的内地判决共有25项。⑤ 这表明香港与内地签订的《协议管辖安排》得到了良好落实。

（二）互惠原则

如果案件不属于《协议管辖安排》的适用范围（以下简称"非管辖判决"），例如案件没有排他性管辖协议，那么在内地执

---

① [2016] HKEC 400.
② 同上，第21条。
③ 同上，第22条。
④ O'MELVENY. Hong Kong Law Update：Registering a Mainland Judgment in HongKong[EB/OL].[2017-11-01].www.omm.com/resources/alerts-and-publications/publications/registering-a-mainland-judgment-in-hong-kong/. CHEUNG K K. First Reported Case under Mainland Judgments (Reciprocal Enforcement) Ordinance(Cap 597) [EB/OL].Deacons.(2016-03-09)[2017-11-01]. www.deacons.com.hk/news-and-insights/publications/first-reported-case-under-mainland-judgments-(reciprocal-enforcement)-ordinance-(cap-597).html.
⑤《内地判决登记册》，适用于根据《内地判决（交互强制执行）条例》在香港登记的内地判决。

行香港判决只能依据上述《民事诉讼法》第282条规定的互惠原则。中国法律没有对互惠原则作出定义。直到最近，人们仍普遍认为，根据互惠原则执行外国判决是不可能的。[1] 但中国法院现已采取措施推广这一执行方式，这为非管辖判决在中国的执行打开了局面。

在高尔集团股份有限公司诉江苏省纺织工业（集团）进出口有限公司案[2]中，南京市中级人民法院于2016年12月根据互惠原则执行了一项新加坡法院的判决。尽管法院没有具体定义互惠原则，但据2014年新加坡法院执行了中国判决的事实，可以认定中国和新加坡之间存在互惠关系。[3]

参照高尔集团案判决之前的情况，这一新互惠标准的出现绝非巧合。早在2015年，最高人民法院就发布了《最高人民法院关于人民法院为"一带一路"建设提供司法服务和保障的若干意见》。[4] 最高人民法院为促进"一带一路"纠纷解决提出的建议中就包括了鼓励中国法院主动执行"一带一路"国家的判决，建立互惠关系。[5] 新加坡不仅是"一带一路"沿线国家，更是沿线国家中中国

---

[1] MOSER, 2012：401；另见CLARKE D C. The enforcement of United States court judgments in China：a research note [C/OL]. GW Law Faculty Publications & Other-Works1067. [2017-11-01]. http://scholarship.law.gwu.edu/cgi/viewcontent.cgi?article=2260&context=faculty_publications. （关于在中国执行美国互惠判决的难度）

[2] 高尔集团股份有限公司与江苏省纺织工业（集团）进出口有限公司申请承认和执行新加坡高等法院民事判决案，[2016]苏01协外认3号，南京市中级人民法院（2016年12月9日）。

[3] 昆山捷安特轻合金科技有限公司诉雅柯斯（远东）私人有限公司案[2014] 2 SLR 545，551。

[4] 最高人民法院.《最高人民法院关于人民法院为"一带一路"建设提供司法服务和保障的若干意见》法发〔2015〕9号。

[5] 最高人民法院.《最高人民法院关于人民法院为"一带一路"建设提供司法服务和保障的若干意见》法发〔2015〕9号,第6点。

的重要贸易伙伴之一。① 尽管高尔集团案并不属于最高人民法院政策解释的范围（因为新加坡主动执行了中国判决），但该案明显体现出中国司法机关愿意通过互惠原则促进"一带一路"国家判决的执行。

最高人民法院随后也高度肯定了高尔集团案的地位。该案于2017年5月②被评为"一带一路"建设十大典型案例之一。最高人民法院对高尔集团案的高度肯定是正确判决的先例，代表了最高人民法院的官方态度。

事实上，这一新标准已被至少两起在中国执行美国判决的案件所采用，其审判过程备受瞩目。③ 在这两起案件中，中国法院均援引了2009年湖北葛洲坝三联实业股份有限公司诉美国罗宾逊直升机有限公司案④，该案中美国加州联邦地区法院承认并执行了湖北省高级人民法院作出的民事判决，由此确立了互惠关系。⑤ 只要有一例成功执行中国判决的案例，就能满足建立互惠关系的条件。⑥

那么，高尔集团案对于中国执行非管辖判决有何影响？在高尔

---

① 中国国家统计局.进出口商品主要国别（地区）总值[EB/OL].[2017-11-01]. http://data.stats.gov.cn/english/easyquery.htm?cn=C01.

② 中华人民共和国最高人民法院.第二批涉"一带一路"建设典型案例（中文版）[EB/OL].[2017-11-01].www.court.gov.cn/zixun-xiangqing-44722.html.

③ 刘利诉陶莉、童武案［2015］鄂武汉中民商外初字第00026号，湖北省武汉市中级人民法院，2017年6月30日（基于互惠原则执行美国加州判决）；李旸马修、雷福康申请承认和执行法院判决、仲裁裁决案［2015］豫15协外认3号（因不具备属物管辖权而拒绝执行互惠性判决）。

④ 湖北葛洲坝三联实业股份有限公司诉美国罗宾逊直升机有限公司案，2009 WL 2190187（C. D. Cal.）。

⑤ 同上。

⑥ TSANG K F. Enforcement of foreign commercial judgments in China[J]. *Journal of Private International Law*, 2018, 14(2)：262-294.

集团案之前，香港判决因缺乏互惠关系而无法在内地执行。① 然而，由于高尔集团案中的互惠标准有所降低，且香港曾对内地法院的判决予以执行，因此香港判决在内地也是可以执行的。

根据《协议管辖安排》，已有多项内地判决在香港成功执行。但目前尚不清楚根据这些安排或协议成功执行判决是否可以算作在新标准下建立互惠关系。有观点表示，扩大相关安排或协议的适用范围会使之超出其初衷，反对将这些案件认定为互惠实践。特别是，这些安排和协议大多都有具体条件，而这些条件在《民事诉讼法》第282条中又没有明确规定。因此，允许以互惠为目的、根据安排或协议处理案件，会导致根据互惠原则执行外国判决相较于安排或协议本身的规定更为容易。

即使适用《协议管辖安排》的案件不能作为建立互惠关系的司法实践，根据建立互惠关系的普通法规则，仍有内地判决在香港得到成功执行的情况。② 根据普通法有关执行外国判决的规则，若满足以下条件，外国判决可在香港执行：

1. 由拥有审理该案件的司法管辖权的外国法院作出的判决。
2. 责令缴付金额款项的判决（非就税收或罚款而缴付）。
3. 最终及不可推翻的判决。
4. 不存在诸如违反自然正义以及香港公共政策等而拒绝执行

---

① 日本长野工业公司（NKK）诉北京庄胜集团有限公司，[2008]高民终字第99号（北京市高级人民法院，2009年7月6日）；利登利公司等申请承认和执行香港特别行政区高等法院民事判决案（福建省厦门市中级人民法院，2000年2月23日）。
② 如第一激光有限公司诉华闽（集团）有限公司案，[2012] HKCFA 52；[2012] HKEC 946（香港终审法院）。

裁决的理由。①

香港普通法的执行规则有四点必须注意。第一，根据香港的冲突法规则，在内地的判决属于内地，不是香港本地的判决。第二，中国香港普通法执行规则与新加坡采用的规则基本相同，两个司法管辖区的国际私法均源自英国。由此可以预见，根据相同的规则执行中国判决将确立香港和内地之间的互惠关系。第三，事实上存在中国判决依据这些规则得到成功执行的案例。其中在第一激光有限公司诉华闽（集团）有限公司案中，中国内地法院的商事判决得到承认。② 马琳与杨军离婚纠纷案③中承认内地法院的离婚判项等。这两起案件均由香港的最高法院——香港终审法院裁决。在中国农业银行深圳市分行诉雄丰企业控股有限公司、雄丰集团（深圳）有限公司借款合同纠纷案中，金钱给付判决也得到成功执行。④ 第四，尽管不少内地判决未在香港得以执行，但只要有成功的案例，未执行的判决并不会影响互惠关系的建立。此外，最近一些案件的发展也表明，今后不太可能出现执行失败的情况。

根据中国法律，法院作出的判决须受检察院监督。⑤ 这种审判监督程序是普通法司法管辖区所不具备的，阻碍了在香港执行判决。代表性案件是集友银行诉陈天君案⑥。在该案中，福建省中级人民法院审理了一起担保纠纷，原告胜诉。被告随后上诉至福建省

---

① 有关普通法执行制度的详细讨论，请参阅 GIBB, MORRIS, TSANG（2017）一书中第 4 章的内容。
② 第一激光有限公司案。
③ ［2010］HKEC 1924.
④ ［2012］HKEC 870.
⑤ 《中华人民共和国民事诉讼法》第 200 条。
⑥ ［1996］2 HKLR 395.

高级人民法院，但二审裁定驳回上诉维持原判。原告即在香港提起诉讼请求执行内地判决。判定债务人请求福建省人民检察院提出抗诉。① 在香港执行诉讼时，该检察院已向最高人民检察院申请按照审判监督程序对福建省中级人民法院的判决提出抗诉。② 香港原诉法庭确认该案的真正争论点在于福建省中级人民法院的判决在普通法规则下是否为最终及不可推翻的判决。原诉法庭张泽佑法官认为，福建省中级人民法院的判决并非最终及不可推翻的判决，并指出：

> 该判决在原审法院并不是最终及不能更改的。如果最高人民检察院根据《民事诉讼法》的相关规定提起抗诉，判决在再审中容易被中级人民法院变更。在抗诉情形下——即使发生概率微乎其微——中国法院也必须重审案件，这意味着它明显地保留着改变自己作出判决的权力。
>
> （省略内部引语）③

因此，法院暂停执行诉讼达六个月之久，以待最高人民检察院作出决定。④ 在李佑荣诉李瑞群案⑤中，上诉法庭的多数法官认为，问题的核心在于判决终局性是否仅仅取决于审判监督制度，还是取决于案件的实际情况。⑥ 考虑到公共利益，上诉法庭认为，经过审判，听取专家证人的证词，才能作出决定。⑦ 上诉法庭甚至促请法

---

① ［1996］2 HKLR 395.
② 同上。
③ 同上，399。
④ 同上，400。
⑤ 李佑荣诉讼案［2007］2 HKLRD 749。
⑥ 李佑荣诉讼案［2007］2 HKLRD，第24条。
⑦ 同上，第27条。

律援助署为被告提供经费以向终审法院提出上诉。① 遗憾的是，终审法院并未收到诉讼申请。②

近期原讼法庭在审理中国银行股份有限公司诉杨帆案③时，对于上述问题作了详细分析。④ 法院认为，根据内地新《民事诉讼法》的相关规定，⑤ 审判监督程序不应成为执行内地判决的障碍。特别是其中第211条规定，接受抗诉的人民法院应当自收到抗诉书之日起30日内作出再审的裁定。法院可以选择不重审案件，如果不重审，则抗诉终止。法官将现行的审判监督程序与上诉程序进行比较（尽管上诉程序由案外人提起），⑥ 意识到其审理受到上诉法庭的约束，上诉法庭决定将这一问题的解决留待全面审查。⑦ 无论如何，该案表明，内地判决将来有望克服香港法院的终局性问题，进一步巩固香港和内地之间的互惠关系。

相比之下，虽然理论上高尔集团案的较低标准有利于"一带一路"国家法院的判决在中国得到执行，但也有声音表示这些国家并没有像中国香港那样积极执行。⑧ 由于这一历史优势，香港判决的执行更具确定性。

总之，无论是根据《协议管辖安排》还是基于互惠原则，香港

---

① 李佑荣诉讼案[2007] 2 HKLRD，第29条。
② 在第一激光有限公司案中，香港终审法院同样面临是否承认内地判决的问题，但由于该判决是由最高人民法院作出的，因此不存在终局性问题。参见第一次激光有限公司案。
③ [2016] 3 HKLRD 7.
④ 同上。
⑤ 《中华人民共和国民事诉讼法》第200、211条。
⑥ [2016] 3 HKLRD 7.
⑦ 同上，第54条。
⑧ TSANG, 2018, 14(2): 262-294.

的判决一般都能在内地执行，这无疑有利于促使"一带一路"倡议下进行商业交易的各方选择香港作为争端解决地。

三、在香港强制执行外国判决

香港是中国的商业中心，也是众多中国企业的财资中心，很多中国企业都在香港证券交易所上市。据报道，恒生指数56%的成分股都来自中国。① 如果"一带一路"相关案件中的外国当事人收到外国而非香港法院对中国内地当事人作出的判决，若内地当事人在香港拥有资产，该判决可在香港执行，外国当事人无须在中国申请执行该外国判决。例如，"一带一路"项目相关诉讼在英国提起，中国内地当事人在香港拥有大量资产，若英国法院判决在香港得到执行，香港可为"一带一路"争端解决环境的改善作出贡献。

如前所述，根据普通法规则，外国判决一般可予以执行。与中国法律不同，普通法的执行规则对互惠关系没有要求。任何符合执行条件的外国判决均可在香港执行。

如果作出判决的国家属于《内地判决（交互强制执行）条例》（第319章）涵盖的范围，那么将根据该条例予以执行。一般而言，条例规定的执行条件旨在复刻普通法下的执行条件，除部分情况外，执行的准则相同。② 如果外国判决属于条例的范围，它确实具

---

① LAM E, QIU Y. Hong Kong's stock market tells the story of China's growing dominance[N/OL].*Bloomberg*,（2017-06-23）[2017-11-01]. www.bloomberg.com/graphics/2017-hang-seng-index.
② GIBB, MORRIS, TSANG, 2017：85.

有程序上的优势,例如可以不经过诉讼直接申请强制执行。① 目前,该条例涵盖了 15 个国家。②

最后,香港法院也愿意协助执行外国判决,根据《高等法院条例》第 21(m)条规定,在必要情况下发布玛瑞瓦禁令。在轩辉国际物流有限公司与智利南美轮船有限公司海上、通海水域货物运输合同纠纷案③中,终审法院支持对被告发出资产冻结令,因为被告无视英国的反诉禁令,该禁令禁止其在违反排他性管辖权协议的情况下继续在中国进行法律诉讼。④ 此外,终审法院并不认同下级法院的观点,即在案件中发布资产冻结令会促使香港法院"在[英国和中国]法院之间做出选择,并擅自决断外国法院应如何裁决此案"⑤。从这个意义上说,该案也是香港司法独立的一个标志。

(一) 管辖权

如果香港法院一开始就难以履行管辖权,那么此前有关香港判决在内地执行的讨论就没有意义。与大部分普通法司法管辖区一样,即使交易与香港没有实质性联系,香港仍可确立司法管辖权。⑥ 本节将探讨香港管辖权制度的优势。

1. 排他性管辖协议

由于《协议管辖安排》的适用是基于当事人之间指定香港法院

---

① 《内地判决(交互强制执行)条例》第 4 条。
② 《内地判决(交互强制执行)条例》(香港法例第 319 章 A 部分)。
③ [2016] HKEC 2463.
④ 同上。
⑤ 同上,第 25 条。
⑥ 管辖权可以通过提交、在香港送达起诉文件以及在香港法院批准下在香港以外的地方送达起诉文件来确立。 通过这三种方式(尤其是前两种)建立的管辖权可能无法保证交易与香港有实质性联系。

的排他性管辖权协议,因此必须注意,如果合同中有条款指定香港法院具有排他性管辖权,香港法院通常会行使管辖权。[①] 只有在极少数情况下,如严格遵守排他性管辖权协议可能使案外人员遭受严重损害,法院会以不方便为由拒绝行使管辖权。[②]

此外,香港法院禁止一方当事人违反指定香港法院的排他性管辖权条款而在外国司法管辖区提起诉讼。[③] 事实上,与不涉及违反排他性管辖权条款的禁诉令不同,国际管辖权的礼让原则不是问题。[④] 即使替代法院是中国内地法院,也是如此[⑤]。这再次彰显了中国香港的司法独立性。

2. 非排他性管辖协议

即使指定香港法院的管辖权条款是非排他性的(因此不属于《协议管辖安排》的范围),如果法律诉讼是按照该条款规定在香港提起,香港法院也会在不方便法院的情况下将该条款视为排他性管辖权条款。在诺贝尔电力投资有限公司诉日精东京有限公司案[⑥]中,马道立高等法院首席法官表示:

> 排他性管辖条款和非排他性管辖条款在原则上没有区别,只要双方当事人都同意服从指定法院的管辖。关键是要认识到,在考虑非排他性管辖条款的效力时,诉讼程序提起的地点不同,做法也不

---

① 这反映了多诺霍诉阿姆科公司等案中阐述的普通法立场,[2001] UKHL 64, [24]。

② 同上。另见: Lord Collins of Mapesbury, et al. *Dicey, Morris and Collins on the conflict of laws*[M]. 15th ed. London: Sweet & Maxwell, 2012: para 12-152.

③ 同上。

④ 轩辉国际物流有限公司与智利南美轮船有限公司海上、通海水域货物运输合同纠纷案,[2016] HKEC 2463[57]。

⑤ 同上。

⑥ [2008] HKEC 1087.

同。当法律程序在该指定的管辖区内展开（当事人已同意服从），申请搁置法律程序或者对该司法管辖区的管辖权有争议的一方承担较重的举证责任，这是由于双方已经同意受到该司法管辖区的管辖。换句话说，当事人寻求避开的法院，正是他已签订合同同意服从的法院。①

3. 香港司法文书送达

在没有管辖权协议的情况下，可以通过在香港或以外地区送达令状的方式提起诉讼。考虑到许多中国企业在香港设有分支机构，在香港送达令状是确立香港法院对中国企业管辖权的一种便捷方式。有人可能认为这是一种过度管辖，但不可否认，其在确立管辖权方面给原告带来了优势。

可以预计，在"一带一路"相关诉讼中，来自中国的被告可能会以不方便法院为由，申请将诉讼转移至中国，以获得"主场优势"。由于不方便法院属于例外而非常态，因此这种诉讼不大可能成功。这一点可以在过往案例中得到证实。根据作者最近的调查，48起案件中只有13起根据不方便法院原则成功将诉讼转移至中国。②

不方便法院原则运用成功率低是由其性质决定的。即使没有管辖权条款，不方便法院的运用仍然是例外情况，不是常态。英国上议院在斯比利亚达海洋公司诉坎苏雷有限公司案中规定了不方便法

---

① ［2008］HKEC 1087，第29—31条。
② TSANG K F. China's rule of law through the eyes of private international law in common Law Jurisdictions.

院的一般性测试（测试包含两个阶段）。[1] 测试的第一阶段，被告需要证明存在"另一个比英国法院更合适的法院"[2]。而法院通常会考虑一些相关因素，包括但不限于证据的可用性、[3] 外国判决的可执行性和适用的法律。[4] 如果满足了第一阶段的要求（即有更合适的法院），香港法院一般会拒绝行使管辖权，除非原告在第二阶段测试能证明他（或她）会因为在其他法院进行诉讼而失去"合法个人利益或司法利益"[5]。这些利益没有明确界定，但以往判例考虑的因素包括缺乏法律援助[6]、诉讼被禁止在其他法院进行[7]等。

4. 司法管辖区外的送达

如果来自内地的被告不在香港，可在该司法管辖权范围外送达令状以确立管辖权。这属于长臂司法管辖权，须经过香港法院许可。[8] 批准许可的准则与不方便法院的两个阶段测试基本相同。令

---

[1] [1987] AC 460。 香港上诉法院将不方便法院测试略微调整为三个阶段：（1）由提出不方便法院申请的被告举证，证明"香港法院不是自然或方便的法院，而另一法院明显更合适审理案件"；（2）由选择香港法院起诉的原告证明，证明要点在于另一法院审理案件不利于原告的合法个人利益或司法利益；（3）由法官根据原被告各自的证据自由裁量，判断是否应该终止诉讼。 原告证明内地法院审理案件将剥夺其一项或多项司法利益对被告而言并不一定是不利的，只要香港法院判定，尽管原告的利益被剥夺，但"在合适的法院仍能实现实质性正义"。 这一点由请求香港法院中止诉讼的被告证明，被称作"最终的说服责任"。 见"阿迪古纳·梅兰蒂"号轮船诉"阿迪古纳·哈拉潘"号轮船案[1987] HKLA 904，[5]。 尽管这一测试经过了调整，但并未否定"斯比利亚达测试"的要旨。

[2] 同上，477。

[3] 烟台万华聚氨酯合成材料有限公司诉普尔制品有限公司（未报道，HCA 930/2011）。

[4] NewLink顾问公司诉中国国际航空公司案[2005] HKECK 815。

[5] 阿比丁·戴维案[1984] AC 398, 410。

[6] 吕伯诉开普公司案 [2000] 1 WLR 1545（HL）。

[7] 百富勤集团有限公司诉摩根大通银行案[2005] 2 HKC 37。

[8] 《高等法院规则》第11号命令（第4A章）。

状在中国的实际送达根据香港与内地 1999 年订立的《送达安排》进行。这项安排极大有利于香港法院对这类案件行使管辖权。

(二) 法律选择

为促使"一带一路"相关争端在香港得到有效解决,争端可受中国法律、"一带一路"沿线国家的法律或者第三国法律管辖。对于大宗交易,一般会在合同中明确规定管辖法律。香港在合同的法律选择上具有两个独特的优势。

首先,香港的国际私法起源于英国,其法律选择规则通常尊重当事人选择管辖法律的自主权。例如,第一激光有限公司诉华闽(集团)有限公司案[①]中签订的合同对法律选择规则进行了规定。柯林斯勋爵重申了普通法规则:

根据普通法规则,双方当事人有意选择管辖合同的法律体系,如果当事人的意图既未明示,也不能根据案件的具体情况推断,那么合同受与交易有最密切、最真实联系的法律管辖。[②]

因此,第一步就是要看合同是否明确规定了管辖法律。即使所选择的法律与交易没有联系,法院也会尊重当事人的选择。[③] 举例来说,中国当事人与波兰当事人签订合同,约定将英国法作为准据法,即便英国与该案交易无任何关联,被选择的英国法亦会在中国香港法院适用生效。

其次,由于当事人常选择中国内地法律作为准据法,香港法院在适用中国内地法律方面很有经验。中文是香港的正式语文之一,[④]

---

① 第一激光有限公司案。
② 同上,第 53 条。
③ 维他食品公司诉尤纳斯航运公司案[1937] AC 500, 529。
④ 《香港特别行政区基本法》第九条。

不少法律从业人员和法官都精通中文。历史上，香港法院受理过很多与中国内地相关的案件，这些案件都是适用中国内地法律处理的。博坦尼克公司诉中国联合石油有限责任公司案[1]突出显示了香港法院在适用中国内地法律方面的能力：

鉴于香港与内地的商贸关系日益密切，香港法院曾多次处理中国法律问题，其中不乏一些复杂的问题。现在，有关内地法律的文献越来越多，专门学习内地法律的双语法官也越来越多。[2]

香港法院适用中国内地法律的卓越能力，也有利于香港成为不方便法院案件（指定中国内地法院作为替代法院）的适当法院。[3]

（三）《取证安排》

2016年12月29日，香港与内地签署了《关于内地与香港特别行政区法院就民商事案件相互委托提取证据的安排》（以下简称《取证安排》）。[4] 根据双方一致意见，自2017年3月1日起生效。[5] 在此之前，与香港诉讼相关的取证申请须经过港澳办至最高人民法院。[6] 现在根据《取证安排》第2条，可由香港特别行政区政府政务司司长办公室辖下的行政署直接通过最高人民法院委托提取证据。此举显然更为直接有效，[7] 从而为"一带一路"案件中来

---

① [2018] HKFC 1424., [65].

② 同上，第65条。

③ NewLink顾问公司诉中国国际航空公司案。

④ The Government of the Hong Kong Special Administrative Region. Hong Kong signs arrangement with the Mainland on mutual assistance in taking of evidence in civil and commercial matters[N/OL].Press Releases,(2016-12-29)[2017-11-01]. www.info.gov.hk/gia/general/201612/29/P2016122900569.htm.

⑤ 最高人民法院.《关于内地与香港特别行政区法院就民商事案件相互委托提取证据的安排》法释〔2017〕4号。

⑥ 张宪初.《〈内地与香港特别行政区法院就民商事案件相互委托提取证据的安排〉评注》(工作文件）。

⑦ 同上。

自香港的诉讼当事人带来便利。

四、结语

香港在国际私法规则方面有诸多优势,这使其在"一带一路"相关争端解决方面发挥着重要作用。这些优势在与内地签署的《协议管辖安排》中最为显著,也体现在有利于商业发展的一般性国际私法规则中。尊重各方对司法管辖权和管辖法律的选择,是香港国际私法一直以来所奉守的信条。正如邓宁勋爵在谈及英国法院对于外国诉讼的开放性时所言:"你可以称之为'择地行诉',如果你选择了英国法院,那么无论是从商品质量还是服务速度来说,它都会是最佳选择。"[1] 据悉,香港法院为"一带一路"相关诉讼提供了同样优良,甚至更加周到的服务。司法机关的公正也很重要,哪怕其司法判决可能与中国法院管辖权相冲突。[2] 尽管这可能对内地的当事人不利,但必须承认,"一带一路"倡议的成功有赖于公正法院的存在,而香港具备独特的优势来扮演这一角色。这将促进"一带一路"国家在未来与中国开展长期有效的合作。预计在不久的将来,香港与内地之间将就国际私法达成新的安排。根据最高人民法院和香港律政司司长办公室 2016 年的会议记录,两个司法管辖区一直就相互承认和执行非管辖判决保持讨论。若新安排得到落实,毋庸置疑,香港作为"一带一路"争端解决中心的地位将进一步提高。

---

[1] "大西洋之星"号案[1973]QB 364,381-382。
[2] 中国最高人民法院.内地与香港民商事司法协助二十周年回顾与展望[EB/OL].[2017-11-01].www.court.gov.cn/zixun-xiangqing-41642.html.

第十一章　承认外国判决、促进经济融合：以中东和海湾阿拉伯国家为例

贝利·艾尔巴蒂

一、引言

2013年，中国国家主席习近平提出了"一带一路"倡议，它以促进沿线国家经济合作和经济繁荣为目标，是一项"雄心勃勃的互联互通工程"[①]。该倡议将促进"经济一体化、商品和服务自由流动……加强经贸往来，促进人际交流"[②]。这些目标的实现，以法律保护和法律援助为基础。落实法律保护需要确保"一带一路"沿线国家相互承认和执行他国判决。然而，针对承认和执行制度[③]的相关研究表明，现状并不理想。[④]

本章将重点讨论与倡议相关的中东和海湾阿拉伯国家的判决承

[①] KUNDU N D. Introduction [M]// KISHAN B, KUNDUND. China's One Belt One Road Initiative, challenges and prospects, New Delhi: Vij Books India Pvt Ltd, 2016: 1.
[②] 同上。
[③] 除非另有说明，本章将"承认"和"执行"作为同义词理解。
[④] "一带一路"国家名单参见本书第一章。

认和执行制度。[①] 据香港贸易发展局统计，与该倡议有关的阿拉伯国家共 13 个：巴林、埃及、伊拉克、约旦、科威特、黎巴嫩、阿曼、巴勒斯坦、卡塔尔、沙特阿拉伯、叙利亚、阿联酋和也门。通过研究这些国家的法律，本章强调，必须采取适当措施调整阿拉伯国家现行的承认制度，如改革国内法，使之与国际公认的判决承认标准相一致，[②] 或者建立和/或参与多边协议，加强区域合作，保证判决在"一带一路"国家之间自由流通，以免持外国判决的当事人面临重重障碍。

本章将首先介绍"一带一路"沿线中东和海湾阿拉伯国家的判决承认法来源，然后概述这些国家承认和执行外国判决所需的条件，接着说明存在的问题，探究法律的不确定性，最后得出一般性结论。

二、法律渊源

阿拉伯司法管辖区承认和执行外国判决的法律有一个显著特点：法律的来源具有多样性，可以来自国际公约、示范法或国内法。

（一）国际公约

大多数中东和海湾阿拉伯国家之间都缔结了多项国际公约。虽

[①] 在本章中，阿拉伯国家指组成阿拉伯联盟的国家，不包括伊朗、土耳其等伊斯兰国家。此外，重点将放在国家法院的执行，不包括迪拜和卡塔尔设立的国际法院。

[②] ELBALTI B. Spontaneous harmonization and the liberalization of the recognition and enforcement of foreign judgments[J]. *Japanese Yearbook of Private International Law*, 2014(16): 264.

然有多边公约和双边公约之分,但不论哪种公约,国际公约都优先于国内法而适用。①

1. 多边公约

多边公约可以是世界性的,也可以是区域性的。就世界性公约而言,只有科威特加入了 1971 年海牙国际私法会议通过的《承认与执行外国民商事判决公约》及其《附加议定书》。② 其他阿拉伯司法管辖区则签署了一些涉及执行程序的国际公约,这类公约也会影响外国判决的承认和执行。例如,埃及和科威特加入了 1965 年订立于海牙的《关于向国外送达民事或商事司法文书和司法外文书公约》。埃及和黎巴嫩是 1954 年《海牙民事诉讼程序公约》的缔约国。巴林和阿曼加入了 1961 年《取消外国公文书认证要求的公约》(简称《海牙取消认证公约》)。最后,科威特也是 1970 年订立于海牙的《关于从国外调取民事或商事证据的公约》的缔约国。③

就区域性公约而言,许多阿拉伯国家加入了阿拉伯区域性国际组织订立的公约,如 1952 年 9 月 14 日通过的《阿拉伯联盟执行判决和仲裁裁决公约》④,1983 年 4 月 6 日通过的《利雅得阿拉伯司

---

① 见埃及《民事诉讼法》第 301 条。 类似规定见巴林《民商事诉讼法》第 255 条、科威特《民商事诉讼法》第 203 条、阿曼《民商事诉讼法》第 355 条、卡塔尔《民商事诉讼法》第 383 条、沙特阿拉伯《执行法》第 11 条、叙利亚《民事诉讼法》第 313 条、阿联酋《民事诉讼法》第 238 条和也门《民商事诉讼法》第 497 条。

② 多边公约详细列表参见网站 www.hcch.net/en/instruments/。

③ 上述公约及其详情可在 www.hcch.net/查阅。

④ 缔约国包括约旦、叙利亚、伊拉克、沙特阿拉伯、埃及、也门、利比亚和科威特。 黎巴嫩签署了该公约,但尚未批准通过。 该公约的英文版本可在 www.aia-adr.com/#!blank/c10t5 查阅;更多讨论见 ABDALLAH E. La convention de la Ligue Arabe sur l'exécution des jugements – Etude comparative du droit conventionnel comparé avec le droit interne[A]//Collected Courses of the Hague Academy of International Law[C]. 1973, 138: 513.《阿拉伯联盟执行判决和仲裁裁决公约》已被《1983 年利雅得公约》取代,但在一些尚未批准后者的缔约国仍然有效。

法合作公约》(简称《1983年利雅得公约》)[①],1989年6月16日通过的《埃及、伊拉克、也门、约旦立法和司法合作公约》[②] 以及1995年12月4日至6日通过的《判决、调查委托书及司法认知执行议定书》(简称《海合会议定书》)[③]。其中,只有《阿拉伯联盟执行判决和仲裁裁决公约》是严格意义上的专门性公约,即专门处理承认和执行外国判决(及仲裁裁决)的公约。其他三项是广义上的司法合作公约(送达、调查委托书等),当中也有专门的一章涉及承认和执行外国判决。

2. 双边公约

除区域性公约外,阿拉伯国家之间及其与其他非阿拉伯国家同样签订了双边公约。部分阿拉伯国家和其他"一带一路"国家(包括中国)也缔结了公约。[④]

---

① 缔约国包括巴勒斯坦、伊拉克、也门、苏丹、毛里塔尼亚、叙利亚、索马里、突尼斯、约旦、摩洛哥、利比亚、阿联酋、阿曼、巴林、沙特阿拉伯、阿尔及利亚和埃及,www.refworld.org/docid/3ae6b38d8.html;参见 BALZ K, ALMOUSA A S. The recognition and enforcement of foreign judgments and foreign awards under the Riyadh Convention (1983) – thirty years of Arab judicial cooperation[J]. *International Journal of Procedural Law*, 2014, 4(2): 273。

② 该公约于1989年阿拉伯也门、伊拉克、约旦、埃及四国成立阿拉伯合作委员会之后缔结。但是,在1990年伊拉克入侵科威特后,该组织解散,公约随之不再适用。公约文本可在 http://wiki.dorar-aliraq.net/iraqilaws/law/14886.html 查阅(仅阿拉伯语版)。

③ 缔约国包括沙特阿拉伯、阿联酋、卡塔尔、巴林、阿曼和科威特,www.aia-adr.com/#!blank/cu0h;参见 Ahmad abd Al-Karim Salama.The system of enforcement of judicial judgments among the Cooperation Council of the Arab Gulf States according to the council's convention of 1995[J]. *Egyptian Review of International Law*, 2001 (57): 131; MOHD H, MULLA S. Conventions of enforcement of foreign judgments in Arab states[J]. *Arab Law Quarterly*, 1999(14): 33。

④ 例如,阿联酋分别与中国(2004)、印度(2000)、亚美尼亚(2003)、巴基斯坦(2005)缔结了双边协议;埃及和科威特分别于1994年和2007年与中国缔结了双边协议。

(二) 示范法

该地区国际组织起草的示范法同样对承认和执行外国判决作出了规定，包括《阿拉伯国家联盟民事诉讼统一示范法》[①]《海湾合作委员会司法合作示范公约》[②]《海湾合作委员会民事诉讼统一法》[③] 以及《海湾合作委员会司法裁决执行统一法》[④]。

粗略比较，以上文书的解决方案高度相似。虽然示范法对国内法改革的影响尚不明晰，但根据二者在外国判决上的相似性，可以推定存在一定影响。

(三) 国内法

阿拉伯国家都颁布了执行外国判决的国内法。多数国家将该监管制度的内容规范于民事诉讼法中，[⑤] 也有国家将其纳入特别法，通常称之为"执行法"[⑥]。最后，还有一些国家出台了执行外国判

[①] 根据阿拉伯司法部长理事会 2003 年 10 月 8 日第 493 号命令在阿尔及利亚通过的示范法（《2003 年阿盟示范法》）。除了执行外国判决（第 654—659 条）外，该法还涉及了国际管辖权（第 20—25 条）。见 https://carjj.org/laws。

[②] 最高委员会于 2003 年 12 月 21 日至 22 日在科威特通过的法律和司法合作示范公约（第 29—37 条）（《2003 年海湾合作委员会示范公约》）。

[③] 2001 年 12 月 30 日至 31 日，海合会最高理事会在阿曼首都马斯喀特发表《麦纳麦宣言》，批准通过《海湾合作委员会民事诉讼统一法》（《2001 年海湾合作委员会示范法》）。该统一法不仅涉及外国判决的执行（第 229—232 条），还有一章说明国际管辖权问题（第 20—24 条）。

[④] 2010 年 12 月，海合会最高理事会在阿布扎比发表《科威特宣言》，批准通过执行海湾国家合作委员会成员国司法判决的统一规则（第 16—20 条）（《2010 年海湾合作委员会示范法》）。www.gcc-sg.org/ar-sa/CognitiveSources/DigitalLibrary/Pages/Categorization.aspx（仅阿拉伯语版）。

[⑤] 巴林《民商事诉讼法》第 252—255 条、埃及《民事诉讼法》第 296—301 条、科威特《民事诉讼法》第 199—203 条、黎巴嫩《民事诉讼法》第 1009—1024 条、阿曼《民商事诉讼法》第 352—355 条、卡塔尔《民商事诉讼法》第 379—383 条、叙利亚《民事诉讼法》第 308—313 条、阿联酋《民事诉讼法》第 235—238 条、也门《民商事诉讼法》第 491—497 条。

[⑥] 巴勒斯坦《执行法》第 36—39 条、沙特阿拉伯《执行法》第 11—14 条。

决的特别立法。[1]

三、承认和执行外国判决的条件概述

阿拉伯国家的法律具有高度相似性，甚至连法律规范的形式和结构都相似。阿拉伯国家执行外国判决的条件可分为三类：第一类条件在所有阿拉伯国家立法中都有明确规定，包括：（1）外国判决的终局性、既判力和可执行性[2]；（2）外国法院的管辖权；（3）公共政策；（4）互惠原则。第二类条件绝大多数阿拉伯国家的法律都有明文规定，包括：（1）正当送达[3]；（2）辩护权[4]；（3）矛盾判决[5]。第三类条件仅见于部分阿拉伯国家立法，包括：（1）欺诈条件（是否为合法判决）[6]；（2）法律适用[7]；（3）案情审查[8]。

---

[1] 伊拉克《执行外国法院判决法》和约旦《执行外国判决法》。

[2] 通常规定，外国判决如果根据判决地国的法律具有既判力，则可以执行。

[3] 送达若依照判决地国的法律进行，则视为有效送达。 埃及最高法院（1964年7月2日判决，埃及最高法院汇编909）认为，通过在当地报纸发布公告的方式进行诉讼传唤是有效的，因为根据判决地国法律，这种传唤有效。 参见 AHMED J S. Enforcement of foreign judgments in some Arab countries——legal provisions and court precedents: focus on Bahrain[J]. *Arab Law Quarterly*, 1999(14): 169, 174. 文章认为，在与法院地公共秩序不相冲突的情况下，是否有效送达取决于判决地国法律。

[4] 除巴勒斯坦外，其他阿拉伯国家的法律都明确承认这一点。

[5] 除伊拉克和约旦外，其他阿拉伯国家的法律都明确承认这一点。 在黎巴嫩，如果法院仍继续审理同一纠纷，且诉讼先提交至黎巴嫩法院，则终止执行（第1016条）。

[6] 见伊拉克（第8条）、约旦（第7-4条）、阿曼（第352-1条）。 黎巴嫩法律规定，为避免欺诈行为，对外国判决的案情进行审查是合理的（第1015条）。

[7] 见阿曼（第352-4条）。

[8] 黎巴嫩法律允许在部分情况下启动有限审查程序（第1015条）。

根据以上条件在实践和理论上的重要程度，本节主要讨论其中三个条件对判决自由流通的影响：（1）互惠原则；（2）外国法院的管辖权；（3）公共政策。

(一) 互惠原则

尽管与"一带一路"倡议相关的阿拉伯司法管辖区基本上都认可互惠原则，[①]但其具体含义和实行措施大相径庭。

在约旦、黎巴嫩等司法管辖区，互惠关系是执行外国法院判决的条件，若不满足，则拒绝执行。[②]互惠关系是一项额外要求，无法满足这一要求意味着否定外国判决的法律效力。但是，在其他司法管辖区，互惠关系相当于"平等待遇"[③]，也就是说外国判决与当地判决享有同等的待遇。换言之，被执行的外国法院判决必须受到执行国法律下相同条件的约束。[④]因此，外国法院判决的执行取决于两个条件：（1）被请求国为执行外国判决所要求的条件；（2）

---

① 以下法规都包含对互惠原则的相关规定：巴林（第252-1条）、埃及（第296条）、伊拉克（第11条）、约旦（第7-2条）、科威特（第199条）、黎巴嫩（第1014-4条）、阿曼[第352-1和第358-2（e）条]、巴勒斯坦（第36-1条）、卡塔尔（第379条）、沙特阿拉伯（第11-1条）、叙利亚（第306条）、阿联酋（第235-1条）、也门（第494-3条）；相关规定也见于《2003年阿盟示范法》（第654条）、《2001年海湾合作委员会示范法》（第229-1条）和《2010年海湾合作委员会示范法》（第16-1条）。

② 例如，黎巴嫩最高法院2007年5月31日第79号决定Al-Adl 2008（1）186规定，为建立互惠关系，证明黎巴嫩法院的判决可以在判决地国执行即可，见NAJM M-C. Lebanon[M]// BASEDOW J, et al. *European Encyclopaedia of PIL*（Vol. 3），Cheltenham：Edward Elgar, 2017。

③ AHMED J S, 1999（14）:170.

④ 见埃及《民事诉讼法》第296条。在也门、巴林、阿联酋、卡塔尔、科威特、叙利亚、巴勒斯坦等国家的法律中也可找到类似或相同的规定。

判决地国法律有所规定，但执行国法律不具备的相应条件。[1] 这种理解会导致两个结果：第一，如果外国法院拒绝执行当地法院的判决，那么外国法院的判决也会被拒绝;[2] 第二，如果外国法律规定外国判决的执行须遵守执行国法律所没有的限制性要求，那么这些限制性要求将被引入并适用于判决地国判决的执行。[3] 在所有阿拉伯司法管辖区中，只有阿曼在两个不同的条款中对互惠原则的这两层含义进行了解释。[4]

伊拉克等国家采取了不同的解决方案。伊拉克《执行外国法院判决法》第11条规定，"本法适用于外国法院作出的判决，外国法院由本国法令根据情况特别指明……"。这意味着，外国判决在伊拉克的执行取决于政府声明，只要伊拉克与外国政府签署了国际公约，或确定伊拉克的判决在国外法院可以执行，政府就会定期公

---

[1] 例如，迪拜最高法院对这一条件的解释为，判决地国的条件应与阿联酋的条件相似或者更为宽松。 2001年3月10日第17/2001号决定，迪拜政府、司法部、最高法院、技术办公室，12号，2001，208。

[2] 针对巴林法律的相关解释，见 AHMED, 1999(14):169-174；埃及法律的相关解释，见 EL-CHAZLI K. Recognition and Enforcement of Foreign Judgments in Egypt (2013/2014) 15 YPIL 387, 400；阿联酋法律的相关解释，见 KANTARIA S. The enforcement of foreign judgments in the UAE and DIFC courts[J]. *Arab Law Quarterly*, 2014(28): 193, 199；叙利亚法律的相关解释，见 EL-HAKIM J. Enforcement of foreign judgments and arbitral awards in Syria[J]. *Arab Law Quarterly*, 1990(5): 137,138。

[3] 例如，基于互惠（平等待遇）原则，外国判决的执行受限于裁决法官所适用的法律（如果判决地国法律要求进行限制）。

[4] 见阿曼《民商事诉讼法》第352条。 在2006年的一项裁决中，阿曼最高法院以德国的承认标准高于阿曼为由，拒绝执行德国的判决。 另见 BREMER N. Seeking recognition and enforcement of foreign court judgments and arbitral awards in the GCC countries[J]. *McGill Journal of Dispute Resolution*, 2016, 3(1): 52。

布。① 伊拉克最高法院的裁决正是基于这一点。在裁决中，最高法院宣布，《执行外国法院判决法》不适用于执行巴林法院作出的判决，因为当时尚未发布执行巴林法院判决的法令。② 最高法院在适用第 11 条时裁定，执行外国判决的制度可适用于政府法令所限定的国家的法院判决。③

司法管辖区不同，互惠关系的确立也大不相同。例如，根据沙特法律，外国判决可以根据国际条约或互惠原则予以执行，这也是一项基本原则。④ 但也有观点认为，如果没有相关国际条约，外国判决在沙特将难以实现其法律效力，⑤ 这种观点受到了一些质疑。⑥ 然而，假设外国判决可以在互惠原则的基础上执行，但寻求执行的一方当事人未能提交官方声明，证明沙特判决可以在该国执行，那么互惠关系将无法建立。⑦

---

① 迄今为止，已颁布的法令如下：意大利第 18/1929 条、埃及第 9/1929 条、叙利亚和黎巴嫩第 5/1929 条、巴勒斯坦第 11/1929 条、印度第 10/1930 条以及加拿大、牙买加、中国香港、马耳他、尼亚萨兰[实际马拉维]和塞浦路斯第 29/1932 条、约旦第 32/1952 条。
② 如今两国都是《1983 年利雅得公约》的缔约国。
③ 1987 年 3 月 3 日伊拉克联邦最高法院第 364 条决定[未公布]。
④ 见沙特《执行法》第 11 条。
⑤ WELLS D M. Saudi Arabia[A]// NEWMAN L W. *Enforcement of Money Judgments* (Vol. III)[C]. NY: Juris, 2011.
⑥ KRUGER H. Saudi Arabia[A]// BASEDOW J, et al. *European Encyclopaedia of PIL* (Vol. 3)[C]. Cheltenham: Edward Elgar, 2017. BREMER, 2017(3): 57.
⑦ 申诉委员会第 97/C/3-1411[1990]号决定中，因为判定债权人未能提供确凿证据证明沙特法院的判决可以在英国得到执行，这项英国判决被拒绝执行。在该案件中，英国司法部下属部门出具了一份证明书，表示外国判决可以在英国得到执行，但仅凭曾在英国担任律师的法律顾问提供的意见书以及一份英国诉讼程序规则的副本并不足以证明两国的互惠关系。但是，在另一项 2007 年的裁决中，判定债权人提交了一份美国法官的宣誓声明，大意为沙特法院的判决可以在哥伦比亚特区执行，这一声明被裁定为足以确立两国的互惠关系。

在黎巴嫩等司法管辖区，只需证明通常情况下判决地国法院对黎巴嫩的判决予以执行即可。黎巴嫩最高法院甚至宣布，判决地国法院以黎巴嫩判决不符合该国要求的执行条件（如公共政策）为由拒绝承认黎巴嫩判决，这一事实本身并不足以认定互惠关系不成立。①

总之，许多阿拉伯司法管辖区并未遵循沙特或伊拉克的先例，②而是基于互惠关系对外国判决予以执行，除非所涉外国法域的执行制度限制性过强。③ 当然，也有部分司法管辖区存在难以证明互惠关系的问题。④

（二）外国法院的管辖权

1. 审查外国法院管辖权的三种方法

管辖权要求也是"一带一路"沿线阿拉伯国家承认和执行外国

---

① 见 2007 年 5 月 31 日黎巴嫩最高法院第 79 号决定。

② 埃及最高法院在 1990 年 11 月 28 日第 1136 号决定[（1990）41-2 埃及司法审查 818]中宣布，法律互惠一经建立则可授权外国判决的执行。 在约旦可执行科威特法院的判决，因为科威特执行法允许在当地执行外国判决（1974 年最高法院第 294/74 号判决）。

③ EL-CHAZLI K,400; El-HAKIM, 1990(5):138。

④ 例如，在卡塔尔，因无法证明法国法院允许执行一般性外国判决，特别是卡塔尔的判决，一项法国法院的判决以缺乏互惠关系为由被拒绝执行。 见 ANANI A. Qatari[A]// NEWMAN L W. *Enforcement of Money Judgments*（Vol. III）[C]. NY: Juris, 2011: [Rel.28-2010]. （上诉法院的第 76/1999 条）。 另见 JURDI R B. United Arab Emirates[A]//NEWMAN L W. *Enforcement of Money Judgments*（Vol. III）[C]. NY: Juris, 2011:[Rel.30-2011].该文载有迪拜最高法院 2006 年 2 月 26 日第 269 号裁决（拒绝执行英国判决）。 但是，阿布扎比最高法院表示，尽管两国之间没有签署条约，只要伊朗法院的判决满足阿联酋法律要求的所有条件（包括互惠关系），即同意执行该国判决（2010 年 11 月 29 日第 935 号决定）。

判决的共同条件。① 因事关外国法院管辖权的审查，阿拉伯各司法管辖区看似达成统一，但实际上并未采用统一的标准，存在三种不同的方法。

第一种方法是依据原判决国的国内法来审查该法院的管辖权，叙利亚、阿曼、黎巴嫩和科威特普遍采用这一方法。② 相较而言，这一方法如今运用不多，③ 已经过时。因为只要外国法院根据其法定理由行使管辖权，无论理由多么荒唐，皆可成立。④ 因此，黎巴嫩法律明确指出，尽管外国法院的管辖权受限于其本国法，但不得仅凭原告国籍认定管辖权范围。⑤ 最高法院裁定，该规定不适用于国内法院对争端拥有排他性管辖权而外国法院因公共政策不具有管辖权的案件。⑥

就范围而言，有国家认为，对外国法院的属地管辖权进行限制

---

① 巴林第252-2条，埃及第298-2条，伊拉克第6-2条，约旦第7-1、7-2条，科威特第199-1条，黎巴嫩第1014-1条，阿曼第352-1条，巴勒斯坦第37-2条，卡塔尔第380-1条，沙特阿拉伯第11-1条，叙利亚第308-1条，阿联酋第235-1、235-2条，也门第494-2、494-4条。上文提到的所有国际公约和示范法也都对外国法院的管辖权作了相关规定。

② 另见《2003年阿盟示范法》(第656-a条)和《1991年阿拉伯合作理事会公约》(第28-3条)。

③ MAYER P. Le phénomène de la coordination des ordres juridiques étatiques en droit privé [C]. Collected Courses of the Hague Academy of International Law (Volume 327). 2007: 303, 304.

④ DROZ G A L. Regards sur le droit international privé comparé [C]. Collected courses of the Hague Academy of International Law of the Hague Academy of International Law. 1991, 229: 90, 91.

⑤ NAJM M-C. Lebanon [A] // BASEDOW J, et al. *European Encyclopaedia of PIL* (Vol. 3) [C]. Cheltenham: Edward Elgar, 2017.

⑥ 参见黎巴嫩最高法院2007年5月31日的裁决 (2007) Al-Adl 1702 (关于承认黎巴嫩宗教离婚的外国判决案)。关于排他性管辖权和公共政策之关系的评述，见NAJM M-C, 2017.

是不必要的，也是不相关的。① 也有国家认为，外国法院的国际管辖权和属地管辖权都受其本国法的制约。②

第二种方法主要在巴林、埃及、巴勒斯坦、卡塔尔、沙特阿拉伯、阿联酋、也门和约旦③实行，指对外国法院的管辖权进行双重控制，这种控制主要基于积极测试和消极测试。积极测试指首先审查判决地国法院的管辖权。如果依据判决地国的国内法该国法院对案件有管辖权，则被请求国法院即承认判决地国法院有管辖权。然而，这一初步测试的参考价值不大。一些司法管辖区认为，初步测试包括审查外国法院的一般（国际）管辖权和特别（国内）管辖权。④ 据此，即使执行法院根据其国际管辖规则具有管辖权，但是

---

① 黎巴嫩的规定见 1999 年 3 月 2 日黎巴嫩最高法院第 36 号决定，载于 MANSOUR S B.Abdah Jamil Ghadhoub and Nasri Antoine Diab, PIL (Part II)[M]. Majd: Majd Edition, 2009: 229。阿曼的规定见 Mahmud Lotfi MahmudAbd Al-Aziz. *The Omani PIL*[M]. Jaipur: University Book House, 2015: 362。

② EL-HAKIMJ. Syria[A]// NEWMAN L W. *Enforcement of Money Judgments* (Vol. III)[C]. NY: Juris, 2011. (Rel. 5-7/92 Pub. 597). 科威特有相同规定，见 AL-HADAWI H. *Conflict of Laws and its Principles in the Kuwaiti PIL*[M]. 2nd ed. Jami'at Al-Kuwait. 1974: 244。 1952 年《阿拉伯公约》第 2 (a) 条也承认了该解决办法，条款及其解释见 ABDALLAH E. La convention de la Ligue Arabe sur l'exécution des jugements-Etude comparative du droit conventionnel comparé avec le droit interne[A]. *Collected Courses of the Hague Academy of International Law*[C]. 1973, 138: 557。

③ 但是，与该类别其他司法管辖区不同，约旦法律对外国法院拥有管辖权的具体情况进行了界定［《执行外国判决法》第 7-1(b) 条］。 类似的规定可见于《2001 年海湾合作委员示范法》［第 229-2(a) 条］和《2010 年海湾合作委员示范法》［第 16-2(a) 条］。

④ 例如约旦《执行外国判决法》第 7(1)a 条。 但这条规定其实并不明晰，只是简要指出予以执行的外国判决应由具备管辖权的法院作出，旨在说明，外国法院是否具备权限应以其国内标的和法院地规则为依据。 AL-HADAWI H. PIL[M].7th ed. Cairo: Dar Al-Thaqafah, 2017: 265; Ghaleb Ali Ad-Daoudi. PIL-conflict of laws[A]. *Conflict of Jurisdictions, Enforcement of Foreign Judgments-comparative Study*[C]. 2nd ed. Cairo: Dar Al-Thaqafah, 2013: 343-345。

如果其国内管辖规则认定判决无效，则外国法院的判决不得予以执行。① 也有部分司法管辖区认为，只应审查外国法院的国际管辖权。② 这种解读已经在某些法院判决中得到体现，其明确指出，判决的依据是外国法院的国际管辖权规则，而非本国的属地管辖权规则。③

消极测试是指，如果执行法院根据其国际管辖权规则要求行使管辖权，则认定外国法院不具有国际管辖权。因此，将根据相关国家的国内法进行审查，即执行法院将审查其是否有能力审理提交的争端。换句话说，如果争端属于执行法院的管辖范围，外国法院的管辖权在此并无效力。问题在于，执行法院根据其国际管辖权规则所赋予的管辖权是否无一例外都排除外国法院的间接管辖权，这一点尚不明确。④ 埃及最高法院对排他性管辖权和并行管辖权作出区分，宣称只有排他性管辖权才能剥夺外国法院的间接管辖权，⑤ 但

---

① 参见阿联酋《民事诉讼法》第235-2(b)条。
② 沙特阿拉伯的相关法律规定参见 Muhamed Ben Ali Ben Muhamed Al-Qurni. *Foreign Enforcement Orders and Their Enforcement*[M]. 1st ed. Dubai：Al-Manhal, 2016：127。也门的相关规定参见 Muhamed Abdallah Al-Mu'ayed. *PIL-general Theory of the Conflict of Laws and Conflict of Judicial Jurisdiction in Yamani Law*[M]. Isdarat Jami' at Sanaa, 2005：200-201。 巴勒斯坦的情况有细微差别，除了影响判决存在的国内管辖权规则外，原则上应排除外国法院对国内管辖权的控制。 参见 Sayf Eddine Muhamed Al-Bal'awi. The international effects of judgments：comparative study[J]. J. H. S., 2001, 5(2)：60, 98。
③ 埃及最高法院1969年5月6日第231号决定[(1969) 20-2 埃及司法审查730]。
④ 这种情况在阿联酋尤为显著，见 BREMER, 2017(3)：59。 约旦的相关规定见 Ghaleb Ali Ad-Daoudi, 2013：345。 也门的相关规定见 Muhamed Abdallah Al-Mu'ayed, 2005：193。 沙特阿拉伯的相关规定见 Muhamed Ben Ali Ben Muhamed Al-Qurni, 2016：125。 对阿拉伯国家法律的详细分析见 ABDALLAH, 1973：553。
⑤ 埃及最高法院1990年11月28日第1136号决定，以及巴林最高法院1991年5月12日第34号决定，见 AHMED, 1999(14)：171-172。

没有具体说明在哪些情况下埃及法院的管辖权属于排他性管辖权,[①]这个问题留待专业学者作进一步探讨。事实上,部分学者认为,如果被告在诉讼地有住所,则外国法院不具有管辖权。[②] 也有学者对于排他性/普通管辖权和并行管辖权的区别提出异议,主张只要本地法院具有管辖权,则排除外国法院的管辖权。[③] 还有观点认为,如果争端与外国法院之间有密切联系,则可以承认外国法院的管辖权。[④]

无论如何,各法律文书中不容争议的一点是,若争端焦点属于执行法院的管辖权范围,则应排除外国法院的管辖权。因此,管辖权要求可能会极大阻碍大量外国判决的执行,毕竟某些国家的管辖权规则非常宽泛。[⑤] 这与阿拉伯司法管辖区普遍接受的另一项要求相矛盾,即与法院先前作出的判决相冲突。早有实证,这种解读使冲突判决的要求成为多余,因为如果由于外国法院没有管辖权而无法获得承认,就不会出现这种冲突。[⑥]

---

① 最高法院在 1990 年的判决中认为,埃及法院根据履行地对合同事项的管辖权并不排除外国法院基于缔结地的管辖权。

② Hafidha As-Sayed Al-Haddad, 2002: 206.

③ 参见 ABDALLAH E. *PIL-Part* II[M]. 9th ed. Cairo, 1986: 904。 关于也门的规定,见 Al-Mu'ayed, 2005: 198。 其批判了以共同/专属管辖权进行区分的方式,认为应根据公共政策排除外国法院的管辖权。

④ SADIQ H. *Conflict of International Judicial Jurisdiction*[M]. [S.L.]: Alexandria, 2007: 276.

⑤ 比较分析见 ELBALTI B. *Establishment of Filiation in Arab Countries: PIL Perspective*。

⑥ 见 BREMER, 2017: 43。 1991 年,巴林最高法院基于一项判决冲突的规定作出裁定,即使根据巴林国际管辖规则本国法院具有管辖权,外国法院也可视为具有管辖权。

第三种方法仅为少数阿拉伯司法管辖区采用。[①] 该方法列举一系列管辖权标准，据此审查法院的管辖权。伊拉克《执行外国法院判决法》就是遵循这种方法，对外国法院享有管辖权的具体情况进行了界定。[②]

2. 选择法院协议的影响的不确定性

如前所述，外国法院的管辖权在很大程度上取决于阿拉伯执行法院是否根据其国际管辖权规则具备管辖权。这种理解下，执行法院对争端拥有或不拥有管辖权，外国法院的管辖权都有效。然而，这只是部分情况。在大多数"一带一路"阿拉伯国家，国际管辖权规则具有强制性，不因任何协议而减损。例如，根据阿联酋法律，选择法院协议是无效的。[③] 这在一些阿拉伯司法管辖区的判例法中得到了确认。[④] 法院根据排他性法院选择协议作出的判决在这些国家无法执行。[⑤] 但是，黎巴嫩等国家一致认为，在没有强制性管辖

---

① 伊拉克和约旦在一定程度上都属于这种情况。约旦《执行外国判决法》第7-1(b)条规定了外国法院不具有管辖权的情况：（1）判决债务人未在原判决国境内开展商业活动；（2）无居留权；（3）未主动出庭或提交相关文书。

② 包括（1）关于在原判决国的不动产的争议而发生的诉讼；（2）在原判决国订立或在该国部分或全部履行的合同事项；（3）部分或全部发生在原判决国的行为；（4）判决债务人在请求国有惯常居所或提起诉讼时在该国从事业务；（5）判决债务人自愿到原判决国出庭；（6）判决债务人通过协议同意法律关系由原判决国管辖。

③ 阿联酋《民事诉讼法》第24条规定，"任何违反[国际管辖权规则]的协议均无效"。

④ 例如，参见伊拉克最高法院1971年6月27日第880号决定，载于 Abbas Qasem Mahdi Al-Daquqi. *Case Law: Notion, Status and Scope*[M]. Dubai: Al Manhal, 2015: 118. 卡塔尔最高法院2012年12月25日第226号决定；阿联酋最高法院2013年7月17日第747号决定；科威特最高法院2007年5月21日第436号决定。根据伊拉克法律，伊拉克最高法院的解决办法及其接受外国判决的含义与第7(f)条之间似乎存在着一种引渡关系，根据第7(f)条，如果败诉方同意外国法院有管辖权，则外国法院将被视为有管辖权。

⑤ 阿联酋的具体情况见 KANTARIA, 2014(28): 200.

权规则的情况下，当事方可以自由指定本不具备管辖权的外国法院为主管法院。①

关于选择法院协议的影响，需重点关注埃及法律的最新发展。根据埃及法律，即使该国的国际管辖权规则规定本国法院没有管辖权，但若经当事人同意，埃及法院仍可行使管辖权。② 因此，只有当事人赋予埃及法院管辖权，选择法院协议才可生效。但是，在最近的一项判决中，最高法院援引了这一规定，认为其不仅体现了选择法院协议的积极效力，也体现了减损效力。③ 这无疑是一项积极的举措，符合承认当事人可以选择诉讼地的大趋势。但法院施加的限制，特别是以规定所选法院与争端之间的联系等形式加以限制，可能会使当事人的选择变得无效。④ 埃及最高法院最新通过的解释必然会影响到承认和执行外国判决的实践，但这也取决于选择法院协议是否切实生效。

---

① GANNAGE P. Liban – Droit International Privé [A]// Juris Classeur. Notarial ré pertoirefasc[C]. 2011: 5.

② 埃及《民事诉讼法》第 32 条明确指出，不具备管辖权的埃及法院可以"拥有对诉讼作出裁决的管辖权……如果被告默示或明示接受其管辖权"。 此外，巴林《民商事诉讼法》第 17 条、约旦《民事诉讼法》第 27（2）条、科威特《民事诉讼法》第 26 条、阿曼《民事诉讼法》第 32 条、巴勒斯坦《民商事诉讼法》第 29（1）条、沙特阿拉伯《伊斯兰法院诉讼法》第 28 条、叙利亚《民事诉讼法》第 9 条、也门《民商事诉讼法》第 81 条均有类似规定。

③ 最高法院 2014 年 3 月 24 日判决。 英文评论，参见 YehyaIkram Ibrahim Badr. Forum selection clauses in Egypt: a review of the Egyptian court of cassation recent award[J]. *International Journal of Procedural Law*, 2015(5): 259。

④ 参见 2015 年 6 月 22 日第 9139/84 号决定，其中最高法院拒绝执行选择法院条款，因为所选法院与该纠纷之间并无联系。

(三) 公共政策

公共政策也是"一带一路"阿拉伯国家的执行法中明确规定的要求。[1] 在一些阿拉伯司法管辖区，这一要求也可能极大阻碍外国判决的执行。这是因为公共政策所要保护的基本道德和原则性问题涉及伊斯兰教法规则。目前，有两项区域性公约[2]及部分司法管辖区的法律[3]明确规定应当尊重伊斯兰教法。

将伊斯兰教法纳入公共政策存在一个问题：需要绝对尊崇伊斯兰教法。[4] 伊斯兰教法未明确区分国内公共政策和国际公共政策，其中某些规则（特别是"无争议"规则）总是作为拒绝执行外国判决的理由得以援引。[5] 因此，无论争端与所涉国家之间的联系如何，伊斯兰教法普遍适用。这种通过公共政策干预司法的做法可能让穆斯林都感到惊讶。这是由于伊斯兰教派不同，尤其是伊斯兰教法对社会的影响程度不同，对伊斯兰教法原则的解读存在差异。

公共政策以尊重伊斯兰教法规则为基础，涉及程序性问题和实质性问题。就程序性问题而言，只要是非穆斯林法官对穆斯林当事

---

[1] 巴林（第252-4条）、埃及（第298-4条）、伊拉克（第6-4条）、约旦（第7-6条）、科威特（第199-4条）、黎巴嫩（第1014-5条）、阿曼（第352-4条）、巴勒斯坦（第36-1条）、卡塔尔（第380-4条）、沙特阿拉伯（第11-4条）、叙利亚（第308-4条）、阿联酋（第235-5条）和也门（第494-1条）。

[2] 《1983年利雅得公约》第30条、《1995年海湾合作委员会公约》第2条。

[3] 例如，也门（第494-1条）。 沙特阿拉伯2012年《执行法实施细则》第11（3）条将公共政策界与伊斯兰教法结合，作出了相关规定。 在其他国家，伊斯兰教法也无一例外被纳入公共政策，几乎所有阿拉伯国家都在其宪法中提及伊斯兰教和/或伊斯兰教法。

[4] Abdulrahman Yahia Baamir. Shari'a law in commercial and banking arbitration: lawand practice in Saudi Arabia[M]. Farnham: Ashgate, 2010: 77.

[5] 民商事问题见 BREMER, 2017. 家庭法领域的探讨见 BERGER M S. Conflicts law and public policy in Egyptian family law: Islamic law through the backdoor[J]. *American Journal of Comparative Law*, 2002(50): 555。

人作出判决，外国判决即可拒绝执行。① 证词规则如果不符合伊斯兰教法，即认定其反对"伊斯兰公共政策"②。

就实质性公共政策而言，尽管公共政策和伊斯兰教法规则更常用于解决家庭纠纷，但在民商事纠纷领域也很重要。例如，众所周知，伊斯兰教法禁止从事与高利贷相关的活动，如果严格遵守相关原则，外国判决中附带利息的损害赔偿将被拒绝执行。③ 此外，对不符合伊斯兰教法要求的交易所产生的权利和义务的裁定不被承认，此类交易纠纷中裁定的损害赔偿也得不到执行。④

基本上，只要涉及伊斯兰教法，外国判决的执行都更趋复杂，即便在有着共同的宗教信仰、历史传统和语言背景的阿拉伯司法管辖区之间相互执行判决。此外，如果外国判决地法院解释和适用伊斯兰教法的方式与其所属国家对该法的理解不同（例如，选择宽松的解释），则有可能对判决的是非曲直进行复审，因为伊斯兰教法至少在官方上不应有多种解释。⑤

---

① 参见 EL-CHAZLI K, Recognition and Enforcement of Foreign Judgments in Egypt (2013/2014) 15 YPIL 387, 406。

② RIZWAN S U. Foreseeable issues and hard questions: the implications of U.S. courts recognizing and enforcing foreign arbitral awards applying Islamic law under the New York Convention[J]. *Cornell Law Review*, 2013(98): 493, 499.

③ 例如，在沙特阿拉伯的司法实践中，即使判决是由另一个阿拉伯法院作出，外国判决中附带利息的损害赔偿也会被拒绝执行。 见沙特申诉法院1979年第19/28号决定（执行巴林法院的判决）。 然而，在包括埃及和阿联酋在内的其他阿拉伯司法管辖区，其国内法承认利息的合法性。

④ 例如，涉及伊斯兰教法认定的不洁之物（猪肉、酒等）的交易。

⑤ 关于过度使用公共政策导致需要对案情进行全面审查，见 BREMER, 2017: 42; MULLA, 1999: 41。

四、结语

综上所述,由于存在阻碍接受外国判决的要求,阿拉伯司法管辖区针对外国判决法的规定极为苛刻。此外,法院不公开判决,严肃的学术专著缺乏,都导致这些国家的司法现状不透明、难预测。这与"一带一路"倡议宣称的目标相去甚远。遗憾的是,类似情况不仅存在于与"一带一路"倡议相关的阿拉伯国家,也存在于其他参与"一带一路"建设的亚洲国家,包括中国。[①]

要改善现状有两种方法可行。第一种也可能是最为有效的方法是相关国家的立法机构顺应新趋势,自发协调其承认和执行外国判决的机制。各国可以参照国际公认的承认和执行外国判决的标准改革国内法。这种方法虽然有效,但实施起来比较耗时,尤其需要认识到在承认判决上采取宽松制度的必要性和利好处,但达到这种认识很难。[②]

第二种方法是签署国际公约,以世界性公约最为有效,从而建立执行外国判决的统一制度。例如,参与"一带一路"倡议的国家可以批准通过 2005 年海牙《选择法院协议公约》,该协议可确保在某些事项上根据排他性法院选择协议行使管辖权的法院作出的判决

[①] 目前似乎取得了一些进展,见 ZHANG W L. Sino-Foreign recognition and enforcement judgments: a promising follow-suit model? [J]. *Chinese Journal of International Law*, 2017, 16(3): 515-545。

[②] 尽管叙利亚(2016)、沙特阿拉伯(2012)、阿尔及利亚(2008)、巴勒斯坦(2005)、阿曼(2002)和也门(2002)等国发起立法改革,调整相关法律,但立法模式仍陈旧过时,改革意义不大。

得到承认。① 此外，可以考虑批准即将达成的《承认与执行外国民商事判决公约》，该公约谈判一旦完成，适用范围将更广。② 相关国家也可以尝试签署非公开多边公约，以促进未来所有"一带一路"国家间的合作。"一带一路"倡议至少能有效确保判决在参与国家间得到相互承认。最后，缔结双边公约确保判决承认。不过，这种方法不太可取，因为需要不同国家间构建一个巨大的双边公约网络，而不同国家各自的解决方法有所不同，甚至互相矛盾。

总之，虽然各国协调承认和执行外国判决的立法法规不同，但追求的目标是一致的，即确保判决在国家间自由流动，有效实现区域一体化。因此，不应低估前文提出的问题的严重性。欧洲的经验表明，市场一体化倡议成功的关键在于确保一国作出的判决在其他国家得到尊重和承认，同时为如何通过承认和执行外国判决有效促进区域一体化提供了示范。欧洲已经指明方向，其他国家定可借鉴。

---

① 详情了解见 www.hcch.net/en/instruments/conventions/publications1/?dtid=1&cid=98。

② 相关参考文献见 https://assets.hcch.net/docs/bd35517f-09ea-47d6-95ad-865d2c162504.pdf，有关该项目当前发展的总方针，请参阅 www.hcch.net/en/projects/legislative-projects/judges。

第十二章　外国仲裁裁决、外国法院判决与国际运输合同的承认和执行

巴努·博兹库尔特

一、引言

"一带一路"倡议是迄今为止规模最大的经济伙伴关系体，旨在为陆上丝绸之路和海上丝绸之路沿线国家搭建经济平台。中国是发起国，它宣称，"一带一路"合作伙伴关系作为倡议的重要组成部分，是参与国之间的网络集合体，能有效刺激经济活动增长，促进商品在各国之间广泛流动。然而，由于参与国的法律不同，特别是国际贸易的基本要素——合同及其执行存在差异，这一宏伟蓝图的实现可能面临重重障碍。这种法律多样性与执行国际运输合同中的外国判决或仲裁裁决息息相关。

国际货物运输涉及不止一个国家，必然受到多国法律管辖。大多数国际运输合同在规定适用法律的同时，也对仲裁或司法管辖条款作了相应规定。

在签订国际运输协议时，当事人往往忽视了因拒绝履行或合同落空而导致合同终止的情况。终止合同可能引起冲突，从而导致诉讼或仲裁，以及判决结果在外国法域执行。

第十二章　外国仲裁裁决、外国法院判决与国际运输合同的承认和执行

本章重点关注"一带一路"沿线国家土耳其，首先讨论土耳其法律中外国仲裁裁决的承认和执行制度，包括承认和执行外国仲裁裁决的国内法，以及承认和执行外国仲裁裁决的程序；接着论述国际运输合同中外国判决和仲裁裁决的承认和执行，特别强调土耳其一审法院和最高法院的具体措施。

仲裁与法院的管辖权相对，指当事人指定非官方身份的仲裁员或选择仲裁机构对争议进行裁决。[①] 仲裁小组通过签订协议或在主合同中约定仲裁条款的方式任命。仲裁裁决需遵守一定的司法程序，并通过国家法院承认和执行判决得以执行。

承认程序具有宣告效力，体现为最终证据和最终裁决。[②] 因此，单方面裁决（如在商业登记簿上登记的裁决）可予以承认，而应执行的裁决需要取得执行令。土耳其的法律体系没有单独的条款规定承认程序，而是参照执行程序的规定来处理。

与承认不同，执行判决使仲裁裁决具有可执行性。承认执行赋予裁决以国家司法判决的效力和作为国家司法判决的可执行性。[③]

另一方面，外国仲裁裁决（或判决）的承认与承认判决有所不同，可以不经申请直接予以实施。例如，向土耳其法院提交的终局性且具有约束力的外国仲裁裁决（或判决）经认定证据确凿，则承

[①] ÇELİKEL A. Milletlerarası Özel Hukuk（International private law）[M]. Brussels：Beta Publishing, 2012：670-671. NOMER E. Devletler Hususi Hukuku（International private law）[M]. Brussels：Beta Publishing, 2015：543-548. NOMER E, EKŞİN, GELGEL G Ö. Milletlerarası Tahkim Hukuku（Law of International Arbitration）（vol. 1）[M]. Brussels：Beta Publishing, 2016：1-3.

[②] NOMER E. Milletlerarası Usul Hukuku（*International Procedural Law*）[M]. Brussels：Beta Publishing, 2009：145, 145-147, 554-555. NOMER, EKŞİ, GELGEL, 2016：9-10.

[③] NOMER, 2009：147-148, 554-556.

277

认自行生效。①

土耳其承认和执行外国仲裁裁决的法律制度源于《土耳其共和国关于国际私法与国际民事诉讼程序法的第 5718 号法令》（2007年11月27日）（以下简称《土耳其国际私法与程序法》）和1958年《承认和执行外国仲裁裁决公约》（以下简称《纽约公约》）。②资料显示，土耳其法律在以上来源的选择适用上缺乏明确规定。有人认为，申请承认和执行的当事方有权在《土耳其国际私法与程序法》和《纽约公约》之间作出选择，依据其中一项申请国家管辖；也有人主张，只有在《纽约公约》不适用的情况下，才可适用《土耳其国际私法与程序法》。

本章将基于《土耳其国际私法与程序法》的相关规定展开分析。

二、外国仲裁裁决的承认和执行

（一）裁决条件

1. 仲裁协议

仲裁协议或仲裁条款③对仲裁如何进行作出约定，是当事人同意将争端从国家司法机关转移至仲裁小组解决的体现。

仲裁小组的设立及其管辖权应与仲裁协议的内容相符，仲裁员的资格也可由仲裁协议规定。④

---

① NOMER, 2009: 506-507.
② NOMER, 2009: 554. NOMER, EKŞİ, GELGEL, 2016: 10-15, 87-91.
③ 下文中的仲裁协议也指仲裁条款。
④ 关于仲裁庭的组成，当事人可以自由任命仲裁员或向仲裁机构提出申请。见 ÇELİKEL, 2012: 680-682; NOMER, EKŞİ, GELGEL, 2016: 2-3; NOMER, 2019: 2-3, 550-551.

仲裁协议应就提交至仲裁庭的争端作出具体说明。仲裁协议的效力及其结果仅适用于协议当事人。换言之，除特定情况外，不得针对未参与仲裁协议的第三方撤销仲裁协议。[①]

有效的仲裁协议是承认和执行外国仲裁裁决的前提条件[②]，仲裁协议的法律效力由确定适用管辖法的法域来评估。如果当事人未选择管辖法，则根据仲裁庭所在地的法律来判断。[③]

根据《土耳其国际私法与程序法》，仲裁裁决违反仲裁庭所在地的法律，可能导致外国仲裁裁决无法得到承认和执行，这一点将在下文讨论。[④] 此外，出于实际需要，有必要在仲裁程序中适用外国法律。[⑤]

根据《土耳其国际私法与程序法》，仲裁员的任命不符合仲裁协议也可构成驳回承认和执行外国仲裁裁决的理由。[⑥]

2. 先决条件

（1）外国仲裁裁决

确定外国仲裁裁决的性质有多种标准，包括当事人的国籍、仲裁地和仲裁适用的法律。[⑦] 土耳其法律采用的是类似的方法，直到

---

① 海上货物运输是第三方不可撤销仲裁协议的主要例外情况。 详情见 ÇELİKEL, 2012：671。

② DEYNEKLI A. Türkiye'de Yabancı Hakem Kararlarının Tanınması Ve TenfizindeKarşılaşılan Sorunlar (Problems in the recognition and exequatur of the foreign arbitral awards in Turkey)[J]. Dokuz Eylü l University Journal of the faculty of law, 2014, 16, 118-120. NOMER, EKŞİ, GELGEL, 2016：72-76。

③ 根据土耳其的法律制度和《纽约公约》，仲裁协议应以书面形式订立。

④ 详情请见第三条第 8 款。

⑤ 详情请见第三条第 2/a 款。

⑥ 详情请见第三条第 8 款。

⑦ 详情请见 ÇELİKEL, 2012：674-680；NOMER, 2009：551-554；NOMER, EKŞİ, GELGEL, 2016：3-9。

最高法院1951年发布新的决定。① 最高法院强调，确定外国仲裁裁决的标准应是仲裁所适用的法律。如果仲裁裁决是在土耳其以外的国家管辖下作出，则属于外国裁决，需要经土耳其法院承认和执行。② 换言之，外国仲裁裁决的性质将根据当事人同意的仲裁适用法律来确定。在没有明示/默示选择且无法确定适用法律的情况下，仲裁地法律可作为补充标准。③

土耳其是《纽约公约》的成员国，但提出了两项保留意见：一是承诺适用《纽约公约》，但仲裁裁决在另一成员国作出的除外；二是《纽约公约》仅适用于商事纠纷。纠纷的商业性质根据土耳其法律确定。学界对《纽约公约》在土耳其的适用存在分歧。一种观点认为，申请承认和执行的当事方有权在《土耳其国际私法与程序法》和《纽约公约》之间进行选择；另一种观点则认为，《纽约公约》适用范围之外的裁决适用《土耳其国际私法与程序法》。④

《土耳其国际仲裁法》⑤旨在对在土耳其作出的国际仲裁裁决的条款和条件进行统一规范。其中第2条规定了将仲裁归为外国仲裁的具体条件。与《土耳其国际私法与程序法》和最高法院1951年的决定有所不同，《土耳其国际仲裁法》还将国籍和公司所在地

---

① 1951年11月7日，土耳其最高法院民事法庭大会决定（编号126/109）规定："外国仲裁裁决指外国仲裁机构作出的仲裁裁决。"

② 关于最高法院决定及标准适用的详情及评论，请见 ÇELİKEL, 2012：676-679；DEYNEKLI, 2014：107-109；NOMER, 2009：552-553；NOMER, EKŞİ, GELGEL, 2016：61-67。

③ ÇELİKEL, 2012：679。

④ 更多详情及论述见 NOMER, 2009：554；NOMER, EKŞİ, GELGEL, 2016：10-15, 87-91。

⑤ 编号4686，2001年6月21日通过。

作为确定外国仲裁裁决的衡量标准。此外,《土耳其国际仲裁法》还可适用于在土耳其作出的外国仲裁裁决。如果一项外国仲裁裁决(根据第 2 条确定)要在土耳其作出,应适用《土耳其国际仲裁法》,经申请人住所地的民事法院批准后直接适用并执行,除非存在正在审理的仲裁无效申请。如果适用《土耳其国际仲裁法》,该仲裁将被视为一项土耳其仲裁裁决,进而不受承认与执行程序的限制。[1]

(2) 仲裁裁决的可执行性

《土耳其国际私法与程序法》第 60 条规定,得到承认和执行的裁决应当是终局性的,且对当事方均具有约束力。

外国仲裁裁决应当是终局性的,并可根据仲裁的适用法律或者(在不存在适用法律的情况下)依照仲裁地的法律执行。最高法院强调了裁决终局性的重要性,认为如果仲裁国程序法规定外国仲裁裁决必须经仲裁地法院核准才能获得执行效力,[2] 那么仅凭仲裁机构秘书处的批准不足以获得执行效力。当事人需要根据仲裁地法律核实外国仲裁裁决是否具有终局性和可执行性。

第 60 条还列出了承认或执行只对当事人有约束力的仲裁裁决的可能情况。[3] 该条可解释为:如果外国裁决对当事人具有约束力,则决定是否承认或执行该裁决的国内法院无须根据仲裁地的法律来

---

[1] 详情见 ÇELİKEL, 2012: 682-687; NOMER, 2009: 553; 详情及相关论述见 NOMER, 2009: 554; NOMER, EKŞİ, GELGEL, 2016: 33-50。

[2] 最高法院决定及相关讨论的详情和示例见 ÇELİKEL, 2012: 690-691; DEYNEKLI, 2014: 117-118; NOMER, 2009: 554-556; NOMER, EKŞİ, GELGEL, 2016: 67-69。

[3] ÇELİKEL, 2012: 690-691; DEYNEKLI, 2014: 117-118; 详情和有关论述见 NOMER, 2009: 554; NOMER, EKŞİ, GELGEL, 2016: 67-69。

审查该裁决是否具有终局性和可执行性。①

3. 公共秩序与国家强制性法规

土耳其法院审理承认和执行外国裁决申请只审查仲裁程序，而不深入审查仲裁裁决的实体问题。② 然而，土耳其法院有权将外国仲裁裁决对土耳其公共秩序的影响纳入其考虑范围。

最高法院曾试图在判决中对公共秩序进行界定。如果外国仲裁裁决明显有利于经济实力强大的一方，而另一方经济实力较弱，则法官应根据最高法院的判例驳回对该裁决的承认和执行。③ 滥用权利可能导致公共秩序保留，法官可驳回承认和执行的申请。④

仲裁员的公正和中立也应受到公共秩序的保护。在外国仲裁裁决的审查过程中，法官应考虑仲裁员的公正性对裁决的影响。具体而言，法官不应驳回整个裁决的承认和执行，而应驳回裁决中受仲裁员偏袒影响的部分。⑤ 此外，仲裁员超越其自由裁量权的任意性做法也应根据公共秩序进行审查。⑥

公共秩序包含的另一层面是根据现有法律秩序审查外国仲裁裁

---

① 互惠原则是承认和执行外国裁决的另一个初始条件。根据旧法典，如果土耳其和仲裁裁决国之间存在法律上或事实上的互惠关系，则可能承认和执行外国仲裁裁决。因此，新的《土耳其国际私法与程序法》取消了多年来土耳其学界诟病的互惠条件。

② 详情及禁止"实质性再审查制度"的相关细节见 NOMER，2009：555-556。

③ 详情及判例请见 NOMER，2009：558-559；NOMER，EKŞİ，GELGEL，2016：73。

④ 见 DEYNEKLI，2014：121；NOMER，2009：558-559；NOMER，EKŞİ，GELGEL，2016：73-74。

⑤ 见 DEYNEKLI，2014：121；NOMER，2009：559-560；NOMER，EKŞİ，GELGEL，2016：73-74。

⑥ 见 DEYNEKLI，2014：121；NOMER，2009：560；NOMER，EKŞİ，GELGEL，2016：74。

决。具体而言，法官首先应该确定诉讼案情是否属于仲裁范围；换句话说，案件的实体问题是否可以仲裁。案情的可仲裁性将根据土耳其法律秩序进行确定。据悉，所有的商事诉讼都属于仲裁范围[①]。

外国仲裁裁决不得与土耳其法院的判决相抵触。换言之，如果仲裁裁决含有明显与土耳其法院判决相矛盾的措施或解决方案，法官应完全或部分驳回对该裁决的承认和执行[②]。

4. 当事人听证权

土耳其法律要求法官在对仲裁裁决进行程序审查时，应审查仲裁程序中当事人的正当程序权利，尤其是当事人的听证权。

正当程序权利首先包括提起程序的一方当事人发出仲裁通知，以及提出指定仲裁员的请求。违反该规定可构成驳回外国仲裁裁决的承认和执行的理由[③]。然后，土耳其法律高度重视仲裁中的辩护权和代表权。如果未出席仲裁的当事人不认可仲裁程序及/或仲裁裁决，则法官有理由部分或全部驳回对仲裁裁决的承认和执行[④]。对听证权有异议的，由持有异议的一方承担举证责任[⑤]。

5. 承认和执行裁决的法院

申请承认和执行裁决的当事人应向主管法院提出申请。《土耳其国际私法与程序法》第 60 条第 2 款规定，承认和执行外国仲裁裁决的申请应向仲裁协议中规定的管辖地民事法院提出。

---

① 详情及仲裁范围请见 DEYNEKLI, 2014：120-121；NOMER, 2009：561；NOMER, EKŞİ, GELGEL, 2016：75。

② NOMER, 2009：559.

③ 见 DEYNEKLI, 2014：120；NOMER, 2009：561；NOMER, EKŞİ, GELGEL, 2016：75-76。

④ NOMER, EKŞİ, GELGEL, 2016：75-76.

⑤ 见 DEYNEKLI, 2014：120；NOMER, EKŞİ, GELGEL, 2016：75-76。

指定民事法院为承认和执行的主管法院。有学者认为,由于审查是程序性的,一般民事法院对各种类型的裁决(如商业问题、运输问题等)都拥有管辖权。也有观点,包括最高法院认为,尽管审查是程序性的,但主管法院应当是特别民事法院,如商事法院、海事(海军)特别法院或知识产权和工业产权民事法院,以及一般民事法院。虽然土耳其法院的审查是程序性的,但审查法院有权审理构成裁决实体问题的部分,因为这些问题有助于判断其是否违反公共秩序。因此,学术界一直赞成由商事法院、一般民事法院或专门法院根据仲裁裁决中诉讼的实体问题对外国仲裁裁决予以承认和执行。[1]

《土耳其国际私法与程序法》第 60 条第 2 款也对合法管辖权进行了规定。仲裁协议约定的地点为承认和执行判决的管辖地。当事人未协议选择的,可由仲裁裁决的被执行方当事人在土耳其的住所地或公司所在地法院管辖。被执行的个人或机构没有注册地址的,其居所地或公司所在地的法院拥有管辖权。如果注册地址或居所地及公司所在地都没有,则被执行的财产所在地法院将拥有承认和执行外国仲裁裁决的管辖权。[2]

6. 土耳其法院承认和执行裁决的程序规则

土耳其法院没有单独规定承认和执行裁决时应遵循的具体程

---

[1] 在此还需强调,在最近修订土耳其《民事诉讼法》之前,一般认为民事法院和商事法院之间的划分仅基于工作需要而非管辖权。修订之后,划分变为权限共享,因此需要依职权审查。见 DEYNEKLI, 2014: 110-112; NOMER, EKŞİ, GELGEL, 2016: 83-84。

[2] 如果没有任何可扣押的资产,则不可要求执行外国仲裁裁决。详情请见 DEYNEKLI, 2014: 111-112; ÇELİKEL, 2012: 691; NOMER, EKŞİ, GELGEL, 2016: 83-84。在此还需说明,根据土耳其程序法,不应依职权审查管辖权限,而应由被告方作为初步异议提出。

序，而是参照外国仲裁裁决的承认和执行的有关条款以及最高法院的一些判例对执行过程加以管制。

最高法院在部分裁决中主张，根据《纽约公约》，承认和执行外国仲裁裁决所需费用与民事法院批准土耳其仲裁裁决需付费用相同，即申请费以及在某些情况下按比例支付的裁定费和判决费。① 此外，如果原告是外国个人或机构，管辖法院可要求其交纳一定数额的保证金。这是根据《土耳其国际私法与程序法》第 48 条作出的规定，即如果不存在（法律上或事实上的）互惠关系，法院可要求外国当事人交纳一定数额的保证金。②

在法院开启诉讼程序之后，被告将有两周的时间作出答复，并可再延长两周。预审听证后，法院应分两次开庭审理，两次庭审间隔一个月。但是，出于案件实体问题的需要，法院有权变更这一程序。这类案件可归为紧急案件，将通过简易程序作出裁决。③

根据《土耳其国际私法与程序法》第 61 条规定，请求执行的申请书应附有仲裁协议和判决书原件或者经作出判决的司法机关认证的判决书副本，以及上述文本的译本。

被告将有两种辩护的可能：其一，以不存在承认和执行条件为由反对仲裁裁决；其二，以正在履行或将要履行仲裁裁决义务为由接受仲裁裁决。④

最后要强调的是，土耳其法院可以对外国仲裁裁决进行程序性审查，但不能审查仲裁小组对案件实体问题的判决，只能在不涉及

---

① 最高法院判例的有关论述，见 DEYNEKLI, 2014：113-114。
② DEYNEKLI, 2014：114.
③ DEYNEKLI, 2014：114-116.
④ DEYNEKLI, 2014：116；NOMER, EKŞİ, GELGEL, 2016：84。

案情的情况下进行审查。法院这一限制行为称为禁止"实质性再审查制度"①。

7. 承认和执行的条件及结果

(1) 驳回理由

土耳其法院可以决定承认和执行外国仲裁裁决,也可以部分或全部驳回承认和执行请求。《土耳其国际私法与程序法》第62条规定了可能导致法院驳回承认和执行请求的情况。

缺乏有效的仲裁协议可作为驳回承认请求的理由。仲裁协议及其法律效力应与主合同分开审查。② 根据最高法院的决定,对于并非根据仲裁协议组成的仲裁庭作出的裁决,也应根据仲裁协议不存在的情况加以审查。③ 这一规定既不能因职权范围的拟定或存在而放弃,也不能因仲裁小组就是否存在仲裁协议作出的决定而放弃。④ 仲裁协议的有效性不因未遵守规定的替代争议解决方式而受到影响,但它可能构成基于另一原因的驳回理由,例如超越权限或违反商定的仲裁程序规则。⑤

不遵守仲裁协议对仲裁庭成员的任命的,或在不存在此类协议或规定的情况下不遵守仲裁地法的,将构成驳回理由。⑥

土耳其法律的独特之处在于,如果裁决违反公共秩序,包括根据土耳其法律秩序存在违反道德以及不具备标的物可仲裁性的,可

---

① DEYNEKLI, 2014: 112-113; NOMER, 2009: 555; NOMER, EKŞİ, GELGEL, 2016: 83-86。

② NOMER, EKŞİ, GELGEL, 2016: 72-72.

③ NOMER, 2009: 556.

④ 同上,557。

⑤ 同上,555。

⑥ 第三条第1款以及 NOMER, EKŞİ, GELGEL, 2016: 61-67。

驳回承认请求。① 此外，裁决涉及仲裁庭以外的事项，可拒绝承认和执行。不尊重当事方听证权，构成驳回理由。②

如果根据适用法律，仲裁裁决不具效力，或者仲裁小组所在地不存在此类法律，也构成驳回承认和执行请求的理由。③

裁决不具终局性、可执行性，对当事方没有约束力，可拒绝予以承认和执行。裁决不合法、没有可执行性，不应予以承认和执行。④

（2）承认和执行的结果

由于土耳其法院对外国仲裁裁决的审查是程序性的，土耳其法院应当承认并宣布外国仲裁裁决可执行，或者部分或全部驳回执行请求。

土耳其法院予以承认和许可的外国判决，根据《土耳其国际私法与程序法》第57条规定，具备与土耳其法院判决同等的法律效力，依照执行土耳其法院所作判决一样的程序予以执行。在这种情况下，被批准的部分具有判决的效力，而被驳回的部分既不能执行，也不能构成最终判决或直接证据。

（二）国际运输与承认和执行

仲裁是国际货物运输中常见的争端解决方式。运输合同的当事人约定仲裁协议，以解决运输协议适用所产生的纠纷。

根据土耳其的法律制度，在承认和执行国际货运中外国仲裁裁决方面没有特别的规定。承认和执行的主管法院是商事法院或海事

---

① 第三条第3款。
② 第三条第4款。
③ 第三条第1款。
④ NOMER，2009：563.

专门法院（如果涉及海上运输），因为根据《土耳其商法典》① 第3、4 条，这类被归为商事事项和商事诉讼。

货物运输涉及第三方对合同的执行。运输合同由合同承运人与托运人（或租船人）订立。因此，在执行合同时，可能涉及第三方（如实际承运人、分承运人、雇员、装卸工、货运代理人、收货人等）。② （外国或土耳其）仲裁的主要问题是仲裁协议对该协议的第三方是否可撤销。尽管土耳其法律规定了合同相对性原则，但运输合同的第三方是否可以撤销仲裁协议？

土耳其最高法院认为，纳入仲裁协议的租船合同可由作为提单持有人的第三方撤销。在提单提及租船合同（概括性提及或具体提及仲裁协议）的情况下，提单持有人可能是运输合同的第三方（如收货人），因而可以撤销仲裁协议。③ 最高法院还认可，承运人与投保人（或被保险人）之间订立的仲裁协议也可根据代位求偿原则向保险人撤销。④

非海上运输合同的第三方是否可以根据运输单据（如空运提

---

① 根据第 3 条，由《土耳其商法典》管辖的所有事项均应归为商事纠纷，由商事法院审理。

② BOZKURT BOZABALI B. Havayoluyla Yolcu Taşıma Sözleşmelerinde Taşıyanın Ölüm ve Cismani Zarardan Doğan Hukuki Sorumluluğu (*Legal Responsibility of the Air Carrier in Case of the Death and Bodily Injury of the Passenger*) [M]. Seçkin Publishing, 2013: 27-34. SÖZER B. Havayoluyla Yük Taşıma Sözleşmesi (*Contract of the Carriage of Goods by Air*) [M]. Vedat Publishing, 2009: 53-54.

③ EKŞİN. Milletlerarası Deniz Ticareti Alanında "Incorporation" Yoluyla Yapılan Tahkim Anlaşmaları (*Arbitration Agreement via Incorporation Concluded in the field of International Maritime Commerce*) [M]. Brussels: Beta Publishing, 2010: 110-115.

④ KENDER R. Türkiye'de Hususi Sigorta Hukuku (*Law of Private Insurance in Turkey*) XII [M]. Levha Publishing, 2015: 351-368. 有关土耳其正式声明的可撤销性及其他不同观点，见 EKŞİN, 2010: 134-141。

单、铁路提单或陆运提单）撤销此类仲裁协议？海上运输合同中仲裁协议（基于提单的可转让性）对于第三方的可撤销性，可否扩展到其他运输单据，甚至是不具有可转让性的运输单据？仔细研读最高法院的判例能帮助得出结论：仲裁协议对第三方的可撤销性是以第三方在提单上的签字为依据的。由于土耳其法律要求有书面的仲裁协议，第三方在载有仲裁协议明文规定的文件或者提及订有仲裁条款（或协议）的租船合同上签字即可满足这一条件。第三方在运输单据（无论是可转让还是不可转让票据）上的签字将使仲裁协议可被第三方撤销，即使该单据仅提及载有仲裁协议的主合同。总之，如果运输合同的第三方在载有明文规定或提及仲裁协议的运输单据上签字，则仲裁协议对于第三方都可撤销。

（三）小结

多年来，土耳其的法律秩序在处理仲裁以及承认和执行仲裁裁决的方法上都有所发展。

2000年之后，对仲裁以及承认和执行程序的监管有所放松，尤其体现在外国仲裁裁决上。随着对外贸易的增长，土耳其逐步发展为仲裁友好型国家。

2001年《土耳其国际仲裁法》和2007年《土耳其国际私法与程序法》实施，特别是取消承认和执行外国仲裁裁决的互惠原则，有助于土耳其改善其仲裁环境。

仲裁越来越多，土耳其法院承认和执行外国仲裁裁决的案例也随之增加，也越发倾向于承认和执行外国仲裁裁决。

最后，如前文所释，土耳其承认和执行外国仲裁裁决的实践与《纽约公约》规定类似，只是在公共秩序上略有不同。尤其是当土耳其受理外国仲裁裁决时，将适用源自《纽约公约》的《土耳其国际仲裁法》。

三、国际运输合同有关的外国法院判决的承认和执行

（一）引言

除了外国仲裁裁决，外国法院判决也需得到土耳其国内法院的承认和许可，才能在土耳其法律体系中执行或撤销。

外国法院判决程序的承认和执行与外国仲裁裁决的承认和执行类似。[①] 相比之下，外国法院判决的承认和执行较为简单。

根据《土耳其国际私法与程序法》第50条第1款，判决应为外国判决[②]，且具有终局性（具有约束力）。

这种外国判决，无论是民事判决还是刑事判决，都应用来解决个人权利引起的诉讼。[③]

承认和执行外国判决的效力是类似的——都被视为结论性证据，具有终局性。根据《土耳其国际私法与程序法》第57条第1款，外国判决可作为土耳其法院判决予以执行。

最后，需要强调的是，外国判决的承认和执行应以《土耳其国际私法与程序法》为依据。如果外国判决的实体问题属于双边或多边外国协议范围，则《土耳其国际私法与程序法》的规定将作为法

---

① 在《土耳其国际私法与程序法》中，对外国法院判决承认和执行的规定要早于外国仲裁裁决。
② 第一分章第三条第2/a款论述了判决的外国性原则。
③ NOMER，2009：501-503. 据此，惩罚性赔偿的判决因其惩罚性（刑罚性），不可执行。

律的次要渊源适用（在协议存在漏洞的情况下）。①

(二) 承认和执行外国法院判决的条款与条件

1. 互惠原则

与外国仲裁裁决不同，互惠原则是执行外国判决的首要条件。在详细解释之前，应该在此强调，采用互惠原则仅仅是为了实现许可执行。②

互惠原则是执行程序中极具争议性的条件。③ 为确定互惠关系，国内法院的法官需要调查土耳其与原判决国之间是否存在双边或多边协定。④

如果外国的程序性法律秩序没有规定互惠关系作为承认和执行的条件，则最高法院认可法律互惠的存在，⑤ 还应根据外国的程序性法律秩序审查执行的可行性。⑥ 此外，还需要调查与待执行判决相关的外国法律秩序是否存在障碍。具体而言，相关外国法律制度不应对判决的执行构成法律障碍。

在没有明确的互惠协议的情况下，可以根据外国法院实践确认是否存在事实上的互惠关系。土耳其法院判决在外国长期得不到承认或拒绝执行，可作为土耳其法院依据互惠原则拒绝执行判决的理由。外国法院长期拒绝承认和执行土耳其法院的判决也有悖于该国的法律秩序。⑦

---

① NOMER, 2009: 511-512.
② 同上，533-535。
③ 同上，511-512。
④ 同上，510-511。
⑤ 1985年11月6日最高法院第11巡回法庭判决；NOMER, 2009: 12-513。
⑥ NOMER, 2009: 512.
⑦ 同上，511。

291

法律上或事实上的互惠关系应当根据外国法院的法律秩序，而不是诉讼当事方的国内法律秩序来核实。①

2. 公共秩序与国家强制性法规

（1）公共秩序

土耳其法院还应考虑外国判决在得到承认和执行后对土耳其公共秩序的影响。因此，在审查外国判决是否符合土耳其公共秩序时，法院要审查该判决的承认和执行对秩序可能产生的影响。②

承认和执行外国判决的一个重要影响体现在经济方面，尤其是当该判决危及经济上处于弱势的个人或组织时，可以公共秩序为由拒绝承认和执行。

土耳其法律基本程序规则的一致性，例如本应回避的法官作出的外国判决，也考虑基于公共秩序的要求。③

此外，在外国重审案件的新证据也可作为驳回承认和执行请求的理由。④

因此，土耳其法院只能根据承认和执行对土耳其公共秩序的影响（结果）确认是否驳回承认与执行请求。⑤

尽管《土耳其国际私法与程序法》中没有明确规定，但土耳其法院就外国判决的相同实体问题、相同标的和相同当事人之间作出的具有约束力的最终判决，也应以公共秩序为由驳回承认和执行的

---

① 同上，515-519。
② 这一点也应在禁止"实质性再审查制度"中加以评定。见 NOMER, 2009：508, 519-521；第一分章第三条第3款。
③ NOMER, 2009：519-522。
④ 同上，526。
⑤ 同上，522-525。

请求。①

(2) 国家强制性法规

根据《土耳其国际私法与程序法》第 54/b 条,如果案件的实体问题属于土耳其法院的国家强制管辖范围,外国法院的判决将不被承认和执行。

土耳其法院可通过核实是否存在关于案件实体问题的国家立法,以获得强制管辖权。②

土耳其法院也可以审查外国法院的管辖权。如果外国法院在作出判决时不存在与实体问题或当事人的事实关联,也构成驳回承认和执行请求的理由。③

由此可见,这有别于外国法院的职权范围和管辖权。土耳其法官应审查外国法院与案件实体问题及当事人之间的关系。如果根据该外国法院的法律冲突规则,该法院可被视为国家主管法院,则其判决应由土耳其法官承认和执行,否则应驳回其请求。

3. 当事人听证权

正当程序和当事人的听证权是决定外国判决能否执行的重要标准。主张被剥夺听证权的一方即为听证权受到侵害的当事人。换言之,主张不举行听证的人(或机构)并非判决承认和执行的当事人,可能只是好奇案件结果。

《土耳其国际私法与程序法》第 54/c 条在解释"听证权"时,详细列举了不举行听证的情况:

---

① 同上,526。
② 第一分章第三条第 2 款;NOMER,2009:513-515。
③ NOMER,2009:525-526。

（1）当事人没有按照外国法院的法律收到诉讼通知。

（2）当事人没有诉讼代表人。

（3）与外国法院的国内法相抵触。

（4）外国判决是在只有一方当事人在场的情况下进行的。

但是，如果一方当事人参与了外国法院的诉讼，若没有正当理由不得驳回其承认和执行请求。①

在申请承认和执行的范围内，土耳其法官不能自行认定当事人在外国法院的诉讼被剥夺听证权。法官只能根据当事人的申请采取行动。②

4. 被告提出异议的可能情况

《土耳其国际私法与程序法》第55条规定了被告提出异议的可能情况。据此，被告的反应有三种可能：

（1）以不存在承认和执行的条件为由，拒绝承认和执行外国法院的判决。

（2）接受外国判决并保证服从判决。

（3）将履行其义务或出现妨碍其履行义务的障碍。③

第55条还规定，诉讼不应复杂，而应是简单的审判程序。④

5. 程序规则

承认和执行外国判决的程序规则在不同的条款中作了规定。

《土耳其国际私法与程序法》第51条规定，承认和执行外国判决的主管法院为民事法院。由此，正如外国仲裁裁决的承认和执行

---

① 同上，526-527。
② 同上，527-528；第二分章第三条第2/a款。
③ NOMER, 2009：531。
④ 第一分章第三条第6款。

的相关规定一样，外国法院判决的承认和执行也应规定专门法院作为主管法院。①

受理执行的土耳其法院应考虑外国判决终审的情况。②

与外国判决的承认和执行存在法律利害关系的任何一方（即使不是该判决的当事人），都可以申请承认与执行。③

如果外国判决符合条件，土耳其法官应就判决的承认和执行作出裁决。土耳其法院无权审查案情实质，只进行程序性审查。④ 根据禁止"实质性再审查制度"规定，法院可以部分或全部接受或驳回承认和执行请求。⑤

与外国仲裁裁决的承认和执行类似，《土耳其国际私法与程序法》第53条规定，请求承认和执行外国法院判决的申请人应附上具有约束力的终局性判决原件（或经过认证的判决书副本）以及主管当局出具的认证公函，必要时应附上译本。上述文件不能提交复印件。⑥

（三）判决的承认和执行与国际运输合同

土耳其法律对国际运输合同中外国法院判决的承认和执行没有特别规定。上文对这一问题的论述也适用于国际运输合同。

有关当事人可以向商事法院（运输属于商事事项）或者海事专门法院（诉讼涉及国际海运）申请承认和执行外国法院判决。

---

① 不同法典对此也有不同规定（例如第4787号《法典》第4条规定的家庭法院的权限）。 见 NOMER, 2009: 505；第一分章第三条第5款。
② NOMER, 2009: 505.
③ 同上，529。
④ 在此，禁止"实质性再审查制度"也具有效力。 见 NOMER, 2009: 530-532。
⑤ NOMER, 2009: 531-532.
⑥ 同上，542。

土耳其法院适用《土耳其国际私法与程序法》的规定，特别是在涉及执行中的互惠原则、公共秩序、国家强制性法规和当事人听证权等条件时，这些都是在简单的审判程序中裁决的。

拒绝承认和执行外国判决的理由可以是尽职调查发现没有履行义务的条件或存在义务履行障碍。在听取双方当事人赞成或反对执行意见时，土耳其法院不会审查案情实质——国际运输合同的规定和判决都是外国法院根据该合同作出的。

四、结语

与承认外国仲裁裁决相比，土耳其法律和法院似乎对承认和执行外国判决持沉默态度——将互惠原则作为承认和执行外国法院判决的条件之一，并不利于外国法院判决在土耳其法律下得到承认和执行。

作为"一带一路"倡议的关键司法管辖区，土耳其可以考虑进行法律改革，特别是在外国裁决和判决的承认和执行方面。通过完善有关外国法院/仲裁庭的临时性和终局性的法律制度，尤其是在国际运输合同领域，可以降低国际合同的交易成本（特别是解决纠纷所产生的成本），从而创造更多的经济价值。这就要求土耳其考虑从涉及合同法、海商法、货物运输法以及争端解决法等领域的实体法和程序法着手，进行法律改革。

后记

陈博文　塞·拉曼尼·加利梅拉

本书围绕中国"一带一路"建设中一个容易被忽视的领域——国际私法展开讨论。读者阅读至此一定能发现这一领域的魅力。随着中国政府全速推进"一带一路"建设，本书提出一个重要警告：如果国际私法相关问题得不到正视和解决，"一带一路"建设将无法持续。

目前已有150多个国家和地区参与了"一带一路"倡议，中国支持"一带一路"倡议的两项举措成为国内外焦点：一是最高人民法院计划发布《关于承认和执行外国法院民商事判决若干问题的规定》，以明确互惠原则在中国法院的认定和适用。[①] 曾劲峰在第十章探讨了中国法律背景下互惠原则的复杂性。抛开中国承认和执行外国判决的法律问题不谈，艾尔巴蒂在第十一章表示，阿拉伯国家的法律也存在类似问题，并进一步指出参与"一带一路"倡议的东盟

---

① 最高人民法院观察.最高人民法院公布"一带一路"倡议相关新举措[EB/OL].（2017-10-07）[2018-01-29].https://supremepeoplescourtmonitor.com/2017/10/07/spc-reveals-new-belt-road-related-initiatives/.

国家之间法律的不确定性，这些国家在民法体系上存在很大差异。[1] 印度尼西亚和泰国甚至没有承认和执行外国判决的相关法律。[2] 博兹库尔特在第十二章探讨了土耳其承认和执行外国判决法律的复杂性。中国一直积极参加海牙国际私法会议主持的"判决项目"[3]，但判决项目是否能取得显著成效仍存疑。即使项目持续推进，相关国际公约的批准和生效都需要时间，可能无法及时推动"一带一路"发展。

中国最高人民法院的另一个举措是建立全新的"一带一路"争端解决机制和机构。在北京、西安、深圳各设一个国际商事法庭。北京为总部，西安法庭管辖"丝绸之路经济带"相关争议，深圳法庭管辖"21世纪海上丝绸之路"相关争议。叶曼在第三章的论述与这项发展密切相关，其中分享了作者在新加坡国际商事法庭的工作经验。跨境商事诉讼非常复杂，纠纷的解决需要精通律法、经验丰富的法官参与，新加坡国际商事法庭就拥有一批优秀的国际法官。事实上，目前大多数复杂的商事诉讼仍主要在英、美、新加坡等国法院提起，中国国际商事法庭的设立，标志着中国人民法院服务保障"一带一路"建设进入新阶段。

法院在国际诉讼中举足轻重，法院适用的法律也同等重要。泽勒和加里梅拉强调了《联合国国际货物销售合同公约》（维也纳，1980年，以下简称《销售公约》）对进一步加强"一带一路"国家之间协调统一的重要作用。但《销售公约》是一项任择文书，并

---

[1] CHONG A. *Recognition and Enforcement of Foreign Judgments in Asia*[M]. Singapore: Asian Business Law Institute, 2017: 3.
[2] 同上，4。
[3] 最高人民法院观察，2017。

不涉及国际贸易所涉合同问题的所有方面。为此，泽勒建议以《国际统一私法协会国际商事合同通则》（2016年更新版）补充《销售公约》。与《销售公约》类似，只有在合同当事人选择的情况下，《国际统一私法协会国际商事合同通则》才能适用，这就引出了当事人意思自治问题。

陈博文强调，并非所有"一带一路"参与国都承认合同法律选择中的当事人意思自治概念。即使承认，如果所选择的法律违反了法院地的公共政策，也无法得到适用。作者指出，即使是在东盟内部，不同国家对公共政策的构成也有不同的规定。可以推测，东盟以外的其他国家也是如此。

国际贸易法只是"一带一路"项目涉及的一个方面。约翰和古拉蒂指出了其他方面的问题——反腐败。反腐败的重要性不言而喻，特别是在基础设施建设的大额资金已经到位的情况下。作者指出，从国际私法的角度看，打击腐败的法律仍不完善，鼓励对这一领域开展更多研究。

昆达探究了欧盟的竞争和数据保护问题。事实上，其重要性不仅限于欧盟内部。但目前关于世界其他地区的该领域讨论还不多。由于语言等因素制约，暂时无法获取"一带一路"国家竞争和数据保护等方面的资料。

这与霍政欣的担忧相呼应。由于语言障碍、记录保存系统缺失以及法律文化差异，许多沿线国家的法律仍然未知且难以理解。因此，即使中国成立国际商事法庭，证明和适用沿线国家的法律仍存在困难。事实上，本书编辑在邀请撰稿人时也面临同样的困境，即在其中一些国家寻找相关学者本身就是一项难以完成的任务。

"一带一路"项目不仅涉及中国法院，也涉及150多个司法管辖区的法院。因此，司法程序的同步成为另一个重要问题。为此，郭玉军和付鹏远提出了电子送达法律程序的前景问题。正如他们所言，150多个国家的技术发展步调不一，司法程序同步化不只是从诉讼文书送达展开，切记程序法始终是法院地法（诉讼地法）的问题。

从某种程度上说，"一带一路"国际私法问题将不可避免与全球层面国际私法协调这个更宏大的课题有所重叠。只是，全球性的协调统一涉及世界上所有的国家，而"一带一路"国家的协调统一只需150多个参与国达成共识。然而，正如本书主编和各章撰稿人反复强调的，如果法律基础设施不能实现一定程度的协调，就不可能实现无缝贸易与合作。编者们希望，本书不是讨论的结束，而是对"一带一路"国际私法问题进行进一步学术探讨的开始。

缩略语

Advanced Micro Devices, Inc. (AMD)	美国超威半导体公司
Advocate generals (AG)	总法务官/首席法律顾问
alternative dispute resolution (ADR)	替代争议解决方式
Arab Cooperation Council (ACC)	阿拉伯合作委员会（阿合会）
Arbitration Rules of the Singapore International Arbitration Center (SIAC Rules)	新加坡国际仲裁中心仲裁规则
ASEAN Customs and Transit System (ACTS)	东盟海关和过境系统
ASEAN Economic Community (AEC)	东盟经济共同体
ASEAN Trade Facilitation Framework (ATFF)	东盟贸易便利化框架
ASEAN Trade Facilitation Joint Consultative Committee (ATF-JCC)	东盟贸易便利化联合磋商委员会
ASEAN Trade in Goods Agreement (ATIGA)	《东盟货物贸易协定》
ASEAN Trade Repository (ATR)	东盟贸易存储库
ASEAN Single Window (ASW)	东盟单一窗口
ASEAN Solutions for Investments,	东盟投资、服务和贸易解决方案

Services and Trade (ASSIST)	
as‐efficient‐competitor test (AEC test)	等同效率竞争者测试
Asian Infrastructure Investment Bank (AIIB)	亚洲基础设施投资银行（亚投行）
Asian Principles of Private International Law (APPIL)	亚洲国际私法原则
Association of Southeast Asian Nations (ASEAN)	东南亚国家联盟（东盟）
Australia-China Belt & Road Initiative (ACBRI)	澳大利亚-中国"一带一路"产业合作中心
Bilateral Investment Treaties (BITs)	双边投资条约
BRICS Development Bank	金砖国家开发银行
Central and Eastern Europe (CEE)	中欧和东欧（中东欧）
Charter of Fundamental Rights of the European Union (EU Charter)	《欧盟基本权利宪章》
Charter of the Association of Southeast Asian Nations (ASEAN Charter)	《东南亚国家联盟宪章》（《东盟宪章》）
China-Australia Free Trade Agreement (ChAFTA)	中澳自由贸易协定
China International Economic Trade Arbitration Commission (CIETAC)	中国国际经济贸易仲裁委员会（贸仲委）
China-Pakistan Economic Corridor (The CPEC)	中巴经济走廊
China's One Belt One Road initiative (OBOR initiative)	"一带一路"倡议

China University of Political Science and Law（CUPL）	中国政法大学
Choice of Court Agreements Act（CCAA）	《选择法院协议法案》
Civil Law Convention on Corruption（CLC）	《反腐败民法公约》
CLMV countries（Cambodia, Laos PDR, Myanmar, and Vietnam）	东盟新成员国（柬埔寨、老挝、缅甸、越南）
Global Value Chains（GVC）	全球价值链
Code of Civil Procedure（CPC/The Code）	《民事诉讼法典》
Convention of the Arab League on the Enforcement of Judgments and Arbitral Awards（AL Convention）	《阿拉伯联盟执行判决和仲裁裁决公约》（《阿盟公约》）
Convention on the Enforcement of Judgments, Letter Rogatory and Judicial Notice between the Member States of Arab Gulf Cooperation Council（GCC Convention）	《判决、调查委托书及司法认知执行议定书》（《海合会议定书》）
Council Regulation（EC）	《欧洲共同体理事会条例》
Court of first instance（CFI）	初审法院
Courts of Justice of the European Union（CJEU）	欧盟法院
Data Protection Directive（DPD）	《个人数据保护指令》
Dubai International Financial Centre courts（DIFC courts）	迪拜国际金融中心法院

East China University of Political Science and Law (ECUPL)	华东政法大学
European Community Merger Regulation (ECMR)	《欧洲共同体合并条例》
European Court of Justice (ECJ)	欧洲法院
European Union (EU)	欧盟
Federal Trade Commission (FTC)	（美国）联邦贸易委员会
Foreign Investment Promotion Board (FIPB)	（印度）外国投资促进委员会
Free Trade Agreements (FTAs)	自由贸易协定
General Court (GC)	普通法院
General Data Protection Regulation (GDPR)	《通用数据保护条例》
Gulf Cooperation Council (GCC)	海湾合作委员会（海合会）
Hague Conference on Private International Law (HCCH)	海牙国际私法会议
Hague Convention on Choice of Court Agreements 2005 (HCCCA)	2005年海牙《选择法院协议公约》
International Centre for Settlement of Investment Disputes (ICSID)	国际投资争端解决中心
International Institute for Unification of Private Law (UNIDROIT)	国际统一私法协会
Interpretation by the Supreme People's Court on the Arrangement on Reciprocal Recognition and Enforcement of Judgments in Civil and Commercial Matters	《最高人民法院关于内地与香港特别行政区法院相互认可和执行当事人协议管辖的民商事案件判决的安排》（法释）（《最高人民法院解释》）

by the Courts of the Mainland and of the Hong Kong Special Administrative Region Pursuant to Choice of Court Agreements between Parties Concerned (SPC Interpretation)	
Investor-state Dispute Settlement (ISDS)	投资国争议解决方案
Law of the People's Republic of China on the Laws Applicable to Foreign-Related Civil Relations (LAL)	《中华人民共和国涉外民事关系法律适用法》
League of Arab States (LAS) = Arab League (AL)	阿拉伯国家联盟（阿盟）
Mainland and Hong Kong Closer Economic Partnership Arrangement (CEPA)	《内地与香港关于建立更紧密经贸关系的安排》
Mainland and Macau Closer Economic Partnership Arrangement (CEPA)	《内地与澳门关于建立更紧密经贸关系的安排》
Multilateral Development Bank (MDB)	多边开发银行
New Development Bank (NDB)	金砖国家新开发银行（新开发银行）
New York Convention on the Recognition and Enforcement of Foreign Arbitral Awards (New York Convention)	《承认及执行外国仲裁裁决公约》（《纽约公约》）
New Zealand dollar (NZD)	新西兰元
OECD Foreign Bribery Convention (OECDC)	《经济合作与发展组织反对在国际商务交易活动中行贿外国公职人员公约》（《反贿赂公约》）
Opinions of the Supreme People's Court	《最高人民法院关于贯彻执行〈中华

305

on Implementing the General Principles of Civil Law of the People's Republic of China（Opinions on the GPCL）	人民共和国民法通则〉若干问题的意见（试行）》（《关于贯彻执行〈民法通则〉若干问题的意见》（试行））
Organization of American States（OAS）	美洲国家组织
Shanghai Cooperation Organisation（SCO）Dushanbe Summit	上海合作组织杜尚别峰会
short message service（SMS）	短信服务
Singapore International Arbitration Centre（SIAC）	新加坡国际仲裁中心
Singapore International Commercial Court（SICC）	新加坡国际商事法庭
social networking site（SNS）	社交网站
Spanish Data Protection Agency（AEPD）	西班牙数据保护局
Special Administrative Regions（SARs）	特别行政区（特区）
State Administration of Foreign Exchange（SAFE）	（中国）国家外汇管理局
Supreme Court of Judicature Act（SCJA）	新加坡《最高法院司法制度法》
Supreme People's Court of China（SPC）	中华人民共和国最高人民法院
Trade Facilitation Agreement（TFA）	《贸易便利化协定》
Trans-Pacific Partnership Agreement（TPP）	跨太平洋伙伴关系协定
Treaty Establishing the European Community（EC Treaty）	《建立欧洲共同体条约》（《欧共体条约》）

Treaty Establishing the European Economic Community（EEC Treaty）	《建立欧洲经济共同体条约》（《共同体条约》）
Treaty on the Functioning of the European Union（TFEU）	《欧洲联盟运行条约》（《欧盟运行条约》）
Turkish Code on International Private and Procedural Law（numbered 5718）（IPPL）	《土耳其共和国关于国际私法与国际民事诉讼程序法的第 5718 号法令》（《土耳其国际私法与程序法》）
Uniform Commercial Code of New York（UCC of New York）	《美国统一商法典》
United Nations Convention Against Corruption（UNCAC）	《联合国反腐败公约》
United Nations Convention on Contracts for the International Sale of Goods（Vienna，1980）（CISG）	《联合国国际货物销售合同公约》（维也纳，1980 年）
United Nations Commission on International Trade Law（UNCITRAL）	联合国国际贸易法委员会（贸易法委员会）
United Nations Commission on International Trade Law Model Law（UNCITRAL Model Law）	《联合国国际贸易法委员会国际商事仲裁示范法》（《国际商事仲裁示范法》）
United Nations Convention（UN）	《联合国公约》
United Nations Convention on Contracts for the International Sale of Goods（CISG）	《联合国国际货物销售合同公约》（《销售公约》）
Yamal Liquefied Natural Gas（Yamal LNG）	亚马尔液化天然气项目（亚马尔项目）

译名对照表

A

1994 Inter-American Convention on the Law Applicable to International Contracts	1994年《美洲国家间国际合同法律适用公约》
21st-century Maritime Silk Road	21世纪海上丝绸之路
ABC Laminart Pvt. Ltd. v A. P. Agencies, Salem	金属线生产商诉A. P. 代理公司案
Act on the Application of Laws on Foreign-related Civil relationships (Private International Law Act)	《中华人民共和国涉外民事关系法律适用法》(《法律适用法》)
Administration Wing of the Chief Secretary for Administration's Office	香港特别行政区政府政务司司长办公室辖下行政署
adjudicative jurisdiction	司法管辖权
African Union Convention on Preventing and Combating Corruption	《非洲联盟预防和惩治腐败公约》
Alpha Prime Development Corporation v Holland Loader Company, LLC; and Steven Michael Svatek	阿尔法普莱发展公司诉荷兰装载机有限责任公司及史蒂文·迈克尔·斯瓦特克案

Amin Rasheed Shipping Corporation v Kuwait Insurance Co.	阿明·拉希德航运公司诉科威特保险公司案
answer briefs	答辩状
Anti-suit injunctions	禁诉令/反诉禁令
Arbitration and Conciliation Act	《仲裁与调解法》
Arbitration Law of the People's Republic of China	《中华人民共和国仲裁法》
Arrangement for Mutual Service of Judicial Documents in Civil and Commercial Proceedings between the Mainland and Hong Kong Courts (Service Arrangement)	《关于内地与香港特别行政区法院相互委托送达民商事司法文书的安排》（《送达安排》）
Arrangement on Mutual Taking of Evidence in Civil and Commercial Matters between the Courts of the Mainland and the Hong Kong Special Administrative Region (Evidence Arrangement)	《关于内地与香港特别行政区法院就民商事案件相互委托提取证据的安排》（《取证安排》）
Arrangement on Reciprocal Recognition and Enforcement of Judgments in Civil and Commercial Matters by the Courts of the Mainland and of the Hong Kong Special Administrative Region Pursuant to Choice of Court Agreements between Parties Concerned (Enforcement Arrangement)	《关于内地与香港特别行政区法院相互认可和执行当事人协议管辖的民商事案件判决的安排》（《协议管辖安排》）
Arrangements with the Mainland and	《与内地及澳门特区相关事项》

309

the Macao SAR	
Article 29 Data Protection Working Party	第 29 条数据保护工作组
ASEAN Framework Agreement on the Facilitation of Inter-State Transport	《东盟货物过境便利化框架协议》
ASEAN Transport Strategic Plan 2016-2025	《东盟交通运输战略计划 2016—2025》
ASEAN-wide system of Self-Certification	东盟范围的自我认证系统
Australia's Federal Magistrates Court and Federal Court	澳大利亚联邦治安法院和澳大利亚联邦法院
Australia's Uniform Civil Procedure Rules	澳大利亚《统一民事诉讼程序规则》
Axe Market Gardens v Craig Axe	阿克斯市场花园诉克雷格阿克斯案

B

bad faith limitation	恶意限制
Bank of China Ltd v Yang Fan	中国银行股份有限公司诉杨帆案
Bankruptcy Court for Northern District Georgia	乔治亚北区联邦破产法院
Basic Law of the Hong Kong Special Administrative Region of the People's Republic of China (Basic Law of Hong Kong SAR)	《中华人民共和国香港特别行政区基本法》(《香港基本法》)
Bel Nickel Resources Ltd case	百营镍资源有限公司案
Bharat Aluminum Company Limited v Kaiser Aluminum Technical Service, Inc (BALCO)	巴拉特铝业有限公司诉凯撒铝业技术服务公司案

Bhatia International v Bulk Trading SA & Anr.	巴蒂亚国际诉瑞士燃料贸易公司案
Bingham LJ	本汉模法官
Botanic Ltd v China National Oil Corp	博坦尼克公司诉中国联合石油有限责任公司案
British India Steam Navigation Co., Ltd. v Shanmughavilas Cashew Industries and Ors	英属印度轮船有限公司诉尚穆加维拉斯腰果公司案
Broadfoot v Diaz Case	布罗德福特诉迪亚斯案

C

Capital Territory Court of Appeal	澳大利亚首都地区上诉法院
characteristic performance	特征性履行
Child Support Registrar Applicant v Leigh	儿童抚养登记处申请人诉利恩案
China-ASEAN Justice Forum	中国-东盟大法官论坛
China Chengxin International Credit Rating Co. Ltd	中国诚信国际信用评级有限责任公司
China Development Bank	中国国家开发银行
China Exim Bank	中国进出口银行
China Investment Corporation	中国投资公司
China Lianhe Credit Rating Co. Ltd	中国联合信用评级有限责任公司
China-Rare Earths case	美国诉中国稀土案
Chiyu Banking Corporation Limited v Chan Tin Kwun	集友银行诉陈天君案
Civil and Commercial Code of Thailand	《泰国民商法典》
Civil Law Convention on Corruption	《反腐败民法公约》

Civil Procedure Code of Thailand	《泰国民事诉讼法》
Civil Procedure Law of the People's Republic of China (2012 Amendment)	《中华人民共和国民事诉讼法（2012年修正案）》
closest connection	最密切联系
Code of Civil Procedure of Quebec, Canada	加拿大魁北克《民事程序法》
Code of Eshnunna	《埃什南纳法令》
Commercial Solvents case	商业溶剂案
Common European Sales Law	《欧洲共同销售法》
Compania Sud Americanade Vapores SA v Hin Pro	轩辉国际物流有限公司与智利南美轮船有限公司海上、通海水域货物运输合同纠纷案
Compagnie D'Armement Maritime S. A v Compagnie Tunisienne de Navigation S. A	法国船舶公司诉突尼斯航运公司案
compliance costs	合规成本
concerted practice	协同行为
conflict of laws	冲突法
connecting factor	连接因素
Continental Can case	大陆制罐公司案
Convention Abolishing the Requirement of Legalisation for Foreign Public Documents (Apostile Convention)	《取消外国公文书认证要求的公约》（《海牙取消认证公约》）
Convention for the Unification of certain rules relating to international carriage by air, 12 October 1929 (Warsaw Con-	《统一国际航空运输某些规则的公约》（1929年10月12日，《华沙公约》）

vention)

Convention of the Arab League on the Enforcement of Judgments and Arbitral Awards	《阿拉伯联盟执行判决和仲裁裁决公约》
Convention on Combating Bribery of Foreign Public Officials in International Business Transactions	《反对在国际商务交易活动中行贿外国公职人员公约》
Convention on Legal and Judicial Cooperation between Egypt, Iraq, Yemen and Jordan	《埃及、伊拉克、也门、约旦立法和司法合作公约》
Convention on the Enforcement of Judgments, Letter Rogatory and Judicial Notice between the Member States of Arab Gulf Cooperation Council	《判决、调查委托书及司法认知执行议定书》
Convention on the Fight against Corruption involving Officials of the European Communities or Officials of Member States of the European Union	《打击涉及欧洲共同体官员或欧洲联盟成员国官员的腐败行为公约》
Convention on the REFJ in Civil and Commercial Matters and its Supplementary Protocol	《海牙承认与执行外国民商事判决公约》及其《附加议定书》
Convention on the Settlement of Investment Disputes between States and Nationals of Other States, Washington, 18 March 1965	《解决国家与他国国民间投资争端公约》（华盛顿，1965年3月18日）
Convention on the Taking of Evidence	《关于从国外调取民事或商事证据的

313

Abroad in Civil and Commercial Matters	
Convention on the Limitation Period in the International Sale of Goods (New York, 1974)	公约》(《海牙取证公约》) 1974 年在纽约通过的《联合国国际货物买卖时效期限公约》(《时效公约》)
Convention of 30 June 2005 on Choice of Court Agreements	《选择法院协议公约》(在 2005 年 6 月 30 日第 20 届海牙国际私法会议外交大会上由各国代表签署通过)
Convention on the Service Abroad of Judicial and Extra-judicial Documents in Civil or Commercial Matters	《关于向国外送达民事或商事司法文书和司法外文书公约》
Council Regulation (EC) No139/2004 of 20 January 2004 on the control of concentrations between undertakings (EC Merger Regulation)	《关于控制企业集中的第 139/2004 号理事会条例》(《欧共体并购条例》)
court of first instance	初审法院
court of Hastings County	英国黑斯廷斯郡法院
Credit Agricole Indosuez v Shanghai Erfangji Co. Ltd. and Another	法国东方汇理银行上海分行诉上海二纺机股份有限公司及其担保公司案
Criminal Law Convention on Corruption	《反腐败刑法公约》
CtA. Ct. Nachiappa Chettiar v CtA. Ct. Subramama Chettiar	纳恰帕·切蒂亚尔与苏布拉马马·切蒂亚尔家庭财产分割案

D

Delhi Cloth and General Mills v Harnam Singh	德里布业和通用磨坊公司诉哈南·辛格公司案

de minimis regime	最低限额免除
Dhanrajamal Gobindram v Shamji Kalidas and Co.	丹拉贾迈勒·戈宾德拉姆与沙姆吉·卡利达斯公司国际货物买卖合同纠纷案
doctrine of single economic unit	单一经济体原则
domicile	住所地
Donal Blaney v Persons Unknown	多纳尔·布兰尼诉匿名人士案
Draft Common Frame of Reference	《共同参考框架草案》
Dunlop Pneumatic Tyre Company, Limited v Selfridge and Company, Limited.	邓洛普轮胎有限公司诉塞尔复里奇有限公司案
Dyestuffs case	染料案

E

ECEM European Chemical Marketing B. V v The Purolite Company	欧洲化学品销售公司诉普罗莱特公司
ECEM Economic Cooperation Framework Agreement	《经济合作框架协议》
Economic Intelligence Unit	经济学人智库
effects doctrine	效果原则
Enercon (India) Ltd. & Ors. v Enercon GmBH & Anr	爱纳康（印度）有限公司诉德国爱纳康风电制造商案
E-Privacy Directive	《电子隐私指令》
European Investment Bank	欧洲投资银行
European Investment Fund	欧洲投资基金
Export-Import Bank of China	中国进出口银行
extrajudicial documents	司法外文书

extraterritorial jurisdiction	域外管辖权
extraterritoriality	治外法权

F

Federal Rules of Civil Procedure of the United States	美国《联邦民事诉讼程序规则》
First Laser Ltd v Fujian Enterprises (Holdings) Co. Ltd.	第一激光有限公司诉华闽（集团）有限公司案
Football Dataco case	足球数据有限公司案
Foreign Limitation Periods Act	《外国时效期限法》
Fothergill v Monarch Airlines Ltd.	福瑟吉尔诉君主航空公司案
forum non conveniens	不方便法院
FTC case	（美国）联邦贸易委员会案
FTC v PCCare247, Inc.	（美国）联邦贸易委员会诉 PCCare247 公司案
four corners rule	四角规则

G

GCC model convention on judicial co-operation	《海湾合作委员会司法合作示范公约》
GCC uniform law on civil procedure	《海湾合作委员会民事诉讼统一法》
GCC uniform law on the enforcement of judicial decisions	《海湾合作委员会司法裁决执行统一法》
Gencor case	根科尔矿业有限公司案
German Civil Code	《德国民法典》
Globe Transport Corporation v Triveni	环球运输公司诉特里韦尼工程公

Engineering Works	司案
Golden Acres Limited v Queensl and Estates Pty Ltd.	昌盛地产有限公司诉昆士兰房地产有限公司案
good faith condition	善意意图条件
Google Spain SL and Google Inc. v Agencia Española de Protección de Datos (AEPD) and Mario Costeja González (Google Spain)	谷歌西班牙公司和谷歌公司诉西班牙数据保护局和西班牙公民马里奥·科斯特亚·冈萨雷斯案（谷歌的被遗忘权案）
Gujarat Rural Roads	古吉拉特邦农村公路

H

Hague Conference on Private International Law	海牙国际私法会议
Hague on the Service Abroad of Judicial and Extrajudicial Documents in Civil and Commercial Matters	《关于向国外送达民事或商事司法文书和司法外文书公约》（《海牙送达公约》）
Hakam Singh v Gammon (India) Ltd.	哈卡姆·辛格诉金门（印度）有限公司案
Hellenic Steel Co. and Others v Svolamar Shipping Co. Ltd. and Others (The "Komninos S")	希腊钢铁公司等诉斯沃拉玛航运有限公司等案（"科姆尼诺"号案）
Hoare J.	法官霍雷
Hollow v Hollow	霍洛夫人诉霍洛案
homeward trend	返家趋势（恋家情结）
Hubei Gezhouba Sanlian Industrial v Robinson Helicopter Company	湖北葛洲坝三联实业股份有限公司诉美国罗宾逊直升机有限公司案

The Agricultural Bank of China v Hung Fung Enterprises Holdings Ltd.	中国农业银行深圳市分行诉雄丰企业控股有限公司借款合同纠纷案

I

implementation doctrine	履行地原则
Incorporation	纳入
Indian Contract Act	《印度合同法》
International Convention for the Unification of Certain Rules of Law relating to Bills of Lading signed at Brussels, 25th August 1924 (The "Hague Rules")	1924年8月25日在布鲁塞尔签署的《统一提单的若干法律规定的国际公约》(《海牙规则》)
Interpretation (Ⅰ) on the Implementation of the Act on the Application of Laws over Foreign-related Civil Relationships of the People's Republic of China	《关于适用中华人民共和国涉外民事法律关系适用法若干问题的解释(一)》
in personam civil jurisdiction	属人民事管辖权
In Re International Telemedia Associates, Inc.	国际电信媒体公司破产案
Intel Corp. v European Commission	英特尔公司诉欧盟委员会案
intellectual property law	知识产权法

J

Jemella Australia Pty Ltd. v Bouobeid	杰米拉澳大利亚私人有限公司诉布奥贝德案
Johns Hopkins School of Advanced International Studies	约翰斯·霍普金斯大学高级国际问题研究学院

judicial notice	司法认知

K

Knott v Sutherland	诺特诉萨瑟兰案
Kolmar Group AG v Sutex Group	高尔集团股份有限公司与江苏省纺织工业（集团）进出口有限公司申请承认和执行新加坡高等法院民事判决案
Kumarina Investment Ltd. v Digital Media Convergence Ltd. and Another	库马林投资有限公司诉数字媒体融合有限公司等案

L

labour law	劳动法
Lahore rail transport orange line	拉合尔轨道交通橙线
LAS unified model law on civil procedure	《阿拉伯国家联盟民事诉讼统一示范法》
Lee Yau Wing v Lee Shui Kwan	李佑荣诉李瑞群案
lesser-evil principle	较小恶原则
lex loci contractus	合同缔约地法
lex loci solutionis	合同履行地法
Limitation Act, 1963	印度 1963 年《时效法》
Lithuania's new Civil Procedure Law	立陶宛新《民事诉讼程序法》
locus actus	侵权行为地
locus damni	损害发生地
Lord Diplock	迪普洛克勋爵
Lord Wilberforce	威尔伯福斯勋爵

Lord Wright   赖特勋爵
loyalty scheme   忠诚顾客奖励计划

M

Mainland Judgment (Reciprocal Enforcement) Ordinance   《内地判决（交互强制执行）条例》

Mareva injunction   玛瑞瓦禁令

Max India Limited v General Binding Corporation   印度麦克斯有限公司诉通用装订公司案

MCC - Marble Ceramic Center Inc. v Ceramica Nuova D'Agostino, S. p. A   大理石陶瓷中心有限公司诉新阿哥斯蒂诺陶瓷有限公司案

Mid-term Road map for Development of Trilateral Cooperation between China, Russia and Mongolia   《中华人民共和国、俄罗斯联邦、蒙古国发展三方合作中期路线图》

MKM Capital Prop. Ltd. v Corbo and Poyser   资产有限公司诉科博和波伊泽案

Model Cases heard by People's Courts to Providing Judicial Services and Safeguards for the Belt and Road Initiative   《人民法院为"一带一路"建设提供司法服务和保障的典型案例》

Modi Entertainment Network v WSG Cricket Pte Ltd.   莫蒂娱乐网络诉世界体育管理集团板球有限公司案

Mount Albert Borough Council v. Australasian Temperance and General Mutual Life Assurance Society Ltd.   新西兰阿尔伯特山选区议会诉澳大拉西亚禁酒和普通互助人寿保险协会有限公司

Mpafe v Mpafe   米帕夫夫人诉米帕夫案

Mr. Justice Leggatt   赖格特法官

Mullane case	穆莱恩案
multilocal crimes	多地犯罪
multilocal tort	多地侵权
M. V. Elisabeth v Harwan Investment and Trading Pvt. Ltd. , Goa	"M. V. 伊丽莎白"号船舶与果阿邦哈万投资和贸易私人有限公司海运货物纠纷案

N

Nanning Declaration	《南宁宣言》
National Development and Reform Commission	（中国）国家发展和改革委员会
National Thermal Power Corporation v Singer Company & Ors	印度国家火力发电公司诉辛格公司案
New England Merchants case	新英格兰商人案
New England Merchants National Bank v Iran Power Generation & Transmission Co.	新英格兰商业国民银行诉伊朗发电与输电公司
New York Convention on (the Recognition and) Enforcement of Foreign Arbitral Awards (New York Convention)	《承认及执行外国仲裁裁决公约》（《纽约公约》）
New Zealand's Construction Contracts Regulations 2003	新西兰2003年《合同解释规则》
Noble Power Investments Ltd. v Nissei Stomach Tokyo Co. Ltd.	诺贝尔电力投资有限公司诉日精东京有限公司案

O

Orchard Capital I Ltd. v Ravindra Kumar Jhunjhunwala	奥查德资本有限公司诉拉文德拉·库马尔·琼琼瓦拉案
Organic Law of the People's Courts	《中华人民共和国人民法院组织法》

P

Pammer case	帕默尔案
Paramita Constructions v UE Development India	帕拉米塔建筑有限公司诉印度 UE 发展有限公司案
parol evidence rule	口头证据规则
Peh Teck Quee v Bayerische Lamdesbank Girozentrale	白德贵诉巴伐利亚州银行案
Principles of Asian Contract Law	《亚洲合同法原则》
Principles of European Contract Law	《欧洲合同法原则》
Principles on Choice of Law in International Commercial Contracts	《国际商事合同法律选择原则》
prescriptive jurisdiction	立法管辖权
proper forum	合适的诉讼地
proper law	准据法
Provisions of the Supreme People's Court on the Issuance of Judgments on the Internet by the People's Courts	《最高人民法院关于人民法院在互联网公布裁判文书的规定》

Q

qualified effects doctrine	修正的效果原则
Queen's Bench Division	王座法庭
Queen's Bench Division of the Royal Courts of Justice	英国皇室法院后座分庭

R

Rabindra N. Maitra v Life Insurance Corporation of India	拉宾德拉·迈特拉诉印度人寿保险公司案
Rappo v Accent Delight International Ltd.	拉波诉瑞士自由港巨头伊夫·布维尔案
ratio decidendi	判决理由
Riyadh Arab Convention on Judicial Cooperation (1983 Riyadh Convention)	《利雅得阿拉伯司法合作公约》（《1983年利雅得公约》）
Regulation on the control of concentrations between undertakings	《欧共体企业合并条例》
renvoi/remission	反致
Reva Electric Car Company Private Limited v Green Mobil	瑞娃电动汽车有限公司诉绿色美孚案
Revised International Convention on the Simplification and Harmonization of Customs Procedures (the revised Kyoto Convention)	《关于简化和协调海关制度的国际公约修正案议定书》[《京都公约》（修正本）]
Rio Properties, Inc. v Rio International Interlink	里约地产公司诉里约国际互联互通公司案

Rome I Regulation	《罗马条例 I》
Rules of Court	《法庭规则》
R. Viswanathan v Rukn-Ul-Mulk Syed Abdul Wajid	维斯瓦纳坦诉瓦吉德等的遗产继承纠纷案
Ryan v Brunswick Corp.	瑞安诉不伦瑞克公司案

S

Sale of Goods Act, 1930	1930 年《货物销售法》
Sale of Goods Ordinance of Hong Kong	香港《货品售卖条例》
seat-centric arbitration	以仲裁地为中心的仲裁
seat of arbitration	仲裁地/仲裁席位
Several Opinions of the Supreme People's Courton Providing Judicial Services and Safeguards for the Construction of the Belt and Road by Peoples' Courts	《中华人民共和国最高人民法院关于人民法院为"一带一路"建设提供司法服务和保障的若干意见》
Shreejee Traco (I) Pvt Ltd. v Paperline International Inc.	史瑞吉·崔高有限公司与国际纸业公司贸易纠纷案
Silk Road Economic Belt	丝绸之路经济带
Singapore Court of Appeal	新加坡上诉法院
Singapore High Court	新加坡高等法院
Singapore International Commercial Court	新加坡国际商事法庭
Singapore International Mediation Centre	新加坡国际调解中心
Singapore International Mediation	新加坡国际调解协会

Institute	
Sino-CEE Financial Holdings	中国-中东欧金融控股公司
Sir Lawrence Collins	劳伦斯·柯林斯爵士
Spain's Civil Procedure Law	西班牙《民事诉讼法》
Special Maritime Procedure Law	《中华人民共和国海事诉讼特别程序法》
Spiliada Maritime Corp v Cansulex Ltd.	斯比利亚达海洋公司诉坎苏雷有限公司案
Spiliada test	斯比利亚达测试
subject-matter jurisdiction	属物管辖权
Sundaresh Menon	圣迪雷什·梅农
Supreme People's Court on the Service of Judicial Documents of Foreign-related Civil or Commercial Cases	《最高人民法院关于涉外民事或商事案件司法文书送达问题若干规定》
Swiss Code of Obligations	《瑞士债法典》

T

targeting principle	目标指向原则
TeeVee Toons, Inc v Gerhard Schubert GMBH	蒂维卡通公司诉格哈德·舒伯特有限公司案
territorial jurisdiction	属地管辖权
territoriality principle	属地原则
The Assunzione case	"阿松齐奥尼"号案
ThyssenKrupp Metallurgical Products Gmbh v Sinochem International Overseas Pte Ltd.	德国蒂森克虏伯冶金产品股份有限公司诉中化国际（新加坡）有限公司案

325

transmission	转致
turnover threshold	营业额标准

U

unilateral regulatory globalization	单边监管全球化
UNIDROIT Principles of International Commercial Contracts	《国际统一私法协会国际商事合同通则》
United Convention on Contracts for the International Carriage of Goods Wholly or Partly by Sea, signed at Rotterdam on 23rd September 2009 (the "Rotterdam Rules")	2009年9月23日在鹿特丹签署的《联合国全程或部分海上国际货物运输合同公约》(《鹿特丹规则》)
United Nations Convention on the Carriage of Goods by Sea, Hamburg, 31st March 1978 (the "Hamburg Rules")	《联合国海上货物运输公约》，汉堡，1978年3月31日（《汉堡规则》）
United States Court of Appeals for the Ninth Circuit	美国联邦第九巡回上诉法院
US District Court for the Southern District of New York	纽约南区联邦地区法院

V

Vietnamese Civil Code (2005)	《越南民法典》(2005)
Villanova Conference	维拉诺瓦会议
Vita Food Products, Inc. v Unus Shipping Co.	维他食品公司诉乌纳斯航运公司案
VKI case	消费者保护机构案

W

Weltimo case	韦尔蒂莫案
Wirtschaftsakademie case	脸书粉丝专页案
Woop Pulp case	纸浆案
World Tanker Carrier Corporation v SNP Shipping Services	世界油轮运输公司诉 SNP 航运服务公司案

Y

Yograj Infrastructure Limited v Sang Yong Engineering and Construction Company Limited	约格拉基础设施有限公司诉桑永工程建设有限公司案

Z

Zhejiang Yisheng Petrochemical Co. Ltd. v Luxembourg INVISTA Technology Co. Ltd.	浙江逸盛石化有限公司诉卢森堡英威达技术有限公司案

《国外"一带一路"研究译丛》第二辑

《从丝绸之路到"一带一路":重塑过去,共创未来》

《南亚制造业与就业:经济可持续发展战略》

《"一带一路":中国与亚洲》

《"一带一路"倡议和全球经济(Ⅰ)—国际贸易和经济发展》

《中国"一带一路"倡议与国际私法》

《中国:交通运输基础设施,创新与"一带一路"倡议》

China's One Belt One Road Initiative and Private International Law 1st Edition / by Poomintr Sooksripaisarnkit and Sai Ramani Garimella / ISBN: 978-1-138-56382-7

Copyright© 2018 by Routledge.
Authorized translation from English language edition published by Routledge, part of Taylor & Francis; Group LLC; All rights reserved.

Hunan People's Publishing House is authorized to publish and distribute exclusively the Chinese (Simplified Characters) language edition. This edition is authorized for sale throughout Mainland of China. No part of the publication may be reproduced or distributed by any means, or stored in a database or retrieval system, without the prior written permission of the publisher.

Copies of this book sold without a Taylor & Francis sticker on the cover are unauthorized and illegal.

本作品中文简体版权由湖南人民出版社所有。
未经许可，不得翻印。

图书在版编目（CIP）数据

中国"一带一路"倡议与国际私法 /（泰）陈博文，（印）塞·拉曼尼·加利梅拉主编；万光荣，何梦丽译. —长沙：湖南人民出版社，2023.11
ISBN 978-7-5561-3323-9

Ⅰ.①中… Ⅱ.①陈… ②塞… ③万… ④何… Ⅲ.①"一带一路"—国际合作—研究 ②国际私法—研究 Ⅳ.①F125 ②D997

中国国家版本馆CIP数据核字（2023）第180658号

ZHONGGUO YI DAI YI LU CHANGYI YU GUOJI SIFA
中国"一带一路"倡议与国际私法

主　　编	[泰]陈博文，[印]塞·拉曼尼·加利梅拉	经　销	湖南省新华书店
		印　刷	长沙超峰印刷有限公司
译　　者	万光荣　何梦丽	版　次	2023年11月第1版
责任编辑	吴韫丽	印　次	2023年11月第1次印刷
装帧设计	格局视觉	开　本	710 mm × 1000 mm　1/16
责任印制	肖　晖	印　张	22.75
责任校对	唐水兰	字　数	329千字
		书　号	ISBN 978-7-5561-3323-9
出版发行	湖南人民出版社　[http://www.hnppp.com]	定　价	136.00元
地　　址	长沙市营盘东路3号	营销电话：0731-82221529（如发现印装质量问题请与出版社调换）	
邮　　编	410005		